기독교문서선교회(Christian Literature Center: 약칭 CLC)는 1941년 영국 콜체스터에서 켄 아담스에 의해 시작되었으며 국제 본부는 미국 필라델피아에 있습니다. 국제 CLC는 59개 나라에서 180개의 본부를 두고, 약 650여 명의 선교사들이 이동도서차량 40대를 이용하여 문서 보급에 힘쓰고 있으며 이메일 주문을 통해 130여 국으로 책을 공급하고 있습니다. 한국 CLC는 청교도적 복음주의 신학과 신앙 서적을 출판하는 문서선교기관으로서, 한 영혼이라도 구원되길 소망하면서 주님이 오시는 그날까지 최선을 다할 것입니다.

추천사

이종찬 목사
전 기독교신문 주필, Ph.D., 시인

저자와 함께 신학교를 다니던 시절 계시지식을 탐험하는 열정을 나누며 쟁론하던 주제가 자연과 은혜였습니다. 우리의 담론은 계시와 이성, 권위와 순종, 자연과 은혜 및 철학과 신학과 같은 서로 상반되는 사상체계를 신앙과 신학의 논리로 개념화하는 것이었습니다. 이의 논쟁이 되는 신학의 경계가 일반은총론이었는데 당시에는 상당한 난제였습니다.

금번 높은 연륜에도 불구하고 본인과 담론하던 주제를 중심으로 역사적 기독교회의 신앙과 신학체계를 가지고 그동안의 목회경험에서 터득한 경험적인 시각을 더하여 개혁주의의 골격인 하나님의 주권 중심의 설교노트를 출간한 것은 동역자로서 갖는 최상의 자랑이며 이에 기꺼이 추천합니다.

자연과 은혜의 대립을 하나로 통일하게 하는 신적인 지혜와 능력이 십자가에서 완성된 하나님의 공의와 사랑이란 표현은 저자의 신학적 논리성을 돋보이게 하는 대목입니다. 자연과 은혜가 만나서 하나를 이루면 자연은 은혜로 다시 태어나는 최고의 계시 곧 하나님의 나라가 이루어집니다. 저자의 특화된 문체는 문장가가 주는 보너스입니다. 일반적으로 우리가 사용하고 있는 신앙의 용어들을 보통 사전적인 개념을 은혜로 다시 거듭난 신앙고백적인 용어로 이해할 때 신앙 지식의 지평을 넓히게 될 것입니다.

오늘의 설교에서 하나님의 장엄한 은혜의 계시를 역사성을 가지고 설파하기보다는 인간 중심의 감동 이야기가 주를 이루고 있음은 속히 개혁되어야 할 과제일 것입니다. 저자의 책 중에서 루터의 어록을 빌려 "죄가 인간에게 준 가장 가혹한 형벌은 합리성"이라고 한 대목은 신앙의 눈을 뜨게 하는 예리한 필치입니다.

바라기는 이 책이 역사적인 기독교회의 신앙과 신학을 바로 세우는 설교 개혁의 가이드북이 되기를 바라면서 추천사를 갈음합니다.

2023년 12월 27일 은파제에서

은혜로 다시 태어나게 된 자연
은혜 계시의 언어들

The restoring God with his conceived plan of Grace
Written by Jung-ung Nahm
All rights reserved.
Korean Edition Copyright ⓒ 2024 by Christian Literature Center, Seoul, Korea.

은혜로 다시 태어나게 된 자연
은혜 계시의 언어들

2024년 3월 15일 초판 발행

지은이	|	남정욱
편 집	|	이신영
디자인	|	서민정
펴낸곳	|	(사)기독교문서선교회
등 록	|	제16-25호(1980. 1. 18.)
주 소	|	서울특별시 동대문구 천호대로71길 39
전 화	|	02-586-8761~3(본사) 031-942-8761(영업부)
팩 스	|	02-523-0131(본사) 031-942-8763(영업부)
이메일	|	clckor@gmail.com
홈페이지	|	www.clcbook.com
송금계좌	|	기업은행 073-000308-04-020 (사)기독교문서선교회
일련번호	|	2024-19

ISBN 978-89-341-2654-6 (93230)

이 책의 출판권은 (사)기독교문서선교회가 소유합니다.
신저작권법에 의하여 한국 내에서 보호받는 저작물이므로 무단 전재와 무단 복제를 금합니다.

THE RESTORING GOD WITH HIS CONCEIVED PLAN OF GRACE

은혜로 다시 태어나게 된 자연

은혜 계시의 언어들

남정웅 지음

CLC

목차

추천사 **이종찬 목사** | 전 기독교신문 주필, Ph.D., 시인   1

저자 서문   8

제1장   타락한 인간의 상태 I   9
제2장   타락한 인간의 상태 II   23
제3장   죄에 대한 하나님의 심판   37
제4장   구원의 능력, 복음   46
제5장   구원의 시작, 구출   54
제6장   하나님의 것을 결과로써 소유하는 행위   60
제7장   믿음, 하나님과 교제하는 실체   68
제8장   경배와 신앙   76
제9장   아브라함의 의(칭의) I   84
제10장   아브라함의 의(칭의) II   90
제11장   더욱 이루어야 할 구원   97
제12장   시간의 거룩함   106
제13장   성화는 과정이지 완성이 아니다   115
제14장   회개가 유도되는 성화 공동체   123
제15장   천국(하나님의 나라) I   130

제16장 천국(하나님의 나라)Ⅱ	138
제17장 하나님의 사랑	146
제18장 하나님의 영광	156
제19장 영원에 대하여	165
제20장 그리스도, 영원한 말씀(요 1:1)	179
제21장 그리스도, 스스로 계시는 자	191
제22장 그리스도, 삼위일체(요 1:1-3)	202
제23장 그리스도, 생명	215
제24장 그리스도, 사람들의 빛	223
제25장 예배의 본질은 대상이 아버지	234
제26장 교회	243
제27장 산상보훈	257
제28장 오신 성령 다시 오신다	271
부록 개혁신앙의 이해를 위한 서론	285

저자 서문

　성경은 하나님의 말씀으로서, 인간 이해의 수용력에 맞춰 물리의 형태로 조정된 계시다. 이성은 계시를 형태화하지 아니하면 인식이 불가하다. 말씀이 육신이 된 인자와 계시가 인간의 문자적 상황 안으로 들어온 것은 하나님의 권위와 영광을 하향 조정한, 겸비와 사랑의 지극하심을 나타내신 증표다.
　계시는 인간에게 복종을 강요하고 인간은 계시에 대하여 이성적 설명을 요구한다. 계시와 이성 간의 괴리와 반목 현상인 것이다.
　성경 역사는 죄로 타락한 자연이 하나님의 은혜로 새롭게 태어나는 최고의 계시, 곧 하나님 나라의 이야기다. 이에 계시의 내용 역시 은혜로 거듭난 언어로 설명해야 할 필요성을 갖게 된다. 하나님에 관한 지식을 인간의 지성으로 이해하려는 수단이 신학이다. 신학은 계시를 설명하는 지성 체계다.
　주변에 개척교회를 맡은 몇몇 목회자들에 의하여 신앙의 기본요소를 주제별로 가르쳐야 할 필요성이 제기되었고 설교 교안이 필요하다는 간청이 있었다. 이에 본인의 설교 원리인 하나님 주권 중심의 설교 노트용 주제들을 출간하기로 하였다. 부족과 결함이 많다. 조금이라도 설교 개혁에 도움이 되었으면 하는 바람으로 이 책을 내놓는다.

2023년 12월

제 1 장

타락한 인간의 상태 I
하나님으로부터의 분리

> **< < < < < < < 개요 > > > > > > >**
>
> 신앙생활에서 가장 먼저 알아두어야 할 것은 "죄"에 대한 이해다. 일반적으로 죄를 규명할 때 그 기준을 도덕과 윤리 그리고 미풍양속과 같은 전통에 두고 결정한다. 종교의 내용 역시 도덕이다.
> 그러나 성경에서 죄는 하나님과의 관계를 중심으로 판단한다.

1. 생령의 존재로 창조된 사람, 인간 본연의 지위

하나님께서 사람을 흙으로 빚어 만드시고 그 코에 생기를 불어넣어 주심으로 생령이 되었다(창 2:7). 생령이란 영적인 감각을 가진 존재를 말한다. 위로 하나님을 섬기고, 아래로는 하나님께서 맡기신 자연에 대하여 다스리는 존재를 가리킨다. 생령은 인간의 정상적인 본연의 지위이다. 동시에 인간 행복의 조건인 하나님의 축복 활동을 보장하는 신분이다.

1) 죄는 인간 본연의 정상 위치를 이탈한 상태다

인간이 마귀의 거짓말에 넘어가서 금기의 열매인 선악과를 따먹음으로써 언약을 파기하는 죄를 범하고 말았다. 불순종의 죄가 발생하였고 위로 하나님을 섬겨야 할 정상 위치를 이탈해버린 것이다.

이를 원죄라고 한다. 원죄는 인간에게 죄인의 신분이라는 족쇄를 채워버렸다. 죄인은 영적 감각을 잃은 상태에서 하나님의 계시가 단절되는 비참한 최후, 곧 하나님의 생명에서 떠나 영원한 사망의 형벌에 처하게 되었다(창 2:17; 롬 5:12; 6:23; 엡 2:1).

하나님을 떠난 인간은 삶의 허망함과 무지함과 완고함에 빠져서 하나님을 아는 지성이 어두워져서 삶의 방향감각을 잃고 자신을 방임하여 온갖 더러운 형태의 우상을 숭배하는 비천한 존재로 전락하고 말았다(엡 4:18-19; 롬 1:21-23).

2) 인간의 본질은 영과 육이다

정상 위치를 이탈한 상태에서 인간에게 남아 있는 것은 육뿐이다. 육은 마음과 살과 뼈를 가진 인간을 가리킨다. 모든 자연 종교는 육은 악하고 더러운 것이고 마음은 깨끗하고 순수하다는 생각으로, 육체로부터 마음을 분리하는 형식을 취한다. 그들은 자학과 금욕과 극기와 청빈과 같은 종교의 행위로 수행을 실천한다. 마음과 자연의 순수를 융합하기 위한 수행이다.

교회사에도 죄가 육신의 탐욕으로부터 기인된 것이라고 하여 육신을 학대하는 방식으로 인간사회와 격리되어 금식과 금욕과 청빈을 수행하는 이단 세력이 있었다. 기독교 역사에서 일어나고 있는 청빈 사상이나 청결 운동은 인간의 본질을 영과 혼과 육으로 분리하는 삼분설(Trichotomy)이 주원인으로 작동하였다. 주로 헬라 문화의 영향을 받았던 학자들 사이에서 일어난 이원론의 대표적인 학설이다.

　이들의 사상은 영을 숭상하고, 혼(마음)을 그다음으로, 육을 저급한 것으로 구분하여 혼이 더럽혀지면 영이 어두워지고 육은 부패하게 된다는 착안에서 비롯된 것이다. 알렉산드리아(Alexandria)학파에 의하여 주창되었고 알렉산드리아의 클레멘트(Clement)와 그의 제자 오리겐(Origen) 등이 대표적인 인물이다.

　이들은 영지주의의 영향 아래, 몸과 혼과 영을 엄격하게 구별하여 영을 숭상하고 육체를 비하하는 태도를 취한다. 역사적으로 영지주의와 유대주의는 정통교회를 위협하는 이단 세력의 진원지다.

　근래에 와서 영지주의와 뉴에이지 운동을 융합한 명상과 관상 기도 운동은 자연의 순수를 추앙하는 혼합종교로서 교회를 어지럽히고 있는 이단 세력이다. 또 정통교회를 부정하고 새로운 교회의 재건을 주창하는 신흥교회 운동(Emerging Church) 역시 삼분설을 근거로 일어나고 있는 이단 세력이다.

　이들 사상은 자연종교를 융합하는 혼합주의, 포스트모더니즘의 대표적인 집단이다. 릭 워렌(Rick Warren), 브라이언 맥클라렌(Brian Mclaren), 조엘 오스틴(Joel Osteen) 등이 이의 맥락을 취하고 있는 인물들이다. 이들 서적에는 십자가의 은혜가 없다.

　창세기 2장 7절에 의하면, 창조된 인간의 본질은 영과 육이다. 생령은 '네페쉬'로, 영혼과 육체로 구성된 전인격을 말한다. 성경은 영과 혼을 구분하지 않고 병행하여 같은 의미로 사용하고 있다. 예수께서 십자가 상에서 마지막 숨을 거두실 때 "영혼이 떠나가시다"로 묘사하였다. 영과 혼을 함께 가리키는 이 단어는 '프뉴마'(πνεῦμα)다. 즉, 영이 떠나가신 것으로 표현한다. 또 다른 곳에서는 인간의 죽음을 '혼'(프쉬케, φυχή)이 떠나갔다고 한다(창 35:18; 왕상 17:21). 영과 혼을 병행하고 있는 구절들이다.

　사도 바울은 로마서 7장에서 인간이 영과 육으로 되어 있음을 강조하면서 거듭난 자신 속에서 육의 생각이 영의 생각을 지배함으로써 "오호라 나는 곤고한 사람이로다"라고 탄식하였다. 또 영혼이 떠날 때 몸을 떠나 주님에게로 간다고 하였다(고후 5:8; 빌 1:23). 몸은 육을 말한다.

3) 성경은 영혼이 독립해서 존재하는 것이 아니라, 육과 함께 존재하는 전인간(the whole man)을 말한다

구원은 영혼만이 아니라 육과 함께 하는 전인간을 대상으로 한다. 천국에서 영원히 살 때에, 영이나 혼이나 육이 따로 분리해서 가는 것이 아니라 전인간인 내가 들어가서 살게된다.

그러나 우리가 죽는 날에는 영혼이 몸을 떠나 영원한 천국으로 들어간다. 영혼이 육체와 분리되는 순간을 죽음이라고 한다. 죽음의 상태는 영이 몸과 분리되어 따로 활동하는 기간을 말한다. 그러나 언젠가 주님이 재림하실 때는 우리의 몸과 영혼이 다시 만나게 된다. 전인격체인 내가 주님과 함께 천국에서 영원히 살게 된다.

전인격체인 인간의 인식 기능은 합리성이다. 영의 감각을 상실한 상태에서 남아 있는 것은, 자연 만물을 인식하는 합리성뿐이다. 합리성은 이원론적으로 사고한다. 물질과 자연현상에 제한되는 폐쇄회로와 같은 기능으로서, 영적인 것, 초월에 대항하며 항거하는 속성을 갖는다. 합리성의 인식 기능은 자연스럽게 마음과 육체를 구분하는 이원론에 도달하게 된다. 성경은 합리성의 존재를 육에 속한 사람, 즉 자연인이라고 일컫는다(고전 2:14).

2. 타락한 자연인은 이성의 한계를 벗어날 수 없다

1) 일반은총의 배려

비록 타락한 자연인일지라도 인간은 자연으로부터 선량한 덕과 아름답고 고상한 가치들을 고안하고 계발한다. 타락했지만, 지성과 이성, 신성에 관한 감각과 경험, 예술과 학문은 고상한 가치 중에 더욱 숭고한 가치를 가진다. 사회 질서나 법률이나 도덕률이나 생활의 문화적 활동 역시 자연으로부터 얻는 덕행이며 행복의 선물이 아닐 수 없다.

이 모든 자연 질서 속에 나타난 고상한 가치들은 타락 이후에도 하나님의 형상의 빛이 희미하게나마 남아 있다. 이는 창조의 질서를 완전히 파괴하지 않도록 섭리하시는 하나님의 은사이며 선물이다. 하나님은 죄로 말미암아 파괴된 피조물들을 그대로 버려두신 적이 없으시다. 인간의 타락 이후에도 여전히 창조의 목적대로 역사를 이끄신다. 목적하신 것은 보전하시고 지키신다. 인간의 죄로 인하여 완전한 멸망에 이르지 않도록 간섭하신다. 일반은총의 배려 때문이다.

2) 로마교회는 초자연주의를 바탕으로 자연주의를 높이는 이원론 신학을 추구한다

타락한 인간은 머리로는 자연주의일지라도 마음으로는 초자연주의의 종교성을 추구한다. 그것은 초월에 대한 향수이며 그리움이다. 모든 종교는 초월에 귀의하고자, 자연의 속성인 이기와 욕망을 무시하고 제어하는 형태를 취함으로써 결과적으로 로마교회와 같은 이원론적 범신론자들이 되어버렸다. 타락한 자연인은 이성의 한계를 벗어날 수 없다. 초월을 이해할 수 없고 알 필요도 없다.

이성은 초월에 대하여 부정하며 저항한다. 이에 로마교회는 이성이 닿지 못하는 초월의 신비를 내용으로, 특별계시의 영역을 교회로 확정하였다. 이는 교회를 자연과 구별하기 위한 수단으로 사용되었다. 초자연의 신비는 교회에 맡겨지며, 진리는 교황과 사제들, 특히 성당이라는 영역에 국한된다. 진리가 내용에 있지 않고 영역적이며 자동적이다.

로마교회는 교황무오설이나 고해성사나 성례들을 신비에 속한 영역으로 구별시켰다. 로마교회는 초자연주의를 바탕으로 자연주의를 높이는 이원론 신학을 추구한다.

자연에서 초월을 빼버리면 하나님은 자연 안으로 들어올 수 없게 된다. 자연주의는 인간이 주인공이 되는 질서로서, 최상의 가치는 선행이다. 그러나 인간의 선행은 상대적 가치일 뿐, 하나님의 선에 미치지 못한다. 선의 결핍 상태로서 여전히 죄의 상황이다.

3) 하나님께서 인간의 심성에 하나님을 의존하는 신앙의 씨앗을 심어 주셨다

만일 인간의 지성이 죄로 말미암아 어두워지지 않았다면 초월에 대하여 이의가 없었을 것이다. 인간은 본성적으로 초월에 대하여 모순되지 않는 초자연주의자이기 때문이다. 죄가 자연과 초자연을 분리하는 원인으로 작용한 것이다. 죄가 하나님에 대한 영성을 죽게 하고, 반면 자연과 물질의 현상에 대하여 지성이 밝아지는 이성적 존재가 되게 한 것이다.

하지만 자연인의 것이 아무리 아름다워도 단순한 자연인이 아니라 지성이 어두워진 자연인, 생령의 지위를 이탈한 죄인이다. 영적인 것을 보지 못하고 듣지 못한다. 그들의 지성과 마음과 의지가 전적으로 부패하여, 성경은 타락한 자연인을 가리켜 심지어 죽은 자라 하였고 썩은 나무나 마른 뼈들이라고 하였다. 하나님에 대하여 스스로 일어날 수 없는 시체와 같은 존재들일 뿐이다.

4) 로마교회의 초자연주의는 자연 안에 하나님의 주권을 빼버림으로써 은혜의 계시가 설 자리를 없애 버렸다

로마교회에 있어서 자연은 천상에 이르는 덧붙여진 은사가 실종되었을 뿐, 자연 안에 원죄가 없고 이성은 순수하다. 천상에 이르지 못할망정 이성의 활동으로 선행을 실천하면 그 공로를 연옥으로 보상한다. 십자가의 은혜가 아니더라도 지옥을 면할 수 있는 길을 자연 안에 마련한 것이다. 결과적으로 초자연주의에 따라 자연은 하나님도 힘을 쓰실 수 없게 되어, 인간의 인과율의 법칙만 남은 세상이 된 것이다.

자연 안에 하나님의 주권이나 은혜가 끼어들 틈이 없어진, 신학의 진공 상태가 되어 버린 것이다. 인간의 자유의지나 합리성이나 도덕성 같은 가치 기준이 하나님의 은혜의 주권적인 역사를 밀어내고 있다.

3. 개혁의 극점은 자연과 은혜의 일치를 이루는 것이다

자연과 은혜의 구별이 단번에 없어진다면 원시적 창조의 질서로 돌아간다. 그때 이원론은 끝을 보게 된다. 은혜로 다시 태어나게 된 자연은 지상 최고의 계시에 이르게 된다. 곧바로 하나님의 나라가 이루어진다. 예수 그리스도 안에서 모든 것이 통일되는 하나님의 통치권이 세워진다.

기독교는 로마교회처럼 초자연의 질서를 통하여 새로운 세상을 만드는 것이 아니라 기존의 세상을 새롭게 변화시키는 은혜를 말한다. 아무리 부패하고 오염된 세상일지라도 아직도 피조물은 하나님의 영광을 위한 유일한 장소요 그 환경이다. 하나님이 버리지 아니하시는 한, 교회도 세상을 버릴 수 없다.

개혁신앙은 자연을 초자연으로부터 분리하는 것이 아니라 자연 속으로 뛰어들어 부패한 것을 정화하고, 빗나간 것을 정위치로 회복시킨다. 정죄당한 자를 화해시키고 병든 것을 고친다. 상한 것을 싸맨다. 성령의 기름 부음을 받아 사망의 그늘에서 신음하며 고통받고 있는 영혼들에게 복음을 전파하며 그들을 묶고 있던 죄와 죄책 그리고 형벌과 저주의 사슬을 풀어 자유를 선포하고 슬픈 자를 위로하며 소외되고 불쌍한 자들의 곁에서 기꺼이 소망의 벗이 되어준다.

생의 절망을 안고 살아가는 뭇 영혼을 향해 은혜의 복음을 들고 나가, 그들을 사망에서 생명과 진리의 나라로 끌어낸다. 이는 천주교가 특별계시의 내용을 초월의 신비에 두어 교회의 영역을 성역화함으로써 자연과 분리한 것과는 크게 다르다. 개혁주의 신학은 특별계시의 본질을 은혜 언약에서 출발점으로 삼았다.

4. 일반은총의 한계는 상대주의다

타락한 자연인을 두고 자연의 가치들을 인간의 공로로 돌리는 로마교회의 이원론과 그것의 주권이 하나님께 있음을 논증하는 개혁파교회의 일반은총론이 대립하고 있다. 소위 이원론과 하나님의 주권주의가 대립하여 신앙의 노선을 달리하고 있는 것이다.

성경에서 일반은총의 가치들은 상대적이다. 인간은 절대선인 하나님의 영광에 가까이 갈 수 없다. 생령의 지위를 이탈한 자연인은 이기와 탐심의 노예다. 선을 행하되 상대적이다. 일반은총의 것으로는 하나님의 은혜나 진리를 붙들 수 없는 한계가 있다.

> 빛이 어둠에 비치되 어둠이 깨닫지 못하더라(요 1:5).

요한은 복음서의 초두에서 그리스도의 공생애를 집약하여 표현한다. 하나님의 나라에 관한 지식을 사람들에게 가르치시고 또 초월성의 기적까지 동원하셔서 설파하셨는데 세상은 그 뜻을 파악하지 못하는 무지한 상태에서 그리스도의 생애가 시작되고 있음을 표현한 것이다.

1) 죄가 인간에게 준 가장 가혹한 형벌은 합리성이다

예수께서 비유를 사용하여 사람들이 천국의 비밀을 이해할 수 있도록 설명하셨지만 그 뜻을 알아듣는 자가 없었다. 그 대표적인 예화가 밭에 감춰진 보화다(마 13:44). 천국은 마치 보화가 밭에 있는 것과 같다고 한다. 보화가 밭에 있으니까 사람들의 눈에는 보화가 흙덩이나 돌멩이로 보여서 비천하게 취급하더란 이야기다.

천국복음이 사람들에게 들려지지 아니하는 이유는 사람들의 인식 기능 전부가 합리성에 갇혀 있기 때문이다. 합리성은 자연과 물질에 대해서만 인식하는 폐쇄회로다. 그런데 성경은 자연의 이치에 맞지 아니하는 영적인 내용들로 구성되어 있다. 사람들이 원하는 내용이 전무하고 모든 이야기가 하나님에 관한 지식뿐이다. 영이 죽어 있는 자들은 납득하고 이해할 수 없다. 종교개혁자 루터의 어록이다.

"죄가 인간에게 준 가장 가혹한 형벌은 합리성이다."

칼빈 역시 합리성을 이원론이라고 규정하였다.

5. 성경에서 말하는 자연인의 상태

칼빈은 생령의 지위를 이탈한 상태의 자연인을 전적으로 부패한 자로 규정하였다. 자연인은 존재론적으로 하나님을 기쁘시게 할 수 없고 항상 악을 행하고 있음을 의미한다.

여호와께서 사람의 죄악이 세상에 가득함과 그의 마음으로 생각하는 모든 계획이 항상 악할 뿐임을 보시고(창 6:5).

어리석은 자는 그 마음에 이르기를 하나님이 없다 하도다. 저희는 부패하고 소행이 가증하여 선을 행하는 자가 없도다(시 14:1).

속에서 곧 사람의 마음에서 나오는 것은 악한 생각 곧 음란과 도둑질과 살인과 간음과 탐욕과 악독과 속임과 음탕과 질투와 비방과 교만과 우매함이니(막 7:21-22).

만물보다 거짓되고 심히 부패한 것은 마음이라(렘 17:9).

내가 죄악 중에서 출생하였음이여 어머니가 죄 중에서 나를 잉태하였나이다(시 51:5).

의인은 없나니 하나도 없으며 깨닫는 자도 없고 하나님을 찾는 자도 없고 다 치우쳐 함께 무익하게 되고 선을 행하는 자는 없나니 하나도 없도다(롬 3:10-12).

사람의 영이 죽어있는 한, 인간의 지·정·의는 타락하여, 죄의 권세 아래 있는 인간의 행위는 본질적으로 악하여 하나님이 뜻과는 정반대 방향으로 갈 뿐이다. 자연인들이 추구하는 선행이란 결과적으로 자신의 경지를 자연의 순수에 도달하게 하는 종교적인 정욕을 불태우는 행위다. 그들이 섬기는 신들도 자연으로부터 고안된 것들로서, 인간의 이원론적인 사고력이 만든 공작들이다.

우상은 섬김의 대상이 아니라 인간에게서 솟구치는 초월이나 절대자를 그리워하는 종교성을 진정시키는 탐심의 결정체다. 하나님을 섬기지 않는 인간은 자신의 탐심을 추구하며 불태운다. 탐심은 육체의 간절한 욕망, 즉 갈증의 상태다(골 3:5). 혈과 육은 하나님 나라의 유업을 받을 수 없다(고전 15:50). 죄를 연마하고 심판의 날에 죄에 대한 하나님의 진노를 가중하는 무서운 범죄를 행할 뿐이다(롬 2:5).

정위치를 이탈한 인간이 추구하는 선은 이미 거짓되고 부패한 속성에서 나온 것들이다. 그러므로 벨직 고백서는 자연인에 대하여 "진정한 선을 행함에 있어서 전적으로 무능하다"고 선언하고 있다. 도르트 신조는 "모든 인간은 구원에 합당한 선에서 무능하다"고 고백한다. 선을 행함에 있어서 중생하지 못한 자들의 무능력에 대하여 예수님은 이렇게 말씀하신다.

> 좋은 나무마다 아름다운 열매를 맺고 못된 나무가 나쁜 열매를 맺나니 좋은 나무가 나쁜 열매를 맺을 수 없고 못된 나무가 아름다운 열매를 맺을 수 없느니라(마 7:17-18).

신앙의 관건은 열매를 많이 맺는 열심이 아니라, 어떤 나무이냐에 달려 있다. 어떤 집이냐 이전에 그 집의 기초가 무엇인가를 묻고 있는 것이다. 성경에서 신앙은 열심히 뛰면서 충성하되, 발이 닿는 발판이 무엇이냐가 더욱 근원적인 과제임을 강조한다.

6. 지고의 선은 하나님 한 분뿐이시다

> 예수께서 이르시되 네가 어찌하여 나를 선하다 일컫느냐 하나님 한 분 외에는 선한 이가 없느니라(눅 18:19).

종교개혁자들은 계시가 무엇인가에 관한 질문에 대해 하나님의 계획에는 처음부터 자연과 초자연의 구분이 없었다는 답을 제시한다. 하나님의 나라에는 선과 악의 구별도, 성과 속의 차별도 없다. 이원론은 존재하지 않는다. 하나님께서 악도 선하게 이용하실 수 있으리만큼 전능하시며 선하시기 때문이다.

그렇지 않다면 하나님께서 선한 질서에 죄를 허용하지 않으셨을 것이다. 아담의 선은 완전하지 못하다. 아담은 죄를 범할 가능성의 조건 속에서 지음을 받았다. 아담이 죄를 범하였을지라도 하나님 나라의 선하고 의로운 질서를 완전히 망가뜨리거나, 작동을 방해하거나, 소멸시키지는 못하였다.

아무리 악이 판을 치더라도, 존재를 유지하려면 그 존재의 가치를 구성하는 선은 반드시 유지되어야 한다. 지고의 선이신 하나님은 마귀에게 세상을 맡기지 아니하셨다. 만일 악이 전적으로 마귀의 손에 있었다면, 마귀는 세상이 한꺼번에 멸망에 이르도록 사람들을 유혹하여 죄악만을 행하게 하였을 것이다.

타락한 인간에게 남아 있는 것은 아직도 선이다. 하나님 은혜의 선물인 일반은총의 결실들도 선의 일부다. 죄가 성립되기 위해서는 선이 있어야 한다. 선하고 아름다운 것이 부패하고 더러워진다. 선한 것들 안으로 악이 스며들고, 선한 것들만이 부패해질 뿐이다. 악은 처음부터 존재하지 않았다. 죄악은 창조의 선한 질서에 우연히 끼어들어, 선의 결핍 현상을 초래하는 병원균과 같다. 병원균은 언젠가는 제거되어 할 존재이지 함께 동거할 가치가 없다.

7. 결론

원죄는 초자연과 자연을 구별하는 이원론적 범신론을 낳게 하였다. 범신론은 자연주의와 초자연주의를 왕래하면서 새로운 형태의 신앙을 주도하는 위협적인 이단의 원천이다.

교회 안에 들어온 자연신교의 합리주의 사상은 신앙과 관련된 지식을 단절해버린다. 개혁신앙을 급속히 세속화의 길로 재촉하는 비기독교적 사상이다. 이들에게는 원죄가 없다. 동시에 은혜가 필요치 않다. 오직 자연만이 순수하고 그것에 종속되는 것이 낙원이다. 이들은 자연의 순수를 추구하는 구도자이다.

문화는 종교의 형식을 불필요한 것으로 만들어 버렸고 인도주의는 기독교를 대체했다. 신앙의 경건이나 은혜의 지식을 측면적인 것으로 취급하고 격렬한 감성으로 신앙을 독려한다. 오직 환상이며 분위기를 추구한다. 신적 의지나 주권은 무시되고, 하나님의 능력과 지혜는 헛되이 취급되고 인문학적인 감동 이야기가 대세를 이룬다. 행동보다는 적막과 고요와 휴식을 정점으로 신앙을 수행하기도 한다. 명상은 능동적인 생활보다 더 높은 자리에 오른다.

기독교 신앙은 하나님 앞에서 인간이 얼마나 비참한 죄인인가를 자각하는 데서 출발한다. 그런데 사단은 인간이 하나님 앞에서 죄를 회개치 못하도록 자연주의가 가진 최상의 가치인 도덕성과 합리성을 부추김으로써 오히려 은혜의 계시를 무가치하게 취급하게 한다. 사단은 은혜 계시를 측면으로 취급하게 하여 신앙을 도덕성의 가치로 치장하게 한다. 어떤 경우라도 십자가의 은혜가 중심에 서 있지 않으면, 교회의 정체성을 상실하게 된다.

하나님의 은혜의 도우심을 필요로 하지 않은 사람은 아무도 없다. 모든 인간에게는 하나님의 은혜가 절실하다. 죽음은 소멸이 아니다. 하나님의 뜻과 정반대의 길을 간 사람에게는 죄에 대한 상당한 응징이 따르게 된다.

왜 죽음이 있는가?
왜 고통과 괴로움이 찾아오는가?
왜 생존경쟁과 약육강식의 굴레에 갇혀야 하는가?

인간의 심각한 문제를 번뇌하며 사색하던 수없이 많은 철인에게도, 역사적인 사료나 기념비나 도서관이나 박물관에서도 이에 대한 답을 찾을 수 없다.

오직 성경만이 그 원인을 죄! 죄! 때문이라고 선언한다. 죄는 생령의 지위를 이탈한 상태다. 정위치를 벗어난 인간에게 하나님의 진노를 면할 길은 없다. 심판의 날은 우주적으로나 개인적으로 서서히 다가오고 있다.

살아 생존하는 동안에 하나님의 은혜를 구하여, 위로는 하나님을 섬기며 아래로는 물질을 다스리는 정복자의 지위를 되찾는 길만이 진리이며 선인 것이다.

제2장

타락한 인간의 상태 II
죄에 대한 하나님의 진노

> <<<<<<< 개요 >>>>>>>
>
> 타락한 인간을 향한 죄의 본성 그대로 버려두는 것은 하나님의 진노의 결과이다. 죄의 본성은 인간 자신의 자유를 갈망하는 탐심으로, 하나님의 권위와 영광을 허물게 하며 대항하는 것으로 나타난다.
> 하나님은 사람들의 불경건함과 불의에 대하여 진노를 내리신다.

1. 원죄 그대로 태어난 이상 인간의 모든 행위는 본질상 하나님의 진노를 피할 수 없다

아담의 원죄는 죄의 씨앗이다. 원죄 이후에 태어난 모든 인류는 죄인의 신분에 갇히게 되고 또한 사망의 권세에 종노릇 하는 죄의 유전인자를 가지게 되었다. 원죄는 인류가 공통으로 감수해야 하는 죄책이기 때문에 누구도 죄의 무거운 짐을 벗어날 길이 없다. 인간의 비극은 원죄로부터 시작되었다(롬 5:12).

1) 하나님의 진노를 촉발하게 하는 원인은 불의를 행하는 불순종이다

불의는 도덕적인 개념이 아니다. 하나님과의 언약의 관점에서, 언약을 파기하는 자는 불의하다. 불의는 하나님과의 언약을 파기하는 불순종의 행위를 가리킨다. 불순종은 마귀의 시험으로부터 시작되었다. 마귀는 거짓을 근거로 인간에게 '너도 하나님과 같이 될 수 있다'는 무한대의 자유를 상급으로 제안하면서 불순종의 행위를 하게 하였다.

마귀는 인간에게 하나님의 자유를 탐닉하게 함으로써 불순종의 죄를 범하게 하였고 언약 당사자의 지위를 이탈하게 하였다.

죄는 하나님의 권위에 대항하며 하나님의 영광을 무너지게 하는 시험을 일삼는다. 이에 하나님은 진리를 거역하고 하나님을 경외하지 아니하는 불의한 자들에게 진노를 내리신다(롬 1:18). 영적으로 죽은 자들은 세상의 풍조를 따르고 육체의 욕심에 이끌려 마음의 원하는 것을 추종함으로써 본질상 하나님의 진노 아래 놓이게 된다(엡 2:3).

2) 탐심은 인간 내면에 뿌리내린 무한대의 자유에 대한 갈망과 목마름이다

하나님을 떠난 인간은 모든 권위의 속박으로부터 탈출하여 무한대의 자유를 누리고 싶은 갈증 가운데 살아간다. 죄는 진리의 절대성이나 불변성, 영원성을 부정하면서, 진리를 자기를 통제하는 속박의 사슬로 여긴다. 절대 진리이신 그리스도마저 자신의 자유를 억압하는 세력으로 본다.

죄인은 자신을 자연과 한몸을 이루어 스스로 신이 되려고 하는 포스트모더니즘에 심취한다. 무한대의 가능성을 자신과 우주의 힘에서 찾고, 영원의 절대자나 로고스와 같은 불변의 진리에 저항한다. 자신의 유토피아를 찾아 주변의 관계 상황을 해체해 버린다. 문학과 예술작품은 대개 인간 자신을 표출하고 싶은 자유를 주제로 삼는다.

죄인인 인간은 공동체의 윤리 규범이나 정통성이나 사회제도나 법률의 통제를 탈피하려 하며, 내면에서 올라오는 탐심이 이끄는대로 행동한다.

인간은 관계적 존재이기에 타인의 도움이 필요 없는 자는 없다. 특히, 신앙생활을 자신의 양심이나 진심에 맡기는 경우, 독단과 편견에 치우침으로 방종의 길을 갈 수밖에 없다.

3) 인간의 탐심은 곧 우상숭배다(골 3:5)

우상숭배는 무한하신 하나님을 죄인의 감각적인 지각에 예속시키는 행위다.

하나님은 무한하시고 영원하시며 불변하시는 인격이시다. 하나님은 자기의 뜻에 대하여 절대적으로 자유로우시며 누구의 간섭도 받지 아니하신다. 하나님은 인간이 의존해야 할 신성으로서 영원성, 무한성, 불변성, 전지전능성 같은 비공유적 속성을 지니신 절대자이시다.

인간으로서는 경배와 예배를 드려야 할 경외의 대상이시며 인간에게 복종을 명하실 권위의 본질을 가지신 창조주시다. 하나님은 인간을 하나님을 섬기는 영적인 존재로 창조하셨다.

죄의 본성은 하나님을 경외하거나 의존하는 신앙심을 떠나 인간 자신이 고안하여 만든 우상을 섬기게 한다. 우상숭배는 인간 자신이 착안하여 만든 신상을 숭배하는 종교적인 행위다. 죄인에게는 아직도 미약하지만, 하나님의 형상이 흔적으로 남아 있으므로 인간 심성의 내면에서 올라오는 초월자에 대한 그리움을 본성적으로 나타낸다.

인간이 자연으로부터 고안하여 만든 신상은 섬김의 대상이 아니라 인간에게서 일어나고 있는 종교성을 형태화한 것에 불과하다. 이는 타락한 인간의 감각적인 지성으로 하나님을 억측하여 만든 신상이다.

4) 우상숭배는 하나님의 권위와 영광을 탈취하는 도적 행위다

인간은 하나님의 자리를 탐하여 하나님의 권위를 박차고 나가 오만과 교만의 자리에 안착한 상태에 있다. 우상숭배의 죄는 결과적으로 하나님의 영광을 산산이 조각내 버렸고 창조의 목적도 무너지게 하였다.

공생애 기간 동안 예수님은 유대인들의 율법주의와의 싸움으로 일관하셨다. 예수님은 하나님의 율법을 자신들의 교권과 치부를 지키기 위한 탐욕의 수단으로 응용하고 있는 가증스러운 행위를 만천하에 폭로하시고, 하나님의 율법을 자신들의 탐욕을 채우는 재료로 삼은 강도 같은 그들의 행위를 책망하셨다.

유대주의는 종교 행위로서 범신론의 표본이었다. 모든 자연 종교의 공통점은 인간 내면에 자리한 종교성, 즉 탐심을 진정시키는 우상숭배이다. 유대주의가 우상숭배의 선봉에 서 있는 것이다.

우리의 진심이나 양심이 뿌리내린 곳이 마음이다. 마음은 불순종의 타성으로 오염된 탐심의 원천이다. 신앙생활이 하나님의 계명과 법도를 따라 살기를 즐기는 신앙고백적인 행위가 될 때 하나님의 의에 이르게 된다. 말씀을 우리의 탐욕을 위한 수단으로 취급한다면 우상숭배의 죄를 범하는 것이다. 예배와 구제와 선교 활동이 우리 자신의 의나 자랑을 위한 수단으로 행사한다면 우상숭배의 격이 된다.

5) 우상숭배에 대한 하나님의 진노

십계명은 우상숭배에 대한 하나님의 진노하심을 경고한다.

> 네 하나님 여호와는 질투하는 하나님인즉 나를 미워하는 자의 죄를 갚되 아버지로부터 아들에게로 삼사 대까지 이르게 하거니와 나를 사랑하고 내 계명을 지키는 자에게는 천 대까지 은혜를 베푸느니라(출 20:5-6).

나를 미워하는 자의 죄를 갚되 아버지로부터 아들에게 삼사 대까지 이르게 하겠다는 것이다. 삼사 대는 아들과 아버지와 할아버지의 세대를 가리키는 말이 아니다. 가부장 시대에서는 한 가족은 보통 삼사 대로 구성되어 있었다. 죄를 삼사 대까지 갚겠다는 것은 가장 한 사람의 죄가 가족 구성원들에게 미치는 악영향이 얼마나 큰지를 보여준다.

반면 계명을 지키는 자에게 천 대까지 베푸신다는 것은 그 선행이 적어도 천 명에 미친다는 것을 말한다. 죄는 한 가족으로 제한하고, 축복은 이웃들에게 널리 베푸시는 하나님의 사랑과 자비를 강조하고 있는 것이다.

하나님은 자기 백성의 방종을 결코 버려두지 아니하신다. 사랑하시기 때문에 하나님과 백성 사이에 다른 신이나 이물질이 끼어 있다면 하나님의 질투심이 발동될 수밖에 없다. 하나님은 자기 영광을 절대로 빼앗기지 않으신다. 인간의 범죄행위 중에 가장 큰 죄는 하나님의 영광을 강도질하는 우상숭배다. 하나님은 인간의 가증스러운 행위를 버려두지 않으시고 그에 상응하는 형벌을 내리신다.

2. 하나님의 구속 언약은 선택과 유기를 중심으로 그리스도 안에서 체결하셨다

> 곧 창세 전에 그리스도 안에서 우리를 택하사 우리로 사랑 안에서 그 앞에 거룩하고 흠이 없게 하시려고 그 기쁘신 뜻대로 우리를 예정하사 예수 그리스도로 말미암아 자기의 아들들이 되게 하셨으니 이는 그가 사랑하시는 자 안에서 우리에게 저저 주시는 바 그의 은혜의 영광을 찬송하게 하려는 것이라(엡 1:4-6).

영원한 언약은 인간이 범할 죄의 가능성을 고려하여 그리스도를 중보자로 삼아 삼위 하나님 사이에서 맺으신 언약이다. 이를 구속 언약이라고 한다. 구속 언약은 세 분 하나님 사이에서 체결하신 영원한 언약으로, 그 내용은 선택이다. 선택은 유기를 동반하는 하나님의 주권적인 역사다. 인간의 이해를 초월하는 하나님의 신성한 섭리다.

1) 선택은 두 가지 용어로 분류된다. 하나님의 작정과 예정이다

작정은 하나님께서 창세 전에 장차 일어날 모든 일을 자신의 기뻐하시는 뜻을 따라 지혜롭고 거룩하게 정해두셨음을 말한다(엡 1:11; 롬 11:33, 36; 롬 9:15-18). 그러나 하나님은 죄를 조성하지는 않으셨다(요일 1:5; 약 1:13, 17; 전 7:29). 다만 죄의 가능성을 허용하셨을 뿐이다.

하나님은 죄를 허용하실 만큼 크고 풍성한 사랑과 은혜의 질서를 준비하신 분이시다. 죄를 허용하신 것은 하나님이 베푸시는 은혜의 영광을 더욱 넘치게 하시는 하나님의 지혜와 능력의 역사다(롬 11:32-33; 행 4:27-28; 창 50:20). 하나님의 작정은 인간의 자유의지나 우발성의 현상들을 제어하거나 제거하지 아니하고 오히려 그것들의 기회를 확립한다(창 45:5-8; 행 4:26-28; 행 2:23-24; 잠 16:33).

우발성의 행위는 누구의 의도된 간섭으로 이루어지는 현상이 아니다. 성경은 예측할 수 없었던 일을 만나게 되는 어떤 사건일지라도 하나님의 작정하신 대로 일어나는 현상들임을 강조한다. 하나님은 미리 작정하신 대로 우주 안에서 일어나는 모든 것에 간섭하신다. 하나님은 모든 것의 배후에 계신다.

2) 예정은 작정의 일부다

예정은 인간의 영원한 운명 즉, 천국과 지옥에 대한 뜻인데, 선택과 유기의 두 요소로 구분된다. 선택은 천국에 들어가는 자에 관한 것, 유기는 버리시는 대상으로서 지옥에 가는 자에 관한 것이다(롬 1:24-34; 9:11, 18, 21-23; 엡 1:5-6, 9, 11; 마 25:34, 46; 잠 16:4).

예정의 대상은 천사와 사람이다(딤전 5:21; 롬 9:11). 구원의 예정에서 선택은 인간의 조건과 무관하게 하나님의 기쁘시고 거룩하신 뜻만으로 이루어진다. 선택은 무조건적이다. 천국에 들어갈 자격으로 우리의 조건을 묻지 않으신다.

만일 하나님께서 천국에 들어가는 조건을 물으신다면, 매순간 선을 행하였다고 말할 수 있겠는가?

하나님의 율법 요구에서 마음으로 지은 죄까지를 계산한다면 우리는 하나님의 심판을 면할 길이 없는 중죄인이다. 이미 원죄인의 신분이 되어서 하나님에 대하여 죽었고, 날 때부터 죄밖에 모르는 죄인이다. 성경은 세상에는 의인이 하나도 없음을 증언하고 있다. 그러므로 하나님의 선택이 우리에게서 발견되는 어느 한 가지의 선이라도 요구한다면, 아무도 선택받지 못할 것이다.

하나님의 무조건적인 선택은 창세 전부터 그리스도 안에서 우리를 향하신 하나님의 사랑이 작동하고 있었음을 말해준다. 사랑의 능력이 대속의 역사를 가능하게 하였다. 십자가의 사랑이 허다한 허물을 덮고 우리의 죄악을 가리어준다. 무조건적인 선택이 실효를 거둘 수 있었던 것은 하나님의 사랑이다. 영으로 죽어있던 우리에게는 구원을 요청할 감각조차도 없었다. 하나님의 무조건적인 선택만이 우리로 구원에 이를 수 있게 하는 유일한 길인 것이다.

구원은 하나님의 주권적인 선택의 결과이다. 우리에게 원인이 없다. 믿음은 하나님께서 일으켜 놓으신 구원을 결과적으로 소유하는 경험의 첫 발자국이다. 믿음과 회개는 우리에게서 나온 것이 아니라 성령의 간섭으로 주어진 하나님의 선물이다. 선택의 주권은 성부 하나님께 있다.

> 아버지께서 내게 주시는 자는 다 내게로 올 것이요 내게 오는 자는 내가 결코 내쫓지 아니하리라(요 6:37).

구원은 전적으로 아버지의 손에 달려 있었다. 선택의 주체는 그리스도시다.

> 너희가 나를 선택한 것이 아니요 내가 너희를 택하여 세웠나니(요 15:16).

선택의 열매는 성령께서 거두신다.

> 영생을 주시기로 작정 된 자는 다 믿더라(행 13:48).

선택은 영원 전에 결정되어 있었다.

> 하나님이 처음부터 너희를 선택하사 성령의 거룩하게 하심과 진리를 믿음으로 구원을 얻게 하심이니(살후 2:13).

> 창세 전에 그리스도 안에서 우리를 택하사(엡 1:4).

> 하나님이 미리 아신 자들을 또한 그 아들의 형상을 본받게 하기 위하여 미리 정하셨으니(롬 8:29).

미리 아신 자들은 하나님께서 영원부터 사랑하셨던 자들이다.
로마서 9장과 11장은 선택에 관한 하나님의 계획을 나열하고 있다. 이삭과 이스마엘, 야곱과 에서의 경우를 들어 하나님의 주권적인 선택과 유기의 뜻이 분명함을 설명한다. 토기장이의 비유를 들어 선택과 유기의 주권이 우주 창조의 계획자이신 하나님께 있음을 선언하고 있다.
무조건 선택의 권한이 하나님께 있다고 하여 불공평하다고 비난할 수 있겠는가?

이에 대한 성경의 답이다.

> 내가 긍휼히 여길 자를 긍휼히 여기고 불쌍히 여길 자를 불쌍히 여기리라 (롬 9:15).

> 하나님께서 하고자 하시는 자를 긍휼히 여기시고 하고자 하시는 자를 완악하게 하시느니라 (롬 9:18).

하나님은 토기장이로서 선택과 유기의 결정에 대한 자신의 주권을 선언하신다.

> 진흙 한 덩이로 하나는 귀히 쓸 그릇을, 하나는 천히 쓸 그릇을 만들 권한이 없느냐? (롬 9:21).

3) 영원한 계획은 완성을 전제로 결정되었다. 계획과 완성은 동시적이다

선택과 유기는 창조 사역의 실제에서 실현될 것을 고려하신 하나님의 영원한 계획이었다. 영원한 계획은 완성을 전제로 설정되었다. 동산에서 아담이 불순종한 것은 죄의 가능성이 허용된 곳에서 일어난 비통한 사건이다. 하나님께서 작정하신 계획의 일환이었고, 죄의 속성은 피조물에서 나오고 피조물의 책임 아래 두시기로 하신 것이다.

행위 언약은 계약 의무와 책임에 대하여 계약 당사자 간에 동등한 격을 갖추어 체결된 것이다. 계약의 성사는 일방적으로 하나님의 뜻에 따라 진행되었지만, 내용에서는 인격 대 인격의 동등한 위치에서 체결되었다. "선악을 아는 나무의 실과를 따먹지 말라 따먹는 날에는 정녕 죽으리라"는 것은 인간의 순종을 전제로 하여 영생의 복을 주시겠다는 것을 핵심으로 하는 언약이다.

동산에는 선악과와 대칭적으로 생명나무가 있었다. 하나님은 인간의 실패를 고려하여 생명나무로 상징되는 은혜 언약을 준비하고 계셨다.

계약 당사자 사이에 언약을 보존할 의무를 상호 책임을 두고 체결한 것이다. 아담은 생명과 죽음의 양자택일의 선택권을 행사할 결정권을 가진 인격자였고 불순종에 대한 책임은 계약 당사자인 아담에게 두실 것을 조건으로 체결하신 것이다. 아담의 실패를 염두에 두신 하나님은 창조의 목적을 유지하고 보존할 책임을 하나님 자신에게 두시고 사전에 생명나무를 준비하고 계셨다.

하나님의 계획은 피조물의 역사를 인간이 아니라, 자신의 책임 아래 두셨다. 이는 생명나무 중심으로 피조물의 역사를 이끄시겠다는 은혜의 주권을 뜻한다. 아담의 불순종은 결과적으로 전 인류를 죽음의 비참한 형벌을 면치 못할 죄인의 신분에 가두어버렸다. 동시에 창조의 목적을 실현하시려는 하나님의 계획에 큰 차질을 초래하는 난관에 봉착하게 한 것이다.

4) 하나님은 그리스도 중심의 은혜 언약을 준비하셨다

하나님의 구속 언약은 창조의 목적을 유지 보존하기 위한 배수진으로서 거대하고 웅장한 하나님의 은혜 언약의 실체이신 그리스도를 영원한 중보자로 등장하게 하셨다. 아담의 불순종을 얼마든지 상쇄하고 남을 만한, 더 크고 풍성한 은혜 언약을 실현하실 준비 작업을 갖추어 두셨던 것이다.

하나님은 인간의 실패에도 불구하고 그들을 보존하고 지키신다는 보증으로 생명나무로 상징되는 은혜 언약을 역사의 전면에 배치하셨다.

하나님은 처음부터 생명나무 중심으로 창조의 목적을 실현하시기로 결정하셨다. 그리스도로 상징되는 생명나무는 하나님의 역사를 보존할 그루터기다. 구속받은 하나님의 백성은 창조의 언약을 목적대로 이끌 주역들이다. 하나님의 뜻을 성취할 주역으로서 구원 계시는 세상 끝날까지 계속되고 있어야 한다. 선택은 유기를 동반한다. 죄에 대하여 진노하시는 하나님의 유기는 하나님의 은혜를 더욱 충만하게 하시려는 하나님의 주권 역사이기도 하다.

3. 죄의 원리인 탐심에 대한 유기의 형벌

하나님은 의로우신 재판장으로서 악하고 경건치 못한 자들에 관하여는 전에 지은 죄로 인하여 그 마음의 정욕대로 내버려 두심으로써 그 마음의 일을 하게 하셨고 또한 저희의 정욕과 세상의 유혹과 사탄의 권세에 내버려 두어 고침을 받지 못하게 하셨다.

1) 종교적 타락(롬 1:24-25; 시 81:12)

> 그러므로 하나님께서 그들을 마음의 정욕대로 더러움에 내버려 두사 그들의 몸을 서로 욕되게 하게 하셨으니 이는 그들이 하나님의 진리를 거짓 것으로 바꾸어 피조물을 조물주보다 더 경배하고 섬김이라 주는 곧 영원히 찬송할 이시로다 아멘(롬 1:24-25).

인간은 본성적으로 하나님을 경외하는 신 지식을 뿌리 깊게 가지고 태어난다. 어떤 사람도 하나님을 두려워하지 않은 자는 없다.

죄는 하나님을 섬기되 인간의 억측대로 하나님을 상상하게 한다. 죄의 본성은 인간이 하나님의 지식을 오염시키고 상처를 냄으로써, 인간을 조물주 하나님보다 피조물을 더 경배하고 섬기는 우상숭배자로 전락시켰다. 인간은 하나님의 영광을 썩어질 사람과 짐승과 기어 다니는 동물 모양의 우상으로 바꾸어 버리는 어리석은 자들이 되어버렸다(롬 1:19-23).

우상은 숭배의 대상이 없다. 사람이나 동물의 모양을 돌로 금속으로 빚어 만들어 숭배하는 종교의 형태를 취하고 있지만, 실상은 인간 내면에 꿈틀거리는 초월자나 절대자를 향한 종교적인 염원을 진정시키는 인간의 공작품이다. 우상숭배는 결국 인간 내면에 뿌리를 틀고 있는 탐심을 달래주는 종교의 형태들이다.

하나님께서 인간을 그 마음의 정욕대로 더러움에 내어버려 두었더니, 인간은 엉뚱하게도 우상숭배의 가증스러운 죄에 도착하게 된 것이다.

우리가 드리는 예배에도 우상숭배의 잠재적 요인들이 스며들고 있지 않은지 살펴야 할 것이다. 자기중심의 실존주의 신앙은 예배를 그릇되게 할 위험성을 가지고 있기 때문이다.

2) 성적인 타락(롬 1:26-27)

창조의 질서는 남자와 여자가 가정을 이루어 자손을 번성케 하며 땅에 충만하여 삶의 전 환경을 복되도록 가꾸어 살게 하는 것이다.

타락한 인간이 그 마음의 욕심에 이끌려 간 곳은 동성애의 추악하고 구역질 나는 죄악의 소굴이다. 순리를 역리로 바꾸어 인간의 원초적 쾌락을 끌어올리는 동성애는 탐심의 극치다. 소수자 인권이란 제하에서 서울 한복판에서 젊은이들이 퀴어축제를 벌이는 현상은 인간의 존엄을 짐승에게 바치는 난잡한 행위다.

이를 사회의 현상으로 이해하려는 정치적 책략은 더 이상 장래를 기대할 수 없게 하는, 어리석기 그지없는 바보들의 행진이다. 말초적 욕망의 소비문화가 사회교육의 풍토로 자리를 잡은 위태로운 현상이다.

동성애로 말미암아 인간에게 내려진 하나님의 응징은 문란한 성행위로 기인한 성병들이다. 감당할 수 없는 병의 재앙 속에서, 인류는 순리로 누리는 행복을 상실하고 말았다. 동성애와 수간 및 윤간 등의 성행위로 말미암아 생기는 병원균의 전염성 현상을 감당할 수 없는 시대가 왔다. 온갖 종류의 바이러스 감염과 에이즈, 근래 창궐하는 코로나 바이러스는 그 대표적인 증상들이다.

정위치를 이탈한 인간에게 벌어지고 있는 질병들은 장차 더욱 창궐하여 인류의 장래를 병들게 할 것이다. 질병을 예방할 책략보다는 인간의 정신 체계를 정상 위치로 복원하는 창조의 질서를 역설해야 할 것이다. 소돔과 고모라 성의 멸망은 동성애의 쾌락을 여사로 행하는 욕망의 문화와 문란한 행위에 대하여 응징하시는 하나님의 진노를 예시하는 사건이다.

3) 인격의 파괴(롬 1:28-32)

탐욕에 빠진 인간은 마음에 하나님 두기를 싫어한다. 인간의 마음을 본성 그대로 버려두면 세상에 있는 것을 영원한 것처럼 생각하고, 물질만 추구하며 살게 된다. 인간의 내면을 투사해보면 찬란한 출세와 득세와 권력과 치부와 명예에도 불구하고 마음 한켠에는 상실과 허무로 가득하다. 영원한 가치가 없는 것들로 가득한 인간의 마음은 공허와 슬픔과 절망감으로 우울하고 고독하다(요일 2:16-17; 고전 7:31). 더 많이 소유하면 더 많이 허탈하고 절망한다.

인간을 상실한 마음대로 버려두었더니 서로를 향하여 자기 욕망을 채워달라는 욕구로 인격적인 파괴 현상이 나타난다. 죄의 현상은 분열과 분리와 이탈과 같은 대립의 상태다. 사랑과 믿음과 소망을 기대할 수 없는, 삭막한 대립과 경쟁에 돌입하여 자신을 지키는 안전망을 찾느라 분요하다. 영원한 가치인 이웃을 살리고 남을 유익하게 하는 진리와 생명은 사라지고 극한 이기와 교만과 자존심의 싸움만 가득한 사회를 이루고 있다.

인격을 파괴하는 죄의 본성들이 우글거리고 있는 인간 사회에는 결국 죄를 벌하시는 하나님의 정하신 뜻을 알고도 오히려 이웃들의 범죄를 정당하다고 변호까지 하는 불의가 판을 친다. 하나님을 마음에 두기를 싫어하는 심령에서는 창조의 목적이며 인간이 마땅히 누리고 즐겨야 할 가정과 사회의 행복과 복지 환경은 기대할 수 없다.

4. 결론

　죄에 대한 하나님의 진노는 인간의 본성대로 살도록 방치하는 것이다. 죄인의 본성을 그대로 내버려 두었더니 인간 내면에서 꿈틀거리는 초월성을 따라나섰고, 그 결과 금수와 버러지나 사람의 모양을 조각하여 섬기는 불경스럽고 저급한 종교성을 나타내고 있다.
　인간의 종교성이 그 정도의 수준이라면 죄인의 상태에서 인간의 품성이나 인격의 수준은 어떻겠는가?
　인간의 도덕성이 인간 본성대로 자연스럽게 정착한 곳은 동성애이며, 인격의 파괴 현상이며 생존경쟁과 약육강식의 굴레에 허덕이는 부조리의 현상이다. 스스로 인간 존재의 저급함을 드러내고 있는 셈이다.
　인간의 불의에 대한 하나님의 진노가 계속되는 한, 인간의 것들은 허무할 뿐이다. 하나님의 은혜가 아니면 삶을 힘 있게 살 의욕도 가치도 기대할 수 없다.
　하나님은 자기 백성의 방종을 방치하신 적이 한 번도 없으시다. 이스라엘 역사의 98%는 전쟁의 화에 시달려 온 환란의 날들이었다. 이스라엘은 하나님을 섬기되 그들의 열심과 정성을 다하여 율법을 존중하였다. 자녀 교육에서도 타민족을 능가하는 신앙 중심의 교육을 하였다.
　이스라엘 백성이 하나님의 채찍을 면치 못한 단 하나의 이유는, 하나님의 율법을 자신들의 탐욕의 수단으로 응용하여 하나님의 원래의 뜻을 인간의 뜻으로 변개하고 확대하여 자연신교의 특징인 범신론으로 전락시킨 우상숭배였다.
　하나님의 법을 인간의 편의와 실리를 중심으로 바꾸어 섬김으로써 하나님께서 내리시는 진노의 채찍에 맞아 신음하고 고통받으며 아파하는 성경 이야기가 지금도 우리의 귀에 따갑게 들려온다.

제3장

죄에 대한 하나님의 심판
공의와 사랑의 십자가

> < < < < < < < 개요 > > > > > > >
>
> 성경은 구원 계시를 중심으로 각각 대표성을 갖는 한 사람을 통하여 죄와 의를 구분한다.

1. 첫 사람 아담과 마지막 아담인 그리스도는 각각 대표성을 갖는다

> 첫 사람은 땅에서 났으니 흙에 속한 자이거니와 둘째 사람은 하늘에서 나셨느니라 무릇 흙에 속한 자들은 저 흙에 속한 자와 같고 무릇 하늘에 속한 자들은 저 하늘에 속한 이와 같으니 우리가 흙에 속한 자의 형상을 입은 것 같이 또한 하늘에 속한 이의 형상을 입으리라(고전 15:47-49).

2. 아담이 둘이다

첫 사람은 흙에서 났고 둘째 사람은 하늘에서 나셨다고 한다. 우리의 소속이 흙이냐 아니면 하늘이냐에 따라 그 형상대로 살리라고 한다. 로마서는 더 분명하게 그 대표성을 강조하고 있다.

> 그러므로 한 사람으로 말미암아 죄가 세상에 들어오고 죄로 말미암아 사망이 들어왔
> 나니 이와 같이 모든 사람이 죄를 지었으므로 사망이 모든 사람에게 이르렀느니라 죄가
> 율법 있기 전에도 세상에 있었으나 율법이 없었을 때에는 죄를 죄로 여기지 아니하였
> 느니라 그러나 아담으로부터 모세까지 아담의 범죄와 같은 죄를 짓지 아니한 자들까
> 지도 사망이 왕 노릇 하였나니 아담은 오실 자의 모형이라(롬 5:12-14).

아담은 오실 자의 표상이다. 표상이란 아담으로 말미암아 온 인류가 사망에 이르는 죄인이 되었다면, 이를 상쇄할 만한 다른 아담을 생각나게 하는 모형이란 뜻이다. 죄인을 대표하는 아담이 있다면 의인을 대표하는 다른 아담이 반드시 있어야 한다는 것이다.

3. 아담의 대표권이 갖는 심각성은 모든 사람이 태어나면서 죽는다는 것이다

아담의 원죄로 말미암아 모든 사람이 죽음의 저주와 비참한 심판에 처하게 되었다. 죽음은 하나님의 생명에서 떠나 하나님과의 단절과 영적 무지와 완고함의 상태를 말한다. 영적 감각이 마비되어 자신을 방탕에 방임한 채, 온갖 더러운 것을 욕심에 이끌려 행동한다. 죽음은 소멸이 아니라 그 생의 끝에 영원한 지옥의 비참한 형벌에 처하게 한다.

하나님을 떠나면 곧장 흑암의 권세자인 사탄에게 붙들린다. 흑암(어둠)의 권세는 사탄의 권세다. 흑암과 어둠의 상태(호세크, חֹשֶׁךְ)는 비뚤어지고 비꼬인 사고와 행동 방식을 말한다. 비참함, 어리석음, 무지함의 개념으로 방향 감각을 상실한 자의 삶을 가리킨다. 어디가 진흙탕인지 낭떠러지인지 구분하지 못한다. 극한 이기와 정욕에 이끌려 물질과 함께 몰락의 길을 가게 된다.

인간이 동경하고 그리워하는 곳이 어딘가?

인간은 피조물이 썩어짐의 종노릇 한 데서 해방되어 하나님의 자녀들의 영광의 자유에 이르는 길을 갈망한다(롬 8:21). 영원한 천국에서 살 영광의 길을 사모한다. 인간이 묶여 있는 속박의 사슬은 저항할 수 없는 사망의 권세와 그 저주와 형벌에 대한 공포와 무서움이다.

인간은 이 속박으로부터 해방되고자 자연의 순수를 향한 구도의 경지에 도달하는 온갖 종교의 형태를 취하고 있지만, 여전히 하나님 앞에서는 영원한 심판에 던져질 죄인일 뿐이다. 세상에는 인간이 갈망하는 자유는 없다.

인간의 참혹한 비극은 하나님과의 언약을 파기한 불순종이 원인이다. 불순종의 원죄는 첫 사람, 아담으로부터다. 그렇다면 이 참극의 불행을 면하는 길은, 불순종을 상쇄할 만한 다른 아담이 와서 순종의 터가 되어주는 길 외에 다른 방도가 없다.

4. 원죄를 상쇄시킨 둘째 아담 그리스도

하나님은 전 인류가 사탄의 미혹에 넘어져서 썩어짐의 종노릇 하도록 허용하셨다. 그러나 하나님께서는 악의 세력도 허용하실 만큼 더 경이롭고 웅장한 은혜의 역사 배열을 따로 갖추고 계셨다.

> 피조물이 고대하는 바는 하나님의 아들들이 나타나는 것이니 피조물이 허무한 데 굴복하는 것은 자기 뜻이 아니요 오직 굴복하게 하시는 이로 말미암음이라(롬 8:19-20).

하나님은 아담의 타락을 허용하셨다. 피조물이 사탄의 세력에게 허무하게 굴복하는 비참한 저주가 야기되도록 내어주셨다. 이로써 아담이 사탄의 휘하에 들어가고 하나님의 영광은 빛을 잃고 말았다. 하나님 나라의 통치권도 산산이 조각나는 큰 난관에 봉착하게 되었다. 역설적으로 하나님께서 이렇게 되도록 작정하셨다는 것이다.

하나님은 피조물의 통치권을 사탄에게 맡기지 않으셨다. 아담의 실패를 고려하시고 창조의 목적을 보존하고 지키신다는 보증으로 일찍이 동산에 생명나무를 심어두셨다. 아담의 원죄를 상쇄하는 다른 아담, 곧 그리스도를 영원한 중보자로 준비하고 계셨다. 은혜 언약을 배경으로 하여 아담의 원죄를 허용하셨다. 원죄를 낳게 하는 아담의 불순종보다 훨씬 더 웅장하고 영광스러운 은혜 언약의 주체이신 그리스도를 사전에 준비해 두셨다.

5. 순종의 머릿돌, 그리스도

> 한 사람이 순종하지 아니함으로 많은 사람이 죄인 된 것 같이 한 사람이 순종하심으로 많은 사람이 의인이 되리라(롬 5:19).

첫 사람 아담의 원죄가 모든 인간을 죄인의 신분에 가두어버렸다. 죄인은 반드시 죽어야 한다. 죽음은 끝이 아니라 영원한 지옥의 심판에 이르게 한다. 전 인류가 갖는 비참한 운명이다. "따 먹지 말라"는 언약을 파기한 불순종이 죽음의 원인이었다. 이로써 이 세상은 불순종을 상쇄하는 다른 아담이 절대적으로 필요한 상황에 놓이게 된 것이다. 예수 그리스도는 의의 행동인 순종의 기초석이 되시고자 우리 곁에 오셨다. 그리스도는 우리를 구원하실 마지막 아담이시다.

순종은 율법을 완성하는 행위다. 율법은 하나님의 법이다. 인간이 만든 법률은 행동을 기준으로 인간의 범법 여부를 결정한다. 그러나 하나님의 율법은 신령한 법으로서 마음속에서 일어나고 있는 생각까지 법의 기준으로 삼는다. 신령한 법의 표준이 십계명이다. 불순종의 죄로 말미암아 죄인이 된 모든 인간은 하나님의 율법을 지킬 수 없다.

죄인은 양심이 더러워지고 지성이 어둠에 갇혀 있어, 행위로는 율법을 완성하는 의의 행동으로 인정될 수 없다. 타락한 인간에 대한 성경의 진술은 인간의 한계를 지적하고 있다.

> 속에서 곧 사람의 마음에서 나오는 것은 악한 생각 곧 음란과 도둑질과 살인과 간음과 탐욕과 악독과 속임과 음탕과 질투와 비방과 교만과 우매함이니(막 7:21-22).

> 만물보다 거짓되고 심히 부패한 것은 마음이라(렘 17:9).

율법을 완성하려면 의인이 와야 한다. 그런데 그는 이 땅에서 난 자여서는 안 되며, 반드시 하늘에서 와야 한다(고전 15:46-47). 땅에 속한 자들은 아담의 원죄에 참여한 죄인들이다. 영으로 죽어 있는 무능한 자들이다. 본질상 진노의 자녀들로서 하나님의 의를 이루는 것은 불가능하다. 이에 율법을 완성하기 위하여 오신 예수 그리스도에 대한 성경의 언급은 우리의 수준을 뛰어넘는다.

> 그리스도는 모든 믿는 자에게 의를 이루기 위하여 율법의 마침이 되시니라(롬 10:4).

> 사랑은 이웃에게 악을 행하지 아니하나니 그러므로 사랑은 율법의 완성이니라 (롬 13:10).

율법의 본질은 사랑이다.

> 예수께서 이르시되 네 마음을 다하고 목숨을 다하고 뜻을 다하여 주 너의 하나님을 사랑하라 하셨으니 이것이 크고 첫째 되는 계명이요 둘째도 그와 같으니 네 이웃을 네 자신 같이 사랑하라 하셨으니 이 두 계명이 온 율법과 선지자의 강령이니라 (마 22:37-40).

십자가에서 나타난 사랑은 하나님의 의를 이루기 위하여 율법의 요구를 충족하게 하는 순종의 한 행동이었다. 그리스도의 사랑은 순종을 위한 의의 한 행동이다. 사랑은 아버지의 계명을 지킴으로써 완성된다(요 15:10).

아버지의 계명은 행위로뿐만 아니라 심령으로도 의로워야 한다. 사랑은 아가페의 사랑이다. 신적 사랑이다. 땅에서 난 자들에게서는 절대로 실행할 수 없는 사랑이다.

원죄의 속성은 이미 심령에서 솟아오르는 탐심을 억제할 능력이나 지혜를 상실한 상태다. 사랑 자체가 상대적이고 이기적이다. 자기를 이끄는 힘으로 사랑을 시도하지, 누구를 막론하고 전 인류를 상대로 사랑을 실천할 수 없다. 하물며 죄인을 위하여 자기 목숨을 대신 죽음에 내어줄 수 있겠는가?

6. 새 인류의 대표, 순종의 터 그리스도

사랑과 공의는 상반되는 체계다. 사랑하면서 공의를 세우기는 불가능하다. 사랑은 죄인을 용서하는 은혜를 베풀고, 공의는 법대로 처리해야 하는 심판을 선고한다. 마귀의 계략은 율법을 응용하여 하나님의 사랑하시는 자녀들을 자기와 같은 공범으로 만드는 시험을 일삼는다.

1) 사랑만으로는 구원을 일으킬 수 없다

율법은 공의를 요구한다. 하나님의 공의는 죄에 대하여 심판하는 거룩한 본성을 갖는다. 만일 하나님께서 율법의 공의를 완성하지 아니하고 사랑만 가지고 하나님의 자녀들을 구원하신다면, 마귀는 자신의 죄를 변호할 절호의 기회를 포착하게 된다. 자신도 사랑으로 죄를 용서해 달라고 요구할 조건이 생기는 것이다.

하나님은 마귀가 무기로 사용하는 율법을 그대로 두고, 사랑 하나로는 하나님의 자녀들을 죄와 사망의 심판으로부터 구원하실 수 없으셨다. 마귀가 자신의 죄를 용서받을 기회를 호시탐탐 노리고 있기 때문이다.

이에 하나님은 마귀의 공적 시비를 막기 위해 율법을 완성하기로 하셨다. 그리스도를 십자가에 오르게 하셔서, 율법이 요구하는 대로 죄인에 대한 진노의 형벌을 철저하게 집행하셨다. 더 이상 마귀가 시비할 수 없도록 율법의 공의를 완전히 충족하는 법의 집행이었다.

2) 십자가 사건으로 공의와 사랑의 양면성을 한꺼번에 충족하셨다

율법의 집행에 응한 자가 누구냐 하면 마귀의 손이 닿지 않는 그리스도시다.

그리스도는 세상에서 난 자가 아니시다. 하늘에서 내려오신 하나님의 독생자가 죄인을 대표하여 하나님의 법 집행에 응하신 것이다. 창세 이래 인간의 죄에 대하여 죄의 값을 있는 그대로 집행하신 적은 한 번도 없으셨다. 노아의 홍수 심판이나 소돔과 고모라의 경우, 그토록 심판하시는 중에서도 몇 사람들은 살아남게 하셨다.

삼위 하나님께서 합동으로 하나님의 공의에 대하여 한 방울의 동정심도 허용하지 않으시고, 율법을 거역한 인간의 죄를 철저하게 물으시고 심판하셨다. 이와 동시에 공의의 완성과 함께 지극하신 사랑으로 하나님의 자녀들에게 구원의 길이 되게 하셨다. 이로써 하나님은 십자가의 한 사건을 통하여 공의와 사랑의 양면성을 한꺼번에 충족하셨다.

하나님의 신성과 지혜와 능력을 총동원하신 결과다. 죄의 값은 죄인이 져야 하는데, 죄가 없으신 하나님이 친히 오셔서 대속하신 것이다. 죄는 율법의 요구대로 죽음을 가지고 청산하시고, 구원하시는 데에는 사랑으로 율법에 순종하심으로써 성취하셨다.

그리스도는 아버지의 자녀들을 대표하여 의로운 행위 즉, 십자가의 죽으심을 통하여 순종의 초석이 되셨고, 이로 말미암아 많은 사람이 의인이 되도록 진리와 생명의 길이 되어주셨다.

> 그런즉 한 범죄로 많은 사람이 정죄에 이른 것 같이 한 의로운 행위로 말미암아 많은 사람이 의롭다 하심을 받아 생명에 이르렀느니라 한 사람이 순종하지 아니함으로 많은 사람이 죄인 된 것 같이 한 사람이 순종하심으로 많은 사람이 의인이 되리라 (롬 5:18-19).

그리하여 죄를 범함으로써 하나님으로부터 쫓겨난 사탄의 세력들은 침묵할 수밖에 없게 되었다. 간음한 여인을 끌고 와서 공의와 사랑의 엇갈린 사상체계를 응용하여 그리스도를 궁지에 빠지게 한 당시 율법주의자들의 위선적인 공세를 주저앉게 한 것이다.

그리스도는 율법에 따라 마땅히 돌에 맞아 죽어야 하는 위기의 순간에, 율법의 정죄로부터 한 생명을 살려내신 것이다. 십자가에서 나타내실 공의와 사랑의 지극한 조화를 통하여 모든 사람의 손에 들린 돌들을 내려놓게 하셨다.

3) 예수 그리스도는 십자가에 죽기까지 순종하심으로 의의 새로운 나라, 새 인류의 대표가 되셨다

십자가는 두 개의 상반된 이론 체계인 공의의 심판과 구원의 은혜를 한 사건에서 동시에 충족하신 지상 최고의 계시이며, 경이와 신비의 경륜이었다. 예수 그리스도께서 공의와 사랑의 상반된 사상 체계를 의의 한 행동으로 통일하시고 동시에 하나님 나라의 절대 조건인 순종의 초석을 놓으신 것이다.

이로써 주님은 마귀의 입을 막고 세상의 모든 학문의 논조를 무력하게 하신 동시에 절대적 진리와 생명의 길이 되신 것이다. 예수 그리스도는 십자가에 죽기까지 순종하심으로써 의의 새로운 질서, 새로운 나라, 새로운 피조물, 새로운 계통의 천국 백성을 이루시려고 계획하신 구속 언약의 대단원을 마감하셨다.

　예수님은 부활로부터 시작하여 새 인류의 대표가 되신 것이다. 세상을 이기고 죄를 다스리고 사단의 권세를 제압하는 권세를 확보하셨다. 예수 그리스도는 만세 전에 예정하신 아버지의 자녀들을 부르시고 모으셔서 구원 공동체를 형성하시고 그 대표가 되셨다.

7. 결론

　교회는 예수 그리스도가 의인의 대표권을 행사하심으로 형성된 새로운 피조물의 집합체다. 하늘의 형상을 입은 자들이 모인, 하나님 백성의 만남과 관계다. 이를 성령의 전들의 모임이라고도 한다.

　교회는 예수께서 십자가의 죽으심을 통하여 불순종의 죄과를 온전히 상쇄하고 남는 최상의 숭고한 가치인 순종의 터, 그리스도의 몸이다. 우리를 그의 몸의 지체라고 하신 것은 말할 수 없는 은혜, 삶을 의욕적으로 살게 하는 감동적인 초청이 아닐 수 없다. 마귀가 우리의 행동에 대하여 고소할 근거를 찾을 수 없는 순종의 초석 위에 교회가 세워졌고 우리는 그리스도의 몸인 교회의 지체라는 정체성을 확립하게 된 것이다.

　믿음은 하나님께서 우리를 위하여 성취해 놓으신 하나님 나라의 모든 것을 나의 것으로 차지하는 싸움이다. 교회는 은혜의 주권에 관한 지식과 지혜와 능력을 습득하고 배양하는 은혜의 수단이다.

제4장

구원의 능력, 복음
승리의 전리품을 선사하는 용사

> <<<<<<< 개요 >>>>>>>
>
> 죄인들이 사는 세상은 진리를 거역하고 항거하는 불의가 판치고 하나님을 멸시하는 불경의 죄가 범람하는, 하나님의 진노를 피할 길이 없는 사망과 형벌의 거주지가 되어버렸다. 이에 하나님의 공의와 사랑이 절대적으로 필요한 상황에서 하나님은 독생자를 세상에 보내셔서 자기 백성을 구원하시기로 작정하셨다. 이 구원의 소식을 복음이라고 한다.

1. 복음은 자유와 평화를 보장하는 승전보다

> 내가 복음을 부끄러워하지 아니하노니 이 복음은 모든 믿는 자에게 구원을 주시는 하나님의 능력이 됨이라 (롬 1:16).

복음(유앙겔리온, ευαγγέλιον)은 '좋은 소식, 복된 소식'이다. 당시 헬라인들이 사용하는 전쟁용어로써 원뜻은 승리의 소식, 즉 승전보다.

사도 바울은 적군과 싸워 승리한 소식을 예수 그리스도에게 접목했다. 그리스도의 생애를 전쟁에서 거둔 승리의 소식으로 적용하여 하나님의 구원 역사를 설명하고 있다.

전쟁에 나가는 용사는 젊은 청년들이다. 이 용사들은 누군가의 아들이고 남편이고 아버지다. 성 안에 남아 있는 자들은 부녀자들과 늙은이들과 어린 자녀들로서 유약한 자들이다. 그들은 자나 깨나 아군으로부터 전해질 승전보만을 기다릴 수밖에 없다.

만일 아군이 패배한다면 적군들이 와서 성 안에 있는 유약한 자들을 포로로 잡아가서 노예로 삼을 것이다. 반대로 아군이 승리한다면 자유와 평화를 보장받을 뿐 아니라 붙잡아 온 포로들을 종으로 삼거나 기타 적군들에게 획득한 전리품을 나눠 갖는 영광의 자유를 누리게 된다.

전쟁은 반드시 이겨야 한다. 자국의 국권은 물론이거니와 가족들과 재산을 지켜야 하는 치열한 싸움이다. 자유인이 되느냐 아니면 적군의 포로로 끌려가느냐의 중차대한 장래가 걸린 문제다. 용사들은 자신들의 목숨을 바쳐서라도 고향에 남은 부모 형제와 유약한 아내와 자녀들의 안녕을 위하여 싸워 이겨야 한다.

전쟁은 자국의 평화와 안전을 보장받기 위한 수단이다. 원수가 호시탐탐 침략의 기회를 엿보고 있는 상황에서는 자유와 평화를 보장받을 수 없다. 성 안에 있는 노약자들에게는 아군으로부터 전해오는 승전보야말로 생명과 재산 그리고 자유와 평화를 보장하는 유일한 담보다. 승전보는 기쁨의 좋은 소식이다.

1) 그리스도는 전쟁의 용사로 등장한다

바울은 다윗이 주변 열강을 무찌르고 의기양양하게 입성하는 모습(시 68:18)과 죄의 원흉인 사탄과 사망의 권세를 이기신 그리스도의 십자가와 부활의 승리를 하나의 사건으로 겹쳐 설명하고 있다. 여기서 다윗은 그리스도를 상징하는 인물로 등장한다.

> 그러므로 이르기를 그가 위로 올라가실 때에 사로잡혔던 자들을 사로잡으시고 사람들에게 선물을 주셨다 하였도다 올라가셨다 하였은즉 땅 아래 낮은 곳으로 내리셨던 것이 아니면 무엇이냐 내리셨던 그가 곧 모든 하늘 위에 오르신 자니 이는 만물을 충만하게 하려 하심이라(엡 4:8-10).

다윗은 일생을 통하여 주변 나라들로부터 조공을 받기까지 전쟁의 용사로 살았던 인물이다. 이스라엘은 아람과 모압, 압몬, 블레셋과 아말렉과 에돔으로부터 가해지는 전쟁의 시달림 속에서 불안과 긴장의 세월을 보내고 있었다. 전쟁의 화근이 지속되는 상황에서는 평화와 자유를 누릴 수가 없다.

하나님은 다윗이 주변 열강들을 무찔러 항복을 받기까지 승리의 면류관을 쓰도록 섭리하셨다. 다윗은 평생 피를 흘리는 전쟁의 용사로 등용된 왕이었다. 다윗은 하나님의 성전을 건축할 뜻이 있어 청하였으나 거절당하였다. 이는 그가 전쟁을 치르느라 피를 많이 흘렸기 때문이다.

> 너는 피를 심히 많이 흘렸고 크게 전쟁하였느니라 네가 내 앞에서 땅에 피를 많이 흘렸은즉 내 이름을 위하여 성전을 건축하지 못하리라(대상 22:8).

성전 건축 사역은 아들 솔로몬에게 이양된다. 다윗은 성전 건축에 필요한 재원을 확보하는 사역에 전력을 쏟았다. 솔로몬은 아비 다윗과 친밀하게 지내던 두로 왕 히람에 원조를 요청하는 글에서, 부왕 다윗의 공적으로 성전 건축에 필요한 조건이 완전히 준비되어 있다고 전한다.

> 당신도 알거니와 내 아버지 다윗이 사방의 전쟁으로 말미암아 그의 하나님 여호와의 이름을 위하여 성전을 건축하지 못하고 여호와께서 그의 원수들을 그의 발바닥 밑에 두시기를 기다렸나이다 이제 내 하나님 여호와께서 내게 사방의 태평을 주시매 원수도 없고 재앙도 없도다(왕상 5:3-4).

성전은 주변에 도사리고 있는 원수들이 남아 있는 상황에서는 세울 수 없다. 하나님의 거하시는 성전은 평화와 안정의 터 위에 세워져야 한다. 하나님은 앞으로 나타날 교회의 복음 시대를 준비하시는 예표로서 다윗을 피를 흘리는 전쟁의 용사로 등용하셨다.

2) 피를 흘려 원수들의 항복을 받아낸 다음 평화의 터 위에 세워진 교회

다윗 왕과 그리스도는 승리를 위해 피를 흘리는 전쟁의 용사라는 공통점을 가지고 있다.

예수 그리스도는 아버지의 뜻을 따라 십자가에서 대속의 피를 흘리셨다. 그리고 사흘 만에 다시 살아나셨다. 이로써 하나님의 백성을 사로잡고 있던 죄와 죄책과 사망의 권세와 배후에서 행사하던 사탄을 완전히 정복하셨다. 십자가에서 의로운 피를 흘리심으로 승리하셨다.

이는 하나님의 영원한 은혜 언약이 실효를 거둔 결과다. 그뿐 아니라 그동안 죄로 오염되고 부패해진 세상을 하나님의 영광을 위한 초기 창조의 목적대로 원위치로 복원하셨다.

다윗이 소원하던 성전 건축은 장차 세워질 그리스도의 몸인 교회를 상징한다. 솔로몬 성전은 보이는 집이지만, 그리스도의 몸인 교회는 신령한 집으로서 성령의 전들의 모임이다. 보이는 집으로서 성전은 사람들의 탐욕을 부추기는 부정과 불의의 진원지가 되기도 하고 외세의 침략의 중심에 서기도 하였다. 그러나 예수께서는 자기의 육체를 가리켜 성전이라고 하시면서 사흘 만에 다시 살아나실 것을 말씀하셨다.

> 그러나 예수는 성전된 자기 육체를 가리켜 말씀하신 것이라 죽은 자 가운데서 살아나신 후에야 제자들이 이 말씀하신 것을 기억하고 성경과 예수께서 하신 말씀을 믿었더라 유월절에 예수께서 예루살렘에 계시니 많은 사람이 그의 행하시는 표적을 보고 그의 이름을 믿었으나(요 2:21-23).

예수님은 부활하신 후 성령을 보내셔서 사도들의 터 위에 신약교회를 세우셨다. 그리고 신약교회가 더 이상 사람들의 탐욕으로 이용되는 일이 없도록 성령의 전들이 모이는 공동체로 역사의 중심에 배치하셨다.

교회는 음부의 권세가 이기지 못하는 곳이다(마 16:18). 음부의 권세는 죽은 자들의 나라, 하나님을 알지 못하는 무지와 허무와 어둠의 세력들이다. 배후에 사탄이 조종하는 세상 나라를 총칭한다.

교회를 넘어지게 하는 원수들은 그리스도에 의하여 모두 평정되었다. 교회는 원수 마귀가 더 이상 침략할 수 없는 승자들의 집합체이며, 그리스도의 몸으로서 하나님께서 다스리시는 은혜의 주권이 행사되는 곳이다.

성령의 전들의 만남과 동역의 공동체다. 생명의 성령의 법 안에 두신 하나님의 백성이다. 정죄하는 율법 교사의 것보다 용서와 사랑의 은혜가 더 크게 역사하는 곳이다.

사람을 죽이고 멸망하게 하는 세력보다 사람을 살리는 생명과 은혜의 진리가 더 장엄하게 역사하는 그리스도의 몸이다. 허물을 고발하는 사탄의 것보다 허물을 덮는 하나님의 사랑이 더 웅장하고 충만하기 때문이다(벧전 4:8; 잠 10:12).

거룩한 피를 흘려 세운 그리스도의 몸인 교회를 하나님께서 다시 마귀와 그 어둠의 권세들에 빼앗기실 수가 없으시다.

> 그런즉 이 일에 대하여 우리가 무슨 말 하리요 만일 하나님이 우리를 위하시면 누가 우리를 대적하리요 … 누가 우리를 그리스도의 사랑에서 끊으리요 환난이나 곤고나 박해나 기근이나 적신이나 위험이나 칼이랴(롬 8:31-35).

3) 승리의 왕은 백마를 타고 돌아올 때 빈손으로 입성하지 않는다

승전한 왕은 빈손으로 입성하지 않는다. 승리한 왕은 백마를 탄다. 전쟁에서 사로잡은 포로들을 줄줄이 이끌고, 적군들로부터 받은 충성의 맹세와 전리품들을 마차에 싣고, 의기양양하게 입성한다. 승리의 왕에게 쏟아지는 백성들의 열광과 연변에서 뿌리는 꽃송이를 맞으며 최상의 자랑과 영광의 자태를 뽐내며 들어온다.

다윗의 승리에 관한 진술이다.

> 주께서 높은 곳으로 오르시며 사로잡은 자들을 취하시고 선물들을 사람들에게서 받으시며 반역자들로부터도 받으시니 여호와 하나님이 그들과 함께 계시기 때문이로다(시 68:18).

사도 바울은 다윗 왕이 거둔 승리의 영광을 그리스도에게 접목하여 설명하고 있다. 다윗의 승리는 장차 나타날 그리스도의 십자가와 부활의 영광을 예시한다. 인자가 땅 아래 오셔서 쟁취하신 것은 죄로 말미암아 빼앗겼던 하나님의 권위와 영광이며 그 나라의 통치권이었다(엡 4:8-10).

십자가에서 승리하신 예수님은 부활하시고 하늘에 오르셨다.

> 내리셨던 그가 곧 하늘 위에 오르신 자니 이는 만물을 충만하게 하려 하심이라 (엡 4:10).

'오르셨다'는 것은 '승천하셨다'는 것이다. 예수님은 땅으로 오셔서 십자가를 지시고 다음으로 부활하시고, 그다음으로 원래 계셨던 하늘 나라로 올라가셨다. 성경은 만물을 충만하게 하시기 위해 승천하셨다고 말씀한다. 만물을 충만하게 하셨다는 것은 지상 사역을 통하여 마귀에게서 빼앗아 온 하나님 나라의 통치권을 실제로 행사하신다는 뜻이다. 예수님은 하나님의 나라를 다스리는 통치권을 교회의 받는 직분과 사명을 맡은 자들에게 나눠주신다(엡 4:7-11).

교회의 사역에 부름을 받은 사명의 자리들은 다양하다. 교회의 활동은 자신의 것을 희생양으로 요구하는 자리가 아니라, 충성하는 자에게 세상이 감당치 못하는 삶의 충만과 행복과 감동적인 삶을 누리게 하시겠다는 약속이다. 교회 활동을 통하여 그리스도의 장성한 분량이 충만한 데까지 자라나는 성화의 은혜를 약속하신 것이다.

2. 믿는 자에게 구원을 주시는 하나님의 능력

예수 그리스도는 인간이 걸머지고 있었던 죄책과 사망의 형벌과 심판의 무거운 짐을 십자가에서 대신 지시고 죽으셨다가 사흘 만에 다시 살아나셨다. 예수님은 마귀와 세상과 사망의 권세를 모두 정복하시고 승리의 영광을 쟁취하신 후 하늘 나라로 다시 올라가셨다.

그리스도의 승전보는 성 안에서 애타게 기다리고 있던 유약한 자들에게 선포되었다. 아군의 승전보가 전해지자 사람들은 거리에 나와 자유를 외치기 시작하였다. 승전보가 사람들의 가슴으로부터 자유의 함성을 솟구치게 한 것이다. 바울은 이 자유를 가리켜 구원을 주시는 하나님의 능력이라고 하였다.

자유와 구원은 같은 개념이다. 두 개념은 모두 속박에서 풀려나는 상태를 말하고 있다. 속박을 모르면 자유를 개념화할 수 없다. 마찬가지로 구원 이전 속박의 양상들을 알지 못하면 십자가의 구원을 알 수 없다. 인간은 원죄의 속박 속에 태어나 결국에는 지옥의 심판에 떨어질 죄인이다. 인간 자신의 힘으로는 원죄의 속박으로부터 풀려날 길이 전혀 없다. 절대 절망의 벽에 갇힌 상태다.

그러나 예수를 그리스도로 영접하는 자에게 구원, 곧 자유가 주어진다. 구원을 받기 위해서는 그리스도의 승전보를 들을 수 있도록 하나님께서 영혼의 귀를 열어주셔야 한다. 영이 죽은 자는 들을 수 없다. 산 자만이 듣고 자유를 외친다. 구원이란 하나님께서 먼저 살려 놓으신 자가 듣고 믿음으로 자유를 외치는 것과 같다. 결과적으로 믿음은 하나님께서 승리하셔서 쟁취해 놓으신 구원과 자유를 소유하게 한다. 그래서 바울은 복음은 믿는 자에게 주시는 하나님의 능력이라고 외친 것이다.

> 내가 복음을 부끄러워하지 아니하노니 이 복음은 모든 믿는 자에게 구원을 주시는 하나님의 능력이 됨이라(롬 1:16).

3. 결론

그리스도의 복음이 들려지는 자에게는 믿음으로 말미암아 구원이 선물로 주어진다. 구원은 죄와 죄책 그리고 영원한 사망의 권세에 종노릇 하는 무거운 짐으로부터 풀려나는 자유를 준다. 죄와 죄책의 짐이 풀리는 자유가 삶을 경쾌하게 한다.

우리를 죄의 속박으로부터 풀려나게 하는 자유, 곧 구원을 주시는 하나님의 능력이 그리스도의 승전보, 곧 복음이다. 이 복음을 믿는 믿음이 우리로 의롭다 함을 입게 하여 삶을 의욕적으로 살게 하는 힘의 근원이 되어 준다.

> 교회는 그의 몸이니 만물 안에서 만물을 충만하게 하시는 이의 충만이니라(엡 1:23).

그리스도의 복음은 교회를 그리스도의 은혜와 진리로 충만하게 하였다. 하나님의 나라로 충만하게 된 교회는 동시에 그리스도의 남은 사역을 충만하게 하는 동역의 부르심에 충성을 다한다.

교회에서 받는 사역은, 그리스도께서 거두신 승리의 전리품인 하나님 나라의 통치권을 각 사람이 받은 은혜의 분량대로 행사하게 하는 직분과 사명의 자리다. 부르심과 사명을 따라 하나님 나라의 통치권을 행사하는 자는 그리스도의 장성한 분량으로 자라간다.

제5장

구원의 시작, 구출
속박으로부터 풀려나는 자유

> <<<<<<< 개요 >>>>>>>
>
> 죄가 창조의 질서 안으로 끼어듦으로써 하나님께서 최우선으로 행하셔야 할 일은 무너진 하나님의 권위와 영광을 회복하는 것이었다.
> 그 첫 번째 사역이 죄의 도탄에 빠진 하나님의 백성을 구출하시는 것이다.

1. 하나님의 목적에 관한 초기계획

창조 사역에서 하나님의 말씀은 곧 계획의 표현들이다. 하늘의 발광체는 낮과 밤을 주관하기 위한 것이었고 특히, 인간 창조는 온 땅을 다스리기 위한 목적에서 이루어졌다. '하나님이 보시기에 좋았더라'라는 표현은 창조자의 기대가 충족되었고 계획대로 완성되었음을 선언한 것으로써 이 상태를 끊임없이 유지하시겠다는 하나님의 축복 활동을 예고하는 약속이다.

이는 지고의 화평, 곧 분쟁이 없는 평화 이상의 평화를 말한다. 이는 사람과 사람, 사람과 자연 그리고 사람과 하나님 사이에서 일어나는 열렬하고도 적극적인 만족의 삶을 말한다. 하나님의 초기 계획대로 피조물의 역사를 보존하신다는 보증으로 동산에 생명나무가 있었다.

죄가 들어오기 전에는 구원을 이야기할 필요가 없다. 구원은 죄가 등장함으로 불가피하게 동원되어야 할 하나님의 축복 활동이다. 구원을 이루시는 하나님의 열정은 자신의 죄를 가리고 숨어버린 인간을 찾아오심으로 시작되었다.

죄를 지은 인간을 동산에서 추방하심과 동시에 두려움에 떨고 있는 인간의 상황을 염려하시고 찾아가셔서 살 길을 내어주신 분도 역시 하나님이셨다. 십자가의 피로 상징되는 가죽옷을 입혀 주신 것은 태초의 계획을 반드시 유지, 보존하신다는 하나님의 강렬한 의지의 증표다.

2. 구원을 위한 하나님의 첫 번째 계획은 구출이다(출 6:2-8)

구원은 죄로 말미암아 짓밟힌 하나님 자신의 영광과 권위를 본래의 상태로 되돌리시는 주권적인 간섭의 결과다.

출애굽의 역사는 성경 전체에 흐르는 구원 계획의 목적을 명료하게 설명해 준다.

> 그러므로 이스라엘 자손에게 말하기를 나는 여호와라. 나는 애굽 사람의 무거운 짐 밑에서 너희를 빼내며 그들의 고역에서 너희를 건지며 편 팔과 여러 큰 심판들로써 너희를 속량하여(출 6:6).

1) 구원 활동에서 하나님의 구체적인 행동 원리 세 가지가 등장한다

구원 활동에 있어서 세 가지의 동사가 등장한다. "빼내며, 건지며, 구속하여"이다. 무거운 짐 밑에서 그리고 큰 고역에서 빼내고 건지시겠다는 것이다. 무거운 짐과 큰 고역은 당시 이스라엘 백성이 애굽의 노예 상태로 살 때의 고통과 괴로움을 말한다.

노예 생활은 근원적으로 자유와 권리를 박탈당한 삶이다. 신분 자체가 속박과 억압의 사슬에 매여 있다. 무한대의 상실과 절망의 한계에 갇혀 있는 상태, 인간으로서 갖는 존귀함이나 살아야 할 가치가 전혀 없는 존재다.

예수님께서 죄인을 향한 초청의 메시지를 전하실 때도 동일한 내용을 선포하셨다.

> 수고하고 무거운 짐 진 자들아, 다 내게로 오라 내가 너희를 쉬게 하리라(마 11:28).

인간은 불행하게도 죄인의 신분에 얽매인 채 태어난다. 죄의 권세에 복종하는 죄의 노예다. 애굽에서 노예 생활을 하던 이스라엘 백성과 같은 처지, 모든 것이 속박과 억압의 사슬에 매여 있어 존귀한 형상이 상실된 상태다.

2) 죄인이 속박과 억압의 사슬에 메여 있는 양상들은 시제를 따라 달리 표현되고 있다

첫째, 과거 시제로서 아담의 원죄에 속박된 상태다. 아담의 불순종이 만든 원죄 때문에 모든 인간은 참혹한 죽음의 심판 아래에서 살아야 한다. 삶이 근원적으로 우울하고 슬프고 고독하고 허망하다. 두려움과 상실감이 겹친 회색 그림자가 드리워진 삶이다.

둘째, 미래는 더욱 무섭고 두렵다. 공포와 무서운 심판이 기다리고 있다. 죽음은 소멸이 아니다. 지옥의 불못에 던져질 비참한 형벌이 예상되는 공포의 순간이다.

셋째, 현실은 온갖 고통과 슬픈 사건들로 삶을 억누르고 있다. 온갖 질병과 전쟁과 가난, 자연 재난과 불의의 사고 등, 재앙의 순간들이 남아있다. 삶의 현실은 생존을 위한 처절한 싸움으로 항상 긴장 국면이다.

3) 인간을 속박으로부터 풀려나게 하는 첫걸음은 구출이다

구출은 속박을 전제로 한다. 세상에 원죄의 사슬을 풀 수 있는 자는 없다. 오직 예수 그리스도께서 사탄의 속박을 풀고 우리를 구출함으로써 구원이 시작되었다(마 12:29). 자연인들은 속박의 양상들의 원인을 죄로 인식하지 않는다. 생존 경쟁이나 언어의 장벽이나 재난의 원인을 죄로 아는 자는 아무도 없다.

삶의 모순이나 부조리를 이야기하면서도 아무런 해결책 없이 일상적인 사회 구조적 병리 현상이나 보편적인 생활양식으로 이해하고 서로에게 삶의 격려와 찬사를 보내고 있을 뿐이다.

그러나 예수께서 우리 곁에 오셔서 외치신 말씀은 우리가 일상으로 생각하며 살아오던 삶의 방식들을 뒤엎어버리는 충격을 일으키고 있었다. 예수께서 전파한 첫 설교가 충격적이다.

> 회개하라 천국이 가까이 왔느니라(마 3:2).

> 수고하고 무거운 짐 진 자들아, 다 내게로 오라 내가 너희를 쉬게 하리라(마 11:28).

천국을 손에 들고 회개를 외치신다. 평안과 안식을 약속하시며 '내게로 오라'고 초청하신다. 세상과 자연을 따라 사는 한, 인간의 삶은 수고와 무거운 짐을 걸머지고 살아야 하는 절망에 부딪혀 있음을 깨치시는 말씀이다. 자연의 순환 과정에는 우리의 삶을 의욕적이며 경쾌하게 할 생명이나 진리가 존재하지 않다는 것을 폭로하는 메시지다. 인간은 구원이 절대적으로 필요한 상황에 놓여 있다는, 안타깝고도 절실한 마음을 전하는 동시에 구원에 있어서 자연의 가치들은 아무 효력이 없음을 고발하신 것이다.

3. 구속은 재산을 통치하는 규례에서 그 어원이 유래되었다

구속자란 재산을 몰수당하거나 혹은 몰수당할 위기에 처한 친족의 재산을 무를 책임이 있는 사람을 가리킨다. 선지자 예레미아는 조카 하나멜의 땅을 무름으로 구속자의 역할을 감당한 바 있다(렘 32:7 하). 보아스는 가까운 친족의 자격으로 나오미의 재산을 무름으로써 구속자의 역할을 하였다(룻 2:20; 4:6, 9). 구속자는 이방인의 종이 된 동족을 속량하거나 살해 당한 친척의 피를 복수하기도 한다(레 25:47-54).

예수 그리스도는 자기 백성을 그들의 죄에서 구원할 자시다(마 1:21; 행 4:12). 예수는 자기 백성 구원을 넘어, 이방인은 물론 온 우주의 구속에까지 그의 사역을 넓히셨다. 주님은 악의 세력을 진멸함으로써 그리스도의 나라가 우주적으로 도래하고 있음을 선포하신다(마 12:28). 구속은 본래 상태로의 회복 내지는 부족의 상처를 치유하는 등을 의미한다.

십자가의 구속은 하나님께서 죄로 말미암아 깨어지고 가리어진 자신의 영광과 기쁘심을 되찾으심과 동시에 이탈한 자기 백성을 평강의 자리로 회복하심으로써 초기 계획의 원위치로 복귀한 상태를 말한다. 구속은 하나님께서 적극적으로 사랑하고 보호하시고 지키시는 관계로의 회복을 말한다.

4. 결론

십자가의 구원은 우리의 죄와 죄책의 무거운 짐과 삶의 온갖 고통의 속박을 풀어 자유롭게 하시는 구출로부터 시작된다.

하나님은 우리를 구출하기 전에 이미 가나안 복지와 같은 그리스도의 나라를 준비하셨다. 만일 우리가 들어가서 살 진리와 생명의 나라가 준비되어 있지 않았다면 우리를 구원하실 이유가 없다.

구출로부터 시작된 구원의 여정 이후, 보다 경이롭고 웅장한 구원 공동체와 하나님의 지식과 하나님을 경험하는 모험에로의 신령한 도전이 계속된다. 도착지는 젖과 꿀이 흐르는 곳, 천국이다.

제6장

하나님의 것을 결과로써 소유하는 행위
은혜와 믿음

> <<<<<<< 개요 >>>>>>>
>
> 하나님은 영원 언약의 내용대로 구속의 역사를 완성하셨다. 인간이 저질러 놓은 불순종의 원죄에도 불구하고 하나님의 계획은 이루어지고 있었다. 십자가의 피로 말미암아 하나님의 공의와 사랑이 조화를 이루어 마귀의 세력 아래 있었던 인간의 모든 사상 체계와 각종 이론을 침묵시키셨다.
>
> 그리스도 안에서 결코 정죄함이 없는, 전혀 다른 차원의 질서인 생명의 성령의 법이 다스리시는 하나님의 나라를 출발시키셨다. 그리스도 안에서 완성하신 하나님의 나라를 어떻게 우리의 것으로 차지하느냐의 싸움만 남아 있다.

1. 모든 믿는 자에게만 주시는 구원의 복음

하나님은 그리스도를 통하여 완성하신 구원을 모든 믿는 자에게 한하여 주신다.

기독교 신앙을 특징짓는 용어는 믿음이다. 성경이 말하는 믿음은 인간의 이해를 뛰어넘는 개념이다. 일반적으로 믿음은 '신뢰하다, 의지하다, 맡기다'는 개념의 사전적 용어로 이해된다. 그러나 성경에서 믿음은 구원과 관련된 용어로서 은혜의 선물이라고 강조한다.

> 너희는 그 은혜에 의하여 믿음으로 말미암아 구원을 받았으니 이것은 너희에게서 난 것이 아니요. 하나님의 선물이라. 행위에서 난 것이 아니니 이는 누구든지 자랑하지 못하게 함이라 (엡 2:8-9).

믿음으로 구원을 받았다는 말씀에 담긴 역설은 무엇인가?
믿음으로만 그리스도 안에서 하나님께서 완성하신 구원을 얻게 되는 원리는 무엇인가?
믿음이 은혜의 선물이어야 할 이유는 무엇인가?

2. 믿음과 행위는 대척점을 이룬다

1) 율법의 행위가 갖는 특징은 그 행위의 주체가 "나"라는 데 있다

믿음을 정의하기란 쉽지 않다.
믿음은 행위의 반대말이다. 행위는 율법적인 사고방식과 그 행위를 말한다.
여기서 율법의 의미는 무엇인가?
법대로 생각하고 법대로 행동하고 법대로 판단한다는 뜻이다. 율법의 특징은 그 행위의 주체가 "나"이다. 원인이 있으면 결과가 따른다는 법칙을 논리학에서는 인과율이라 한다. 내가 원인을 주입하면 그 결과가 나에게로 돌아온다는 법칙이다. 율법적인 행위는 내가 잘못하였다면 내가 벌을 받고, 내가 잘했다면 내가 상을 받는다는 합리적인 사고방식이다. 세상은 이러한 사고 방식과 행위를 하는 사람을 최상의 도덕성과 교양을 갖춘 인격자로 칭송한다.

2) 성경은 이러한 율법의 행위, 즉 합리적인 사고방식으로는 구원을 받을 수 없다고 선언한다

구원은 복음으로부터 주어진다. 복음은 예수 그리스도께서 지신 십자가의 구속이다. 이미 나의 공로일 수 없는 제삼자의 행위다. 내게 원인이 없고 결과만 있는 상태다. 합리성의 인식으로는 수용할 수 없는 법칙이다.

그런데 인간은 태어날 때 합리성의 인식 구조를 가지고 나온다. 합리성은 자연, 곧 세상의 가치를 인식하는 감각 기관이다.

사실상 인간은 합리적인 사고력으로 종교를 고안하고 문화를 창달하고 문명의 이기들을 개발하고 예술을 착상하는 등, 상당한 가치들을 즐기고 향유하며 살고 있다. 이러한 가치들은 모두 자연의 현상들로부터 뽑아 올린 합리적인 사고력에 의한 것들이다.

그러나 인간의 합리성은 자연과 물질에 관해서만 인식하는 한계에 부딪혀 있다. 합리성은 보이지 않는 영의 세계나 초월성에 저항하며 거부한다. 그러면서도 동시에 인간은 초월이나 영원을 향한 갈증이 있다. 인간은 자연으로부터 종교성의 욕구를 충족하고자 여러 가지 형태의 자연종교를 고안하였다.

인간이 태어나면서부터 갖는 절대자에 대한 그리움을 진정시키고자 하는 종교성을 개발한 것들이다. 종교의 내용은 결국 인간이 추구하고 싶은 도덕과 청빈과 선행과 같은 구도의 가치들이다. 이 모든 것은 다 합리성으로 만들어진 율법적인 행위들이다.

성경은 합리성으로 고안한 것들로써는 구원에 이를 수 없다고 선포한다.

합리성의 인식 구조는 이원론이다. 모든 사물을 구별하고 분리한다. 하나님께서는 하나님의 통치권으로써, 만물이 하나님을 아는 지식으로 충만한 하나의 질서를 만드셨는데 인간의 죄가 하나님의 것들을 구별하고 분리하고 대립하게 하고 깨어지게 하고 분열을 일으키게 한 것이다.

행위의 주체가 이미 자존심과 탐심의 원천인 "나"이기 때문에 서로가 싸움과 시비의 대상으로 만날 수밖에 없다. 합리성은 죄가 인간에게 준 가장 가혹한 형벌이다.

3) 믿음으로써 의롭다 함을 얻는 것은 믿음의 원인이 하나님이시기 때문이다

> 사람이 의롭게 되는 것은 율법의 행위로 말미암음이 아니요 오직 예수 그리스도를 믿음으로 말미암는 줄 알므로 우리도 그리스도 예수를 믿나니 이는 우리가 율법의 행위로써가 아니고 그리스도를 믿음으로써 의롭다 함을 얻으려 함이라 율법의 행위로써는 의롭다 함을 얻을 육체가 없느니라(갈 2:16).

성경은 사람이 의롭게 되는 것은 율법의 행위로는 불가능함을 역설한다. 어떤 사람도 율법의 행위로는 의롭게 될 방법이 없다. 하나님께서는 오직 믿음만을 의롭다고 여기신다.

왜 그런가?

단 하나의 이유, 믿음이 인간에게서 나온 감각이나 인식이 아니기 때문이다. 믿음은 합리성으로 만들어진 결과물이 아니다.

그러면 인간에게서 나온 것들, 즉 합리성으로는, 왜 하나님으로부터 인정받지 못하는가?

성경의 핵심적인 진리는 하나님께서 행하신 일만이 길이요 진리요 생명(요 14:6)임을 분명히 한다. 동시에 하나님만이 선이고 의라고 강조한다. 진리와 생명과 길 그리고 의와 선에 관한 한, 하나님께서 원인이 되셔서 거두신 결과임을 선포하고 있다. 그에 관해서 인간이 행한 일이 전혀 없다. 인간이 가장 고상하고 정당하다고 생각하는 합리적인 사고력으로는 진리와 생명과 의와 선을 도출하거나 규명할 근거가 없다는 것이다.

하나님께서 성취하신 것만이 진리이고 생명이며 구원의 길이다. 이를 위하여 그리스도는 우리의 죄를 대속하는 십자가를 지시기까지 하셨다.

4) 하나님께서 구원을 은혜의 선물로 주심으로써 인간의 것을 자랑하지 못하게 하시고 모든 영광을 하나님께 돌리도록 계획하셨다

우리는 태어나면서부터 죄가 무엇인지, 죄의 결국인 지옥의 심판이 얼마나 처참한지, 인생의 과정이 어떻게 지나가는지를 전혀 알지 못한 채 살고 있었다. 한평생 그럭저럭 세상과 물질만을 전부라고 생각하며 현실 그대로 열심히 살고 있었다. 아는 것이라고는 세상과 물질밖에 없었다.

그런데 하나님께서는 우리에게 가장 시급하고 중차대한 문제가 무엇인지를 알고 계셨다. 죄의 문제다. 하나님은 죄 때문에 사망과 심판을 모면치 못할 처참한 존재인 우리를 불쌍히 여기셨다. 하나님께서 일방적으로 죄 사함의 길을 내기로 하시고 십자가를 세우신 것이다.

예수 그리스도께서 십자가에 오르셔서 우리의 죄를 단번에 다 갚아주신 것이다. 예수님은 인간의 죄를 걸머지고 율법의 요구대로 사망 아래로 내려가셨다. 마귀와 세상이 인정하는 율법대로 합리적으로 행동하신 것이다. 여기까지가 세상이나 마귀가 아는 지식의 전부다.

그러나 예수 그리스도는 그들의 한계를 뛰어넘어 다시 살아나셨다. 썩지 아니하는 새 생명의 길을 내시고 친히 진리와 생명의 길이 되셨다. 인간의 근원적인 문제가 말끔히 해결된 새로운 세상을 만드신 것이다. 우리가 원해서가 아니다. 마귀도 생각한 적 없는 대속의 역사였다. 하나님만이 계획하신, 영원 속에 감춰두셨던 비밀이 만천하에 드러나게 된 것이다.

그렇게 완성하신 구원을 결과적으로 우리에게 선물로 주시는 방법이 믿음이다. 믿음이 구원을 주시는 능력인 것은, 이것이 우리에게서 나온 것이 아니라 하나님으로부터 주어진 선물이기 때문이다. 우리가 지금 상상에도 없었던 구원을, 믿음이란 수단으로 누리며 즐거워하고 있는 것만큼 경이와 신비로 가득한 사건은 없다. 성경은 구원과 관련하여 그리스도 안에서 부름을 받은 우리의 삶을 자랑할 데가 없다고 가르친다.

> 그런즉 자랑할 데가 어디냐? 있을 수 없느니라. 무슨 법으로냐 행위로냐 아니라, 오직 믿음의 법으로니라(롬 3:27).

하나님께서는 창세 전부터 인간의 것을 자랑할 수 없게 하시고 인간이 하나님께서 주시는 은혜의 선물로 살게 하심으로 하나님 자신에게만 영광을 돌리도록 계획하셨다.

> 이는 그가 사랑하시는 자 안에서 우리에게 거저 주시는 바 거의 은혜의 영광을 찬송하게 하려는 것이라(엡 1:6).

3. 믿음이 가장 처음 사용된 용어

믿음은 히브리어로 '아만'(אמן)이다. '견고하다, 흔들리지 않는다, 진실하다, 확고하다, 충실하다, 부양하다, 양육하다' 등의 뜻이다.

> 아브람이 여호와를 믿으니 여호와께서 이를 그의 의로 여기시고(창 15:6).

'아만'의 뜻이 처음 등장하는 장면이다. '아만'은 엄마가 아기를 품에 안고 있는 상태 즉, 돌봄과 양육이란 개념을 가진다. 엄마의 품에서 아기는 흔들리지 않고 안정을 취한다. 동시에 엄마를 무한히 신뢰하고 전적으로 의존한다. 엄마의 품에 안겨 젖을 먹고 있는 한, 아기는 엄마가 당면한 현실과는 상관없이 평안과 안정을 누린다.

아기가 취하고 있는 안정과 평화는 누구에게서 온 것인가?
엄마인가?
아기인가?

　엄마가 주는 선물이다.
'아만'은 '확신케 하다, 견고케 하다, 신뢰하게 하다, 충실하다' 등의 사역형임과 동시에 수동형이다. 믿음은 진리에 견고히 뿌리내리는 것, 끝까지 흔들리지 않고 하나님의 말씀에 의존하는 행위다.
　내가 하나님을 사랑하거나 믿는 것이 아니라, 하나님이 먼저 나를 사랑하셨고 그 은혜의 품으로 안으셨다. 그 결과 나에게 하나님을 향한 흔들리지 않는 믿음이 주어진 것이다.
　은혜의 말씀이 내가 세상에 대하여 흔들리지 않게 한다. 삶의 풍랑 속에서도 하나님의 말씀에 대해 견고해져서 넘어지거나 좌절하거나 실패하지 않는다. 하나님의 은혜의 말씀이 나를 세상에 대하여 굳세게 한다. 하나님의 말씀에 나의 충성을 바친다.

4. 결론

　믿음은 영적인 감각 기관이다. 성령께서 우리의 이성을 설득하셔서 하나님의 은혜의 말씀에 전적으로 항복하게 하신 결과물이다. 우리의 이성적 감각이 영이시며 인격이신 창조주 하나님을 향하도록 영적인 감각 기관인 믿음을 모든 사고력의 원리로 주신 것이다. 우리는 믿음으로 세계 만물이 하나님의 손으로 지으신 것임을 알게 되었고, 나의 삶의 방향을 하나님에게로 전환하여 살고 있다. 믿음이 먼저이고 하나님 제일인 사고방식을 몸에 익힌 자들이다.

신약에서 '아멘'은 '아만'으로부터 파생된 음역이다. 동일한 단어다. 부사로서 '진실하게, 성실하게, 흔들리지 않게, 진실로 그러하다' 등의 뜻이다. 기원문이나 설교나 가르침 이후에 그 말씀에 전적으로 뜻을 같이한다는 뜻에서 '아멘'으로 화답한다. 아멘은 하나님의 진리에 대하여 전적으로 인정하고 신뢰한다는 고백이다.

하나님의 은혜 말씀에 대하여 나의 정당한 화답의 표현 양식이 아멘이다. 아멘의 삶은 나의 현주소를 하나님께서 이루신 결과임을 인정하고 감사하는 신앙고백이다.

제7장

믿음, 하나님과 교제하는 실체
믿음의 실용적 가치

> <<<<<<< 개요 >>>>>>>
>
> 믿음은 하나님께서 원인이 되셔서 성취해 놓으신 것을 결과적으로 내가 소유하는 행위라고 정의하였다. 내가 태어난 것도, 결혼한 것도, 직업을 선택하는 것도, 이곳에서 사는 것도, 하나님께서 계획하신 것을 하나님께서 간섭하셔서 이루신 결과로 인정하고 감사하고 찬송하는 고백적 행위가 믿음이다.

1. 믿음의 두 가지 행동 원리

> 믿음은 바라는 것들의 실상이요 보이지 않는 것들의 증거니 선진들이 이로써 증거를 얻었느니라(히 11:1-2).

믿음은 하나님의 말씀을 싣고 우리에게 전달하고 하역하는 운반선과 같은 기능을 한다. 하나님에 관한 지식 정보를 믿음이라는 운반선이 싣고 우리의 머리와 가슴에 하역해 준다.

수출품을 운반하는 수단은 운반선이다. 내용은 수출품이지만 운반선이 없으면 수출품은 실용가치를 잃고 만다. 믿음이 살아 있는 자들에게는 일마다 순간마다 하나님의 말씀이 심령에 운반되고 있어서 말씀을 따라 생각하고 행동하게 된다. 그 구체적인 예시가 히브리서 11장 1절에 서술되어 있다. 믿음의 실용적인 가치를 가장 선명하게 설명하고 있다. 믿음의 두 가지 행동 원리를 진술하고 있다. 하나는 실상이고 다른 하나는 증거다.

2. 실상은 휘포스타시스다. '실체, 본질적인 존재, 인격'을 말한다

히브리서는 그리스도의 신성을 이렇게 설명하고 있다.

> 이는 하나님의 영광의 광채시요 그 본체의 형상이시라(히 1:3).

여기에서 '본체의 형상'이 '휘포스타시스'(ὑπόστασις)다. 본체의 형상과 실상은 같은 의미다. 요약하면, 믿음이란 실상이고 하나님의 형상이란 뜻이다.

삼위일체 이론을 처음으로 발표한 학자는 주후 200년경의 터툴리아누스다. 그가 하나님의 존재 양식을 처음으로 세 위격으로 주장하였다. 하나님의 위격을 '**페르소나**'(persona)라고 표현하였다. 페르소나는 '가면'이란 뜻을 가진다. 대상에 따라 모양을 달리하는 인격을 표현할 때 사용한다.

하나님의 존재를 페르소나라고 한 것은, 하나님은 한 분이신데, 마치 가면을 쓰는 것과 같다는, 때를 따라 성부와 성자와 성령으로 모양을 달리한다는 주장이다. 유대주의자들은 성부 중심의 군주론을 주장한다.

이들의 학설은 하나님의 위격을 모두 가면과 같은 의미의 '페르소나'로 표현한다. 터툴리안의 삼위일체론은 비록 불완전한 내용이지만 삼위일체론의 모형을 만들었다는 뜻에서 공로가 크다.

이후 삼위일체론이 정론으로 확정되게 한 학자는 아우구스티누스(354-430)다. 그는 삼위의 위격을 '페르소나'에서 '휘포스타시스'로 확정하였다.

휘포스타시스는 독립된 실체 또는 인격을 말한다. 하나님의 존재 양식을 각각 독립된 인격체로 확정한 것이다. 휘포스타시스를 통하여 세 분 하나님이 본질로 하나님을 천명한 것이다.

그의 이론은 수많은 논쟁을 거쳐 오늘에 이르기까지 하나님의 존재 양식으로 확정되어 정통학설로 이어지고 있다. 삼위일체를 확정 짓는 근거를 히브리서 11장 1절에서 설명하는 믿음과 같은 의미의 휘포스타시스에서 찾은 것은 참으로 경이롭다.

1) 믿음은 실상이고 하나님의 형상이다

'바라는 것들의 실상'은 히브리서 1장 3절의 '본체의 형상'과 같은 뜻으로, 휘포스타시스로 표현하고 있다. 실체는 독립된 인격체다. 하나님의 백성이 바라는 것은 하나님의 나라다. 우리는 아직 그 나라를 멀리서 바라보고 있다. 천국의 약속을 믿고 바라보는 데에는 인내가 동반되고 있음을 함축하고 있다.

믿음은 인내를 동반한다. 인내의 주체는 믿음을 가진 인격체다. 인내는 환란과 고통 중에 참고 견뎌내는 굳센 의지가 아니다. 믿음은 장래의 약속을 바라보되, 너무나 분명한 사실이기 때문에 끝까지 흔들리지 않고 견고하게 하는 역할을 한다. 약속을 견고하게 보존하는 능력과 지혜다. 너무나 분명한 사실이기 때문에 흔들리지 않는 견고함의 상태를 말한다. 사도 바울도 믿음을 가리켜 인내와 견고함이라고 증언한 바 있다.

> 믿음은 환난 중에도 즐거워하나니 이는 환난은 인내를, 인내는 연단을, 연단은 소망을 이루는 줄 앎이로다(롬 5:3-4).

인내는 견뎌낸다는 뜻이 아니라 환난을 통하여 견고해진다는 말이다. 흔들리지 않는 안정감을 뜻한다. 우리는 환란을 통하여 하나님을 바라보는 믿음에서 견고한 사람이 되어가는 것이다.

2) 믿음은 바라는 것들의 실상이라는 것은 약속에 대하여 흔들리지 않는 인격체를 말한다

하나님의 약속에 대하여 연약해지지 않고 오히려 더욱 견고해져서 세상의 시류에 따라 요동치지 아니하는 것과 같은 개념이다. 믿음은 우리가 하나님의 약속에 대하여 흔들리지 않도록 위로하고 격려해 준다.

그리스도 안에서 살아가는 우리는 오늘의 현실에서 장차 나타날 하나님의 나라를 경험한다. 믿음으로 하나님의 나라를 경험하는 실체로 산다. 믿음은 삼위일체 하나님께서 행하시고 이루신 하나님 나라의 것을 마치 내가 이룬 것처럼 실감하고 경험하는 실체다.

3) 믿음은 그리스도와 우리를 하나의 통일체로 묶어주는 역할이다

우리는 지금 하나님의 나라에 올라갈 필요가 없다. 믿음이 멀리 있는 것을 오늘의 현실에서 실제로 경험하게 해 주기 때문이다. 경험하는 주체는 믿음을 가진 우리 자신이다.

믿음은 그리스도와 우리를 하나로 묶는 역할을 한다. 그리스도의 것이 곧 나의 것이 되게 한다. 믿음은 그리스도와 우리 자신을 하나의 통일체로 묶어주는 끈의 역할을 하는 것이다.

그리스도의 승리가 나의 승리다. 그의 영광이 나의 영광이다. 그의 부활의 생명이 나의 것이다. 그리스도와 하나로 연합하게 하는 끈의 역할을 믿음이 행사한다. 믿음은 그리스도가 승리한 영광을 나의 것으로 기뻐하며 찬송하고 증언하게 한다. 그리스도가 진리와 생명과 길이라면, 그 진리와 생명을 나의 것으로 소유하기 위해서는 그리스도와 인격 대 인격으로 일체를 이루면 된다. 그렇게 믿음은 그리스도와 하나가 되도록 둘을 묶어준다.

3. 믿음은 보지 못하는 것들의 증거다

증거는 '엘렝코스'(ἐλεγχο)다. '증거, 증험 또는 시금석'으로 번역한다.

> 너희 중에 누가 나를 죄로 책잡겠느냐?(요 8:46).

> 모든 성경은 하나님의 감동으로 된 것으로 교훈과 책망과 바르게 함과 의로 교육하기에 유익하니(딤후 3:16).

여기서 여기 책잡는 행위, 책망하는 행위가 엘렝코스다. 죄를 드러내어 질책하는 행동을 말한다.

1) 믿음은 우리의 잘못을 드러내어 책망한다

믿음은 우리를 책망함으로써 보이지 않는 것들을 확신하게 한다. 영의 것을 보이도록 우리의 세속적인 생각을 드러내어 책망한다.

그리스도께서 완성하신 천국은 이방인들의 눈에는 보이지 않는다. 그들은 자연의 이치, 곧 합리성에 갇힌 상태다. 합리성의 인식 구조는 물질과 자연만을 보는 한계가 있다. 영의 것은 감각하지 못한다. 합리적 인식 구조의 발단은 죄다. 하나님을 떠난 후에 생긴 인식 기능이다. 영의 것을 보지 못하고 대신 물질을 보는 눈이 밝아지게 된 현상이다. 아담이 선악과를 따먹음으로써 영의 감각이 죽게 되고 물질과 세상을 보는 눈이 밝아진 상태가 된 것이다. 하나님의 뜻을 거역하는 불순종의 죄가 인간의 지성을 어둡게 하고 영의 감각을 잃게 한 것이다.

우리가 사는 세상은 두 가지 영역으로 구성되어 있다. 육체와 영혼, 보이는 것과 보이지 않는 것, 자연과 초자연, 이 세상과 하늘 나라 그리고 지금 경험하고 있는 현실과 아직 경험하지 않고 있는 미래가 있다. 오늘이 전부가 아니다. 내일이 존재한다. 몇십 년 혹은 몇 천년의 세월이 따로 있다.

성경은 피조물이 생기기 전에 영원한 하나님의 나라가 먼저 있었다고 강조한다. 그 영원한 하나님의 나라는 세상의 역사가 끝난 후에도 영원토록 존속될 것이다. 하나님의 나라는 우리의 눈에 보이지 않을 뿐이다. 보이지 않는다고 없는 것은 아니다. 보이지 않는 하나님의 나라를 보게 하는 유일한 수단이 믿음이다.

2) 믿음은 보이지 않는 하나님의 나라와 하나님의 창조주이심을 알게 하는 영적인 감각 기관이다

> 믿음으로 모든 세계가 하나님의 말씀으로 지어진 줄을 우리가 아나니 보이는 것은 나타난 것으로 말미암아 된 것이 아니니라(히 11:3).

믿음은 하나님께서 말씀으로 만물을 창조하셨다는 것을 우리에게 알려준다. 믿음은 보이지 않는 창조주 하나님을 알게 하고, 모든 피조물이 창조주 하나님에 의하여 지은 바 되었음을 깨닫게 하며, 영의 세상을 느끼게 한다. 믿음으로 자연의 현상들을 보면 그 안에 보이지 않는 하나님의 신성과 능력과 지혜를 보게 된다.

믿음은 자연의 현상들로부터 하나님의 음성을 들려준다. 그리스도인들은 자연의 순수함과 아름다움을 보는 순간, 창조자의 지혜와 능력과 신성을 감탄한 나머지 그의 성호를 찬양한다. 삶의 스타일이 세상과 달리 적극적이고 긍정적이다.

우리가 하나님을 의지하며 살지만, 현실에서 만나는 온갖 종류의 만남과 사건을 통하여 세속화될 가능성이 크다. 영적인 사실을 망각하고 세상에 취하여 살 때도 있다. 날마다 성령으로 충만하여 영적으로만 살지 않는다. 천사들과 함께, 순간마다 그렇게 세상이 없는 것처럼 신령하게 살지 못한다.

또 우리는 하나님께서 시키시는 대로 움직이는 로봇처럼 살지 않는다. 우리는 다양한 감정과 지식과 자유의지를 가지고 있는 인격체로서 내 생각과 계획이 따로 있는 자들이다. 하나님을 경외하고 의지하면서 살지만, 내 생각이 앞서는 자존심의 존재들이다.

하나님과의 관계가 인격 대 인격이기 때문에 신앙생활에서 갈등과 싸움이 일어날 수밖에 없다. 그럴 때마다 놀랍고 감사한 것은 우리 자신의 어리석음과 미련함을 지적하고 책망하는 믿음의 감각을 갖고 있다는 것이다.

그래서 우리의 세속적인 타성을 돌이키게 하는 책망의 소리를 들으면서 하나님께로 돌아간다. 세상으로 갔다가도 믿음이 나를 책망함으로 우리의 원위치로 복귀한다.

성도인 우리가 얼마나 적극적인 축복의 자리에 초대되었느냐 하면 우리의 불의와 실수와 허물에도 불구하고 믿음이 책망함으로써 우리가 재촉받아 가는 곳은 언제나 하나님의 나라다.

4. 결론

천국은 멀리 있는 곳이 아니다. 우리는 그리스도 안에서 벌써 천국에 들어와서 살고 있다. 죽고 난 다음에 가는 천국이 아니다. 지금, 여기에서 현실과 싸우면서 천국의 사람으로서 나의 잘못에 대하여 책망을 들으면서 하나님 나라의 시민으로서 성장하는 것이다.

아우구스티누스는 "하나님 백성의 증거는 날마다 실수와 허물 가운데 살면서도 하나님의 은혜를 감사하며 찬송을 부르며 산다. 동시에 불신자의 특성은 의를 행하고 선을 실천하면서도 절망에 이른다"고 하였다. 그들에게는 하나님이 주신 선물인 믿음이 없기 때문이다.

제7장 믿음, 하나님과 교제하는 실체 75

믿는 자의 감격은 언제나 영의 말씀에 붙들려 사는 데 있다. 말씀에 사로잡힌 상상력으로 우리의 가능성을 하나님께 두고 오직 믿음으로 세상을 정복하며 사는 것이다.

제8장

경배와 신앙
신성과 지혜와 능력을 믿는다

> <<<<<<< 개요 >>>>>>>
>
> 성경을 읽고 연구하는 사람 중에 신학 체계와 교리와 성경 역사에 대하여 상당한 수준의 지식을 갖춘 분들이 있다. 그러나 믿음을 갖지 않은 경우, 그들의 지식은 하나님의 말씀이 갖는 신성과 능력과 지혜를 발휘하지 못한다.
> 하나님은 경배의 대상이지만 믿음의 내용은 하나님의 신성과 지혜와 능력과 같은 신적 본성들이다.

1. 창조와 더불어 하나님은 경배의 대상으로 등장하신다

태초에 하나님이 천지를 창조하시니라(창 1:1).

성경을 철학적인 형식 논리로 기록하였다면, 가장 먼저 하나님의 존재 양식부터 서술했을 것이다.

"하나님은 존재하셨다. 그의 존재 양식은 각각 독립된 삼위이며 본질로는 하나이시니라."

하지만 성경의 첫 구절은 하나님의 존재에 관해 언급하지 않는다. 처음부터 하나님은 창조의 활동을 통하여 자신을 창조주로 계시하신다. 모든 피조물이 창조되기 전에 경배의 대상으로 등장하고 계신다. 하나님이 존재하지 아니하시면 피조물이 만들어질 수가 없다는 것이 히브리인들의 모든 논리의 근간이다. 부모 없이 태어난 사람은 아무도 없다는 것과 같은 이치다.

하나님은 창조주로서 처음부터 예배와 경배의 대상으로 자신을 계시하신다. 인간의 이해와 납득을 허용하지 않는다. 창조주는 경배의 대상이다. 성경의 가장 근본이 되는 진리는 창조주 하나님은 경배의 대상이시라는 것이다. 성경에서 하나님을 믿는다고 할 때 하나님의 존재 여부에 대하여 인정하는 것이 아니라, 피조물 가운데 계시하신 하나님의 신성과 지혜와 능력과 같은 신성들을 진리와 사실로 인정하는 것을 말한다.

1) 하나님은 경배의 대상으로 권위의 본질을 가지신다

성경은 하나님의 계획과 이를 이루시는 주권을 줄거리로 하는 하나님의 역사다. 인간의 경험 역사는 하나님의 계획이 실현되는 과정이다.

하나님의 계획은 영원성을 띄고 있기 때문에 시제가 없다. 하나님께서 행하시는, 언제나 현재진행형인 하나님의 역사만이 존재한다. 세상 모든 것의 배후에는 하나님만이 존재하시고 하나님의 뜻만이 이루어지고 있다. 누구든지 자신의 계획대로 산 자는 없다. 지금은 엉뚱하게도 여기 이 형편과 이 처지대로 살고 있는 것이다. 세상을 다스리시는 주권자가 따로 있다는 증거다.

또 인간으로서 절대적으로 불가능한 일은 천지창조이고 부활이다. 이의 주체자가 전능하신 여호와 하나님이시다. 그는 처음부터 경배와 예배를 받으시기에 합당한 권위와 영광을 지니신 분이시다.

> 만물이 주에게서 나오고 주로 말미암고 주에게로 돌아감이라 그에게 영광이 세세에 있을지어다 (롬 11:36).

경배는 재귀동사로 '자진해서 허리를 숙여 절하다, 코를 땅바닥에 대고 절하다, 엎드려 굴복하다' 등의 뜻이다. 경배에서 특이한 것은 경배하는 자의 소원이나 욕망, 어떤 조건도 내세울 수 없다는 것, 조건부 경배가 아니라는 것이다.

하나님의 임재하심에 대하여 겸손과 비천의 자리에서 엎드려 절하는 모습은 아주 자발적이고 자원하는 고백적인 행동인 것이다. 창조 사역에서부터 하나님께서 행하신 일에서 나타난 신성과 지혜와 능력을 영원한 진리와 역사적인 사실로 인정하고 믿는다면 하나님에 관해서는 경배와 찬양과 감사의 제사를 드린다고 한다. 경배와 신앙은 개념상 의미가 다르다.

신성은 하나님 나라를 실현할 수 있게 하는 순종을 만들어내는 지혜와 능력과 설득력이다. 하나님의 사랑 안에 하나님의 신성이 충만하다. 믿음은 그리스도 안에서 나타난 하나님의 사랑이 갖는 신성의 모든 것을 사실로 인정하고 그 말씀의 요구에 순종하는 것이다.

2) 하나님의 신성에 대하여 성경은 두 종류의 믿음을 진술하고 있다

예수께서 유대인들에게 "나와 하나님은 하나"라고 설명하셨더니 두 가지 반응이 나타났다.

> 이 말씀을 하시매 많은 사람이 믿더라(요 8:30).

'믿더라'는 '피스테오 에이스'(πιστεύω εἰς)다. 영어로는 'put their faith in Him'이다. 하나님의 모든 행적에서 나타난 신성과 지혜와 능력을 사실로 인정하고 그의 말씀을 따르는 행동을 표현할 때 사용하는 표현이다.

헬라어나 영어의 표현에서 '믿는다'의 뒤에는 전치사(εἰς, in)가 따라 나온다. 여격 형태의 부사로 사용되는 전치사다. 이때 주격은 무엇을 받는 입장에 선다. 내가 예수를 믿는다고 할 때 나는 예수의 믿음을 받는다는 뜻이 된다.

내가 믿는다고 할 때 예수를 목적격으로 쓸 수 없다. 부사 형태의 전치사이기 때문에 예수의 것으로 믿는다고 해야 한다. 내가 예수의 것으로 믿는다는 뜻이니까 내가 예수의 것을 받는 편에 서게 된다. 그러므로 믿음은 예수께서 행동하셨던 것처럼, 나도 하나님의 신성과 능력과 지혜를 전적으로 인정하고 그 요구에 나를 드리는 순종의 길을 간다는 뜻이다.

'믿는다' 뒤에 전치사(εἰς, in)가 오는 표현은 주로 요한복음서에만 나타난다. 70인역에서나 다른 헬라 문서에는 없는 용례. 전치사가 뒤따름으로써 예수 안으로 들어간다거나 예수께로 향한다는 의미를 가진다. 단순히 지적으로 동의한다는 것이 아니라 적극적으로 자신을 예수께 드리는 충성의 뜻이 강한 표현이다.

그러나 예수님은 유대인 중에 많은 경우, 예수 그리스도를 인정하지만, 그리스도 제자의 길을 따르지 않는 무리가 있음을 지적하셨다.

> 그러므로 예수께서 자기를 믿은 유대인들에게 이르시되 너희가 내 말에 거하면 참으로 내 제자가 되고(요 8:31).

예수를 믿고 있었던 많은 유대인이 있었다. 그들은 그리스도의 교훈과 행적을 인정하면서도 그리스도 제자의 길을 따르지 아니하는 자들이다. 영어로는 'to the jews who had believed him'라고 표현한다. believe에 in이 생략된 문법이다. 유대인들은 그리스도의 말씀에 지적으로 동의하는 정도로 믿고 있었다.

그리스도에게 나타난 신성과 능력과 지혜를 전적으로 인정하였지만, 자신을 그리스도의 제자로 바치고 드리는 순종의 길을 따르지는 아니하였다는 것이다. 믿으면서도 그리스도의 제자의 길을 따르지 않는 것은, 결과적으로 하나님께서 그리스도의 믿음을 선물로 주지 아니하셨다는 것을 반증한다.

오늘날도 성경과 신학을 이해하고 있지만 그리스도의 뒤를 따르는 제자의 길을 가지 않는 자들이 많다. 자신을 하나님께 전적으로 바치지 아니하는 신앙인들이 다수임을 부정할 수 없는 실정이다. 마치 귀신들이 하나님을 두려워하고 떨고 있는 상태에서도 하나님의 말씀을 따르지 아니하고 오히려 거역하는 것과 같은 현상이다. 이는 행함이 없는 믿음으로서 그 자체가 죽은 것과 같은 것이다.

2. 믿음은 하나님이 누구이신가에 대하여 눈을 뜨게 한다

말씀의 내용보다 주체가 중요하다. 성경은 하나님의 입에서 나온 말씀이다. 인간의 이성으로는 토를 달 수 없음을 강조한다.

> 사람이 떡으로만 사는 것이 아니요 여호와의 입에서 나오는 모든 말씀으로 사는 줄을 네가 알게 하려 하심이니라(신 8:3 하).

우리는 성경이 약속한 축복의 내용들에만 관심이 있지 그 약속을 맹세하신 하나님이 누가신가에 관해서는 무관심할 때가 많다. 내게 유익이 되고 나의 관심을 끄는 것들만 인정하지 하나님께서 이루고 싶으신 뜻에는 관심이 없다. 신앙생활의 큰 약점은 장래의 일을 내가 결정하고 싶은 유혹이다.

우리가 원하는 것은 나의 출세와 자녀의 성공과 현실에서 누리는 부와 명예다. 이에 절대적으로 필요한 것은 초월자 하나님의 도우심이다. 어디까지나 내가 주인이고 하나님은 나의 필요를 채워주시는 돕는 자이며 조력자일 뿐이다. 이는 이방 종교의 기복신앙을 따르는 종교성의 타성이다.

1) 하나님은 우리가 하나님을 의존하여 살도록 믿음을 독려하신다

하나님의 관심은 우리의 영혼에 있다. 하나님을 의존하여 살도록 믿음을 독려하신다. 영원한 천국을 향하여 가도록 우리의 현실을 간섭하신다.

하나님께서 영혼 문제를 우선으로, 우리의 믿음을 견고하도록 현실을 간섭하신 결과, 우리의 신앙 현주소가 이 수준에서 진행되고 있는 것이다.

믿음의 시각에서 보면 사실상 내 뜻대로 이루어지지 않아서 더욱 행복하고 감동스럽다는 것을 고백하지 않을 수 없다. 만일 우리의 믿음이 우리의 진심이나 열심에 맡겨져 있었다면 오늘의 믿음을 지킬 수 없었을 것이다. 믿음이 장래의 약속을 붙들도록 독려한다.

지금 우리의 신앙이 맥 빠지고 힘을 잃고 있다면 믿음이 잠자고 있기 때문이다. 하나님이 선물로 주신 믿음을 우리의 상식에 가두어둔 채, 활용하지 않고 있기 때문이다. 믿음이 없는 것이 아니다. 신앙생활이 세상의 문화와 신앙의 형식과 제도에 의하여 무미건조해진 탓이다. 신령한 지식과 능력을 운반하는 믿음의 배관이 세상의 것으로 녹슬어 있는 현상이다.

2) 예수께서 제자들의 잠자고 있는 믿음의 어리석음을 책망하셨다

예수께서 제자들과 함께 갈릴리 호수를 건너고 있었을 때 갑자기 거센 풍랑을 만나게 되었다. 예수님은 고물에서 베개를 베고 주무시고 계셨다. 제자들은 갈릴리 호수에 관해서는 잔뼈가 굵어진 어부 출신들이다. 그런데 바람과 풍랑을 감당할 길이 없었다. 배가 침몰하는 위기를 만나게 된 것이다. 급기야 제자들은 주무시고 계시는 주님을 깨웠다.

"주여, 깨소서 우리가 죽겠나이다."

이에 예수께서 일어나셔서 하신 말씀이다.

"어찌하여 무서워하느냐? 믿음이 적은 자들아!"

예수님께서 꾸짖으시니 바람과 파도가 아주 잔잔하게 되었다.

이때 제자들이 놀라워서 고백한 내용이 무엇인가?
"이 사람이 누구이기에 바람과 바다도 순종하는고?"
주께서 제자들에게 책망하신 말씀이 무엇인가?

믿음이 적은 자들아, 왜 무서워하느냐는 것이었다. 믿음 없음을 꾸짖으신 것이 아니다. 믿음을 두고 이 위기에 무엇을 하느냐 하는 안타까운 책망이었다. 믿음을 활용하지 못하는 제자들의 무지와 어리석음을 꾸짖으신 것이다.

3. 결론

우리는 하나님을 믿고 있다. 누구나 겨자씨만한 믿음은 가지고 있다. 이 믿음은 하나님의 가능성을 신뢰하고 의존하는 행위다.
우리가 믿는 하나님은 어떤 분이신가?
바람과 바다를 꾸짖으시니 바람도 바다도 그의 명령에 순종하였던 창조주시다. 내 소원대로가 아니어도 좋다. 그래도 하나님은 나의 창조주시요, 나의 생사화복의 주권자이시며 내게 상을 베푸실 심판주이시다.
죽어 썩고 냄새나는 시체를 향하여 나사로야, 나오라 명하셨더니 시체가 몸을 싸고 있었던 수의를 입은 채로 걸어 나오게 하셨던 분이 누구신가?
생사화복의 주권자이시다.
지금 그 전능의 하나님과 함께 항해하고 있는데 풍랑이 무서워서 그렇게 초라하게 행동해야 하는가?
다윗을 배우라.

여호와는 나의 목자시니 내게 부족함이 없으리로다 (시 23:1).

인생을 승리의 영광으로 외치는 신앙고백이다. 유다 광야의 거칠고 황폐한 환경에서, 다윗은 여호와 하나님을 의존하는 믿음으로 자신을 실패가 없는 성공자로 노래하고 있다. 언제나 다스리고 정복하는 자의 믿음의 용기와 기백을 노래한 것이다.

"어찌하여 무서워하느냐? 믿음이 적은 자들아!"

제9장

아브라함의 의(칭의) I
하나님의 의로우심을 경외함

> <<<<<<< 개요 >>>>>>>
>
> 믿음은 하나님께서 죄와 허물로 죽었던 나의 영혼을 살리신 결과, 하나님의 말씀을 따라 내딛는 경험의 첫 발자국이다. 신앙의 여정에서 믿음은 나의 전인격적인 삶을 하나님께로 향하도록 재촉한다.
> 회개와 더불어 보다 적극적으로 하나님께서 인정하시는 의인의 신분으로 그분의 신령한 뜻을 실현하면서 성화의 길을 걷게 된다.

1. 신앙생활에서 오는 두려움은 환경이 아니라 믿음의 문제다

믿음의 행위를 의로 여기신 최초의 사례가 아브람에게 계시되었다. 아브라함은 당시 조카 롯을 구하기 위한 전투에서 대승을 거두었다. 메소포타미아 4개국 연합군과 싸워 이긴 것이다. 그것도 가솔들 318명을 이끌고 맞서 싸워 이겼다.

누가 봐도 아브람의 실력으로 승리했다고 할 수 없다. 결론은 하나다. 하나님을 이기신 승리를 아브람이 거두어들인 것이다. 이 전투를 통하여 아브람은 하나님의 언약에 대하여 보다 확고하고 흔들림 없는 믿음과 은혜의 풍성함을 경험했다. 그러나 그 한 번의 승리가 계속하여 승리를 보장하지 않는다. 아브람의 믿음이 곧장 흔들리고 있음을 엿보게 되는 장면이다.

> 아브람에게 임하여 이르시되 아브람아 두려워하지 말라 나는 네 방패요 너의 지극히 큰 상급이니라(창 15:1).

아브람이 두려움과 불안에 떨고 있었다. 식솔들을 거느리고 대규모의 연합군과 싸워 대승을 거두기는 하였지만, 언제 잘 훈련된 정규군의 보복이 강행될지 모르는 상황이다. 전투에서 승리하였을 때 그곳 왕들로부터 환영받고 있었지만, 아브람은 여전히 그곳 사람들에게는 이방인이다. 사회적인 기반이 없는 나그네다. 연합군의 위협도 도사리고 있고 내부적으로는 왕들의 시기와 질투심도 불안하게 감지되고 있다.

아브람의 두려움은 군사력의 문제가 아니라 믿음의 싸움이었다.

하나님은 지금도 나를 원수들로부터 지켜주실 것인가?

나와 함께 행하셨던 기적을 여전히 행사하실까?

지금 그가 믿고 의지해 왔던 하나님이 함께 계신다면 연합군의 보복이 더 이상 두렵지 않다. 하나님만 내 편이시면 이 외로운 유목민의 생활일지라도 불안할 필요가 없다. 아브람의 두려움은 환경에 대한 것이 아니라 하나님에 대한 믿음과 신뢰에 갈등과 의심이 생긴 것이다. 영적으로 나약해진 상태다.

2. 언제나 방패와 상급이 되시는 하나님의 의를 인정하는 믿음

하나님은 이상 중에 불안에 떨고 있는 아브람에게 나타나셔서 연합군을 이기게 하신 주체가 바로 여호와 하나님이셨다는 것을 상기하신다.

> 나는 네 방패요 너의 지극히 큰 상급이니라(창 15:1)

어제 네가 나로 인하여 승리를 거두었다면 오늘도 내일도 너는 나로 인하여 이기게 될 것이라는 뜻이다.

어제의 승리가 하나님이 친히 방패가 되셔서 이기게 하신 것이라면, 지금도 적군을 두려워 할 이유가 없지 않은가?
"너를 이곳까지 누가 이끌어 왔느냐?"
"나 여호와 하나님이 아니더냐?"

구원 이후에 내가 내 삶의 방패가 되면 반드시 패배하고 만다. 나의 지식이, 나의 건강이, 나의 권력이나 재물이 내 인생의 방패가 되면 거기에는 언제나 불안과 두려움이 몰려온다. 노도와 같이 밀려오는 인간의 근원적인 불안과 두려움을 나의 방패로 막을 수 없다.
하나님의 위로와 격려의 말씀이 있은 후, 아브람이 그 증거물을 구한다.

> 아브람이 이르되 주 여호와여 무엇을 내게 주시려 하나이까 나는 자식이 없사오니 나의 상속자는 이 다메섹 사람 엘리에셀이니이다 아브람이 또 이르되 주께서 내게 씨를 주지 아니하셨으니 내 집에서 길린 자가 내 상속자가 될 것이니이다(창 15:2-3).

이에 하나님은 메시아 왕국에 대한 계획을 상기시키신다.

> 네 몸에서 날 자가 네 상속자가 되리라 하시고 그를 이끌고 밖으로 나가 이르시되 하늘을 우러러 뭇별을 셀 수 있나 보라 또 그에게 이르시되 네 자손이 이와 같으리라(창 15:4-5).

하나님은 장차 나타날 메시아 왕국 건설의 약속을 확약하신다. 이에 아브람은 하나님의 약속을 그대로 믿었다. 하나님은 이 믿음을 보시고 아브람의 행위를 의로 여기셨다.

3. 경건치 아니한 자를 의롭다고 하시는 이를 믿는 자에게 그의 믿음을 의로 여기신다

> 아브람이 여호와를 믿으니 여호와께서 이를 그의 의로 여기시고(창 15:6).

성경에서 처음으로 믿음의 행위를 의라고 평가하는 대목이다. 하나님께서 이루신 구원을 나의 것으로 소유하는 수단은 믿음밖에 없다. '믿음으로'이기 때문에 우리의 상황은 언제나 불완전하고 미완성적이고 모호한 상태다.

그런데 어떻게 아브람의 믿음이 하나님으로부터 의롭다고 여김을 받을 수 있었을까?

그 답을 바울이 오늘의 장면을 가지고 이렇게 설명하고 있다.

> 일하는 자에게는 그 삯이 은혜로 여겨지지 아니하고 보수로 여겨지거니와 일을 아니할지라도 경건하지 아니한 자를 의롭다 하시는 이를 믿는 자에게는 그의 믿음을 의로 여기시나니(롬 4:4-5).

일에 대한 정당한 대가를 주고받는 것은 합리적인 사고방식이다. 율법의 행위에 속한다. 율법의 행위는 자기 공로만을 자랑할 뿐이다. 경건하지 않은 자는 징벌의 대상이다.

그런데 벌을 내려야 할 순간에 그의 행위를 의로 판단하신다. 완전히 역설이다. 합리적이지 않고 율법에 어긋나는 판단이다. 그러나 경건하지 아니한 자를 의롭다고 한다면 그 자체로 은혜가 넘치는 것이다.

하나님께서 그리스도 안에서 완성하신 구원의 은혜를 베푸셨는데 그 영광을 영접하는 자가 있고 이를 부정하고 거부하는 자가 있다.

하나님께서는 누구를 의롭다고 하시겠는가?

하나님이 행하신 대속의 은혜를 감격하여 그 영광을 찬송하는 자의 믿음을 보시고 그의 행위를 의롭다고 판단하시는 것은 당연한 처사다. 하나님께서 판단하시는 결과를 의롭다고 인정하고 감사하는 자의 믿음의 행위를 하나님께서 의로 여기신다는 것이다.

믿음에는 나의 잘남이나 공로가 없기 때문에 어떤 경우라도 떳떳해질 수가 없다. 우리는 행위로는 의롭다고 평가받을 수 있는 근거가 전혀 없는 경건치 않은 자다. 하나님을 향한 믿음마저 완전하지 않은 처지에서 나의 믿음을 의롭다고 인정하신다면 그야말로 황공할 따름이다.

지금 아브람이 경건하지 아니한 중에 하나님께서 말씀하신 약속을 받아들였다. 불신앙과 허물이 있음을 알고도 하나님께서 약속하신 것이기 때문에 그 은혜의 주권에 엎드렸다. 나의 것은 불의하고 잘못된 것임을 인정하고 하나님만이 의로우시고 선하시다는 사실에 항복한 것이다. 그 하나님의 약속을 그대로 받아들인 것이다.

하나님은 아브람의 불신앙 가운데 찾아오셔서 메시아 왕국 건설의 계획을 상기시키시고 이를 친히 이루실 것을 설득하셨다. 이에 아브람이 "하나님만이 옳습니다"하고 두 손을 들고 엎드렸다. 이에 하나님께서 아브람의 믿음을 보시고 그 행위를 의롭다고 하신 것이다.

4. 하나님의 의(δικαιοσύνη)는 윤리적 의로움이 아닌, 관계적 의로움이다

인격적인 관계에서 자신에게 요구되는 언약을 이행하는 자는 의롭다. 하나님은 언약에 있어서 신실하시다. 십자가만큼의 의지로 언약에 충실하신 분이시다. 그래서 하나님은 언제나 의로우시고 선하시다.

반면, 인간은 변질의 속성을 가지고 있어서 의로울 수가 없다. 자신의 유익을 따라 처신하는 불의한 속성을 가지고 속이고 사기 치고 거짓말을 한다.

아브람은 지난날 그렇게 자신의 유익을 따라 약삭 빠르게 살아왔다. 애굽의 바로 왕에게 아내 사래를 누이라고 속이고 막대한 재산을 얻어낸 적도 있었다.

그런데도 하나님은 이제부터 아브람의 행위를 율법과 관련하여 의롭다고 판단하시겠다는 것이다. 법을 집행하시는 재판장으로서 하나님께서 아브람의 믿음을 보시고 의롭다고 하신 것은 법정적인 판결이다. 우리의 행위가 선하거나 경건해서가 아니다. 하나님께서 의롭다고 하시니 부끄럼 중에서도 그대로 받아들이고 그 은혜의 영광을 찬송하는 것이다.

하나님의 의로우심을 믿음으로 받아들일 때 하나님은 그 믿음의 행위를 의로 여기시는 것이다. 믿음은 하나님의 의를 인정하고 그 약속을 전적으로 의존하여 살아가는 것이다. 칭의는 전적으로 하나님께서 베푸시는 은혜의 배려다. 칭의 교리의 창시자는 하나님이시다.

5. 결론

믿음에는 언제나 두려움과 불안이 따르게 된다. 그럼에도 불구하고 하나님의 은혜로 말미암아 우리의 믿음이 의로 평가되고 있다는 사실이 참으로 황공스럽고 감사할 뿐이다. 이 불신앙과 허물이 있는 중에라도 하나님께서 옳다고 하시니 아멘으로 받아들인다.

"하나님께서 행하시는 일은 언제나 옳고 선하십니다. 하나님이 베푸시는 은혜의 영광을 찬송합니다."

제10장

아브라함의 의(칭의) II
하나님의 전적인 선물

> <<<<<<< 개요 >>>>>>>
>
> 하나님께서 우리를 거룩한 백성으로 만세 전에 선택하셨다면 하나님의 뜻은 이미 우리의 현실에서 이루질 수밖에 없는 실제이며 역사적인 사실이다. 하나님은 우리의 수없이 많은 허물에도 불구하고, 우리를 용서하시고 우리가 하나님께서 베푸시는 은혜의 영광을 찬송하게 하신다.
>
> 우리는 그리스도 안에서 거룩한 백성이요 의로운 백성이라는 이름을 들으면서 그답지 못한 나를 책망하시는 하나님의 간섭 아래에서 믿음의 사람으로 성장해간다. 하나님은 이와 같은 자녀들의 믿음을 의의 행위로 간주하신다.

1. 아브라함과 다윗의 의에 대한 찬가

아브라함은 허물과 실수가 많았다. 그는 하나님과의 언약을 파기한 중죄인, 아내를 누이라고 속이고 바로에게 팔아넘겼던 간사한 자였다. 자신의 목숨이 위기에 처할 때 살아남기 위하여 자신이 터득한 생존 기술을 거침없이 발휘하였던 육신적인 사람이었다.

반면, 하나님은 아브라함과의 언약에서 언제나 신실하셨다. 자신에게 충실하셨다. 아브라함은 하나님으로부터 멀리 달아나기를 역사로 하였지만, 하나님은 아브라함을 추적하면서 언약의 관계를 보존하고 지키고 계셨다.

아브라함이 그 하나님의 신실하심에 관하여 확인하는 순간을 맞게 된다. 창세기 15장에서 하나님께서 아브람에게 나타나셔서 상상에도 없던 하나님 자신의 계획을 알리시는 장면이 나온다.

> 그를 이끌고 밖으로 나가 이르시되 하늘을 우러러 뭇별을 셀 수 있나 보라 또 그에게 이르시되 네 자손이 이와 같으리라 아브람이 여호와를 믿으니 여호와께서 이를 그의 의로 여기시고 또 그에게 이르시되 나는 이 땅을 네게 주어 소유를 삼게 하려고 너를 갈대아인의 우르에서 이끌어 낸 여호와니라 (창 15:5-7).

하나님은 자손이 하늘의 별과 같이 번성할 것을 약속하신다. 이어서 그 무수한 자손이 거주할 땅을 주시겠다고 하신다. 처음 하나님께서 아브람을 찾아오셔서 고향 친척 아비의 집을 떠나라고 하셨던 때의 약속도 땅과 그 땅에 거주할 자손이었음을 상기시키신다.

1) 신약에서 아브라함이 받은 약속이 그리스도였음을 밝힌다

> 이 약속들은 아브라함과 그 자손에게 말씀하신 것인데 여럿을 가리켜 그 자손들이라 하지 아니하시고 오직 한 사람을 가리켜 네 자손이라 하셨으니 곧 그리스도라 (갈 3:16).

하나님께서 아브람에게 약속하신 것은 메시아 왕국이었다. 예수 그리스도를 통하여 이룩하실 하나님의 나라였다.

아브람은 하나님의 언약을 그대로 인정하고 믿었다. 합리적인 판단으로 결단한 것이 아니다. 믿음으로 내린 결론이었다. 아브람의 믿음은 자신의 불의에도 불구하고 자신과의 언약을 지키시는 하나님의 신실하심에 대한 전적인 경외심이었다.

　아브람의 믿음은 하나님의 의로우심을 의지하는 믿음이었다. 이에 하나님은 아브람의 믿음을 보시고 그 행위를 의롭다고 하신 것이다. 성경에서 최초로 언급되는 믿음과 의에 대한 언급이다.

　아브람은 그동안 하나님과의 언약에서 자신이 행한 불의를 잘 알고 있었다. 그는 아내를 누이라고 속이고 바로 왕으로부터 막대한 재물을 얻어 낸 바, 하나님과의 언약을 파기한 장본인이었다. 조카 롯이 메소포타미아 연합군에게 끌려갔다는 소식을 듣고 가솔 318명을 이끌고 연합군을 치고 롯을 구출하는 대승을 거둔 적이 있었다.

　아브람이 팔레스타인의 5개국의 막강한 군대를 가솔 318명으로 대승을 거둔 것은 전적으로 하나님께서 개입하신 결과였다. 아브람이 가솔들을 이끌고 조카 롯을 구하기 위하여 벌인 전투는 하나님을 의존하는 믿음으로 행한 것이다. 막강한 연합군을 물리치고 롯을 구한 전투는 하나님께서 자신과의 언약을 지키심과 동시에 자신의 편에 계심에 대한 믿음의 눈을 뜨게 되는 분명한 경험이었다.

　그런데 이번에는 하나님께서 땅과 그 땅에 거할 무수한 자손을 주시겠다는 약속을 내리신다. 너무나 광대하고 황공한 은혜의 배려다. 더구나 과거의 허물을 묻지 아니하신다. 아브람 자신의 처지에서 얼굴을 들 수 없을 만큼 면목이 없는데, 하나님은 처음 언약하신 대로 역사를 이끌고 계신다.

　아브람은 한번 언약하신 것을 끝까지 보존하시고 지키시는 하나님의 신실하심과 의로우심에 대하여 두 손 들고 엎드렸다. 이에 하나님은 아브람의 믿음을 보시고 의롭다고 여기셨다.

2) 죄 사함은 오직 그리스도의 십자가 이외에는 다른 길이 없다

　이에 대한 사도 바울의 해석이 더욱 감동적이다. 바울은 로마서 4장 6-8절에서 아브라함의 의를 설명하는 예로 다윗의 고백을 인용한다.

> 허물의 사함을 받고 자신의 죄가 가려진 자는 복이 있도다 마음에 간사함이 없고 여호와께 정죄를 당하지 아니하는 자는 복이 있도다(시 32:1-2).

다윗은 허물을 감추고 있을 때 '나는 종일 신음하므로 내 뼈가 쇠하였고 주께서 주야로 나를 누르시니 진액이 빠져서 여름 가뭄 같이 되었다'(시 32:3-4)고 실토한다. 그런데 허물을 여호와께 자복하고 죄악을 숨기지 아니하였더니 주께서 죄악을 사하여 주셨다고 기쁨과 희열을 감출 수 없게 되었다. 그리하여 그는 하나님 앞에서 더 이상 감출 것이 없는 자는 복이 있다는 감동과 환희를 증언한다.

다윗이 자기 죄를 용서하시는 하나님을 기뻐하고 찬양하는 것은 자신이 지은 은밀한 죄를 하나님께 실토하였기 때문이 아니다. 누구도 자신이 세운 정의나 공로 때문에 죄가 경감되거나 용서받지 못한다. 죄의 사함은 오직 그리스도의 대속 사역 이외에는 다른 길이 없다.

율법의 정죄함을 피할 길은 율법을 완성하신 그리스도의 십자가에서 나타나신 사랑뿐이다. 십자가에서 흘리신 속죄의 피가 인간이 감추고 있던 은밀한 죄까지도, 동이 서에서 먼 것 같이 보이지 않게 가려준다. 다윗은 자신과 같이 모든 허물과 은밀한 죄가 가려진 자들의 행복에 대하여 하나님의 은혜의 영광을 높이고 있다. 바울은 로마서에서 다윗의 신앙고백과 동일한 내용으로 하나님의 백성이 갖는 최대의 행복을 진술한다.

> 그러므로 이제 그리스도 예수 안에 있는 자에게는 결코 정죄함이 없나니 이는 그리스도 예수 안에 있는 생명의 성령의 법이 죄와 사망의 법에서 너를 해방하였음이라(롬 8:1-2).

하나님은 이미 그리스도 안에 있는 자들의 죄와 허물을 십자가에서 말끔히 씻으시고, 다시는 그의 행위를 정죄하지 못하도록 생명의 성령의 법 아래 가두어두셨다. 생명의 성령의 법은 죄의 허물로 죽어 마땅한 자를 살리는 법이다. 그리스도 안에 있으면 죄를 범하지 않는다는 뜻이 아니라 죄를 회개하여 항상 죄와 사망의 법에서 해방되어 살도록 주도하시겠다는 것이다.

그리스도 안에 있는 자는 주권이 그리스도에게 있는 자란 뜻이다. 삶의 주권이 그리스도에게 있다고 하여 그리스도께서 시키시는 대로 사는 로봇이란 뜻이 아니다. 그리스도 안에서 자기 생각대로 산다고 할지라도 그 결국은 정죄함이 없도록 회개의 길로 주장하신다는 뜻이다.

3) 자신의 불의함에도 불구하고 자신과의 언약을 지키시는 하나님의 신실하심에 엎드릴 때 그의 행위를 의로 여기신다

사도 바울은 다윗이 받은 죄 사함의 은총을 아브람의 믿음과 관련하여 하나님의 의를 설명하고 있다.

다윗도, 아브람도 자신의 허물과 실수를 잘 알고 있었다. 그들은 모두 자신의 허물에도 불구하고 자신의 편에서 역사를 이끄시는 하나님께서 은혜의 주권을 경험하고 있었다.

아브람이 하나님과의 언약을 파기한 죄의 엄중함을 품고 두려워하고 있는 가운데 하나님께서 나타나셔서 아브람과 함께 계심을 상기시키시고, 감격스럽게도 메시아 왕국 건설의 계획을 알리신다. 이는 하나님께서 아브람의 허물과 실수를 용서하셨다는 확실한 증표다.

자신의 죄가 용서받았다고 확신하는 순간, 아브람은 과거의 죄과로부터 해방되는 자유와 평화를 기뻐하며 하나님을 찬송하고 있다. 아브람의 행복은 지상 최대의 것이었다. 그는 자신과의 언약을 보존하시고 지키시는 하나님의 신실하심과 의로우심에 감복하여 하나님 앞에 엎드렸다. 하나님은 아브람의 믿음을 보시고 이것을 의로 여기셨다.

2. 아브라함의 믿음의 절정은 그리스도의 죽으심과 부활이다

> 기록된 바 내가 너를 많은 민족의 조상으로 세웠다 하심과 같으니 그가 믿은 바 하나님은 죽은 자를 살리시며 없는 것을 있는 것으로 부르시는 이시니라(롬 4:17).

아브람은 세상에서 가장 불가능한 일들, 즉 죽은 자를 살리시며 없는 것을 있는 것 같이 부르시는 하나님을 믿었다.

하나님만이 하실 수 있고 인간으로서는 절대로 불가능한 일 중에 대표적인 것은 창조와 부활이다. 구약의 첫 번째 사건은 천지창조다. 신약의 결정적인 사건은 그리스도의 부활이다.

하나님께서 아브람을 믿음의 조상으로 세우신 목적은 그의 믿음으로 말미암아 하나님의 창조주이심과 그리스도의 부활하심을 사람들로 알게 하시려는 것이다. 아브람의 믿음은 그의 나이 백 세나 되었고 아내도 태가 죽은 것 같음을 알고도 자손에 대한 하나님의 약속을 진리의 사실로 굳혔다.

인간으로서는 도저히 생각할 수 없는 불가능한 일들을 하나님의 가능성에 비추어 믿었다. 죽은 자를 살리시며 없는 것을 있는 것 같이 부르시는 하나님을 순전한 마음으로 믿은 것이다. 자손을 생산하게 하시겠다는 언약은 아브람 내외의 조건에서는 불가능한 일이다. 부활과 창조와 같은 하나님의 신성의 역사만이 이런 일을 가능하게 한다. 아브람 내외는 하나님의 신성을 믿고 의지하였다.

이와 같은 아브람의 믿음의 행위를 하나님은 의롭다고 격찬하신 것이다. 그는 의인의 신분으로 당당하게 삶의 역경들을 헤쳐 나가게 될 것이다. 아브람의 실수와 허물에도 불구하고 그의 신분은 하나님께서 부르신 이름 그대로 의인으로 살게 된다.

3. 결론

믿음으로 의인이 된 자는 이제부터 성화의 길을 나서게 된다. 의인의 신분에 맞게 살아야 하는 상황에서 회개할 제목들이 더 많게 되는 성화의 걸음을 걷게 된다. 의인으로 간주되는 신분이니만큼 의무와 책임에 있어서 선봉일 수밖에 없다.

하나님께서는 의인으로 부르심과 동시에 의인다워지는 간섭 아래 두시고 우리의 성화를 재촉하신다. 그리고 의인의 신분과 수준에서 오는 심령의 가난과 애통을 호소하면서 천국을 향하여 달려가도록 우리를 권면하신다.

제11장

더욱 이루어야 할 구원
-옛 사람과 새 사람-

<<<<<<< 개요 >>>>>>>

그리스도 안에서 구원의 영광을 아는 자는 이미 성령으로 거듭난 새로운 피조물이다. 거듭나는 것은 사람의 인격이나 성품이 변하는 정도의 편차나 궤도 수정이 아니라, 완전히 다른 인간으로 다시 창조되는 치환의 상태다. 만일 사람이 새롭게 태어나지 아니하면 십자가와 부활의 역사가 실효를 거두지 못할 뿐 아니라 성육신의 효력도 상실하게 된다.

거듭나게 하는 성령의 사역이 그만큼 중차대하다. 거듭나게 하는 사역을 성령 세례라고 한다. 세례를 이해하지 않고는 신앙을 성립시킬 수도 없고 신앙생활도 허물어지게 된다.

1. 중생은 전적으로 성령의 사역이다

사람이 거듭나지 아니하면 하나님의 나라를 볼 수 없느니라(요 3:3).

예수께서 니고데모에게 친히 가르치신 중생 교리다. 신앙을 이해하는 데에 핵심이 되는 진리다. 신앙 지식의 기초다.

하나님께서 영원 전에 계획하신 구속 언약은 예수 그리스도의 십자가와 부활을 통하여 완성되었다. 삼위 하나님께서 이루신 역사적인 사역이었고 인간에게는 아직 감춰진 하나님의 나라에 관한 지식이다. 그래서 예수님은 천국은 인간에게는 감춰진 비밀이라고 하셨다. 비밀이란 감춰져서 모른다는 뜻이 아니라, 증거를 보여주고 설명하였는데도 이해할 수 없다는 뜻에서 감춰진 비밀이라고 하신 것이다.

하나님에 관한 지식은 인간의 이성으로는 붙들 수 없는 내용들이다. 이제 인간의 죄에 문제로 야기된 하나님 나라의 권위와 영광의 실추됨 그리고 인간이 처한 형벌의 심판은 하나님께서 스스로 인자를 통하여 말끔히 정리하셨다. 그 증거로 다시 사심의 부활과 함께 다시 정죄함이 없는 은혜의 통치권이 실현되는 하나님의 나라가 완성된 것이다.

물질에 갇힌 이성적 존재인 인간에게 어떻게 하나님 나라를 수용하게 하는 문제가 남았다. 이것 역시 하나님께서 풀어내셔야 할 과제다.

1) 인간의 본성을 하나님에게로 향하도록 하는 초자연적인 섭리를 세례라고 한다

세례를 받으면 인간의 이성이 하나님의 역사를 이해하게 된다. 이성은 물질 세계를 인식하는 감각 기관이다.

영의 것과 초월의 것은 처음부터 서로를 부정하고 멸시한다. 하나님의 역사의 아주 작은 것도 거부하고 항거한다. 인간이 하나님을 떠나면서 갖게 된 합리성과 이원론의 사고방식이 인간을 지배하고 있기 때문이다.

죄의 속성인 합리성에 물들어있는 인간의 감각을 어떻게 하나님께로 향하게 하는가 하는 문제는 인간의 한계를 넘어서는 과제다.

인간을 개조하거나 변혁하거나 교양해서 될 일이 아니다. 하나님 나라의 질서에 익숙하도록 인간 자체를 전혀 다른 인간 즉, 새로운 피조물로 재창조해야 한다. 초자연적인 간섭 없이는 이룰 수 없는, 하나님만이 가능한 재창조의 역사다. 이를 세례라고 한다.

2) 신약의 세례는 구약의 할례다

할례는 아브라함으로부터 시작되었다. 이삭을 낳기 전에 하나님은 할례부터 시행하도록 명하셨다. 남자아이가 태어나면 8일 만에 할례를 시행한다. 양피를 베어내는 의식으로서 종족 번식의 기능을 상실한 자라는 뜻을 내포한다.

아브라함이 이삭을 낳기 전에 행한 할례 의식은 이삭은 아브라함의 육정으로 생산한 아들이 아니라 하나님의 소유된 자손임을 알게 하는 의식이다. 할례는 이 아이가 전적으로 하나님께서 주신 자손임을 고백하게 하는 성민 의식이다.

어디까지나 할례 의식의 중심은 마음의 할례다(신 10:16, 30:6; 롬 2:28-29).

신약성경은 세례를 '그리스도와 함께' 또는 '그리스도와의 연합'이란 개념으로 설명한다.

> 또 그 안에서 너희가 손으로 하지 아니한 할례를 받았으니 곧 육의 몸을 벗는 것이요 그리스도의 할례니라 너희가 세례로 그리스도와 함께 장사되고 또 죽은 자들 가운데서 그를 일으키신 하나님의 역사를 믿음으로 말미암아 그 안에서 함께 일으키심을 받았느니라(골 2:11-12).

> 무릇 그리스도 예수와 합하여 세례를 받은 우리는 그의 죽으심과 합하여 세례를 받은 줄을 알지 못하느냐 그러므로 우리가 그의 죽으심과 합하여 세례를 받음으로 그와 함께 장사되었나니 이는 아버지의 영광으로 말미암아 그리스도를 죽은 자 가운데서 살리심과 같이 우리로 또한 새 생명 가운데서 행하게 하려 함이라(롬 6:3-4).

세례는 그리스도와 동질화를 이루는 성령의 사역이다. 세례를 통하여 그리스도의 십자가의 죽으심과 부활을 우리의 것으로 동일시한다. 성령세례를 받은 자는 그리스도와 동질의 존재로 재창조되는 것이다. 그리스도와 함께 또는 그리스도와 합하여 세례를 받게 하는 이유는 우리가 갈 수 없었던 하나님 나라로 우리를 데리고 가시겠다는 신적 의지의 증표다.

3) 구약의 역사에서 구원을 상징하는 표적은 노아의 홍수 심판과 모세의 홍해 도하 사건이다. 신약은 이 두 가지 사건을 세례로 설명한다

> 물은 예수 그리스도께서 부활하심으로 말미암아 이제 너희를 구원하는 표니 곧 세례라 이는 육체의 더러운 것을 제하여 버림이 아니요 하나님을 향한 선한 양심의 간구니라(벧전 3:21).

물은 배를 띄우는 역할을 한다. 물은 배 안에 있는 생명을 살리고 배 밖에 있는 것은 모조리 수장시킨다. 이렇게 물은 한편 구원을 일으키고 다른 한편 심판을 행사한다.

물은 구원과 심판을 동시에 분리하는 역할을 한다. 세례로 말미암아 구원의 은혜를 입은 자들은 죄에 대하여는 죽고 하나님의 의에 대하여는 살아나게 된다. 세례는 육체의 더러운 것을 완전히 제하여 버리는 것이 아니라 하나님을 향하여 선한 양심으로 간구하는 방향 전환을 일으킨다.

구원은 영혼 구원이다. 육체는 아직 옛 사람 그대로다. 인간은 영혼과 육체의 중첩된 인격체로서 갈등과 방황을 경험하면서 방향은 전인격이 하나님의 말씀을 따라 살아가게 된다.

또한, 홍해를 건너는 이스라엘의 행렬을 세례로 설명하고 있다.

> 우리 조상들이 다 구름 아래에 있고 바다 가운데로 지나며(고전 10:1-2).

이스라엘 백성이 홍해를 건너는 현상을 모세에게 속하여 세례를 받았다고 한다. 모세는 홍해를 건너서 미디안 광야에서 40년을 살다가 하나님의 소명을 받고, 애굽으로 돌아가 이스라엘 백성을 데리고 홍해를 건너고 있다.

모세는 그리스도를 상징하는 인물이다. 그리스도께서 하늘로부터 오셔서 우리를 데리고 다시 하늘 나라로 가시는 것과 같은 이치다(요 3:13; 6:38; 8:23).

성경은 이스라엘 백성이 모세에게 속하여 홍해를 건넌 것을 세례라고 한다. 모세가 데리고, 혹은 업어서 건넜다는 뜻이다. 이를 신약에서는 그리스도와 합하여 세례를 받았다고 설명한다. 그리스도와 동일시 또는 동질화의 상태를 말한다. 그리스도의 십자가와 부활에 함께 참여한 자란 뜻이다. 예수께서 우리와 함께 죽으시고 함께 부활하셨다는 것을 세례를 통하여 알게 하신 것이다. 세례는 그리스도 안에서 이루신 하나님의 은혜와 진리에 관한 영적인 감각을 살린다.

과거에 죄로 말미암아 하나님에 대하여 영적 감각이 죽어 있었다가 성령의 세례를 통하여 영의 귀가 열리고 영의 눈을 뜨게 되고 영의 말을 하게 된다. 눈 먼 자가 눈을 뜨고, 듣지 못하는 사람이 듣고, 말 못하는 사람이 말하는 것과 같은 현상이다.

2. 믿는 자는 거듭난 새로운 피조물이다

> 그런즉 누구든지 그리스도 안에 있으면 새로운 피조물이라 이전 것은 지나갔으니 보라 새 것이 되었도다(고후 5:17).

> 또 그리스도께서 너희 안에 계시면 몸은 죄로 말미암아 죽은 것이나 영은 의로 말미암아 살아 있는 것이니라(롬 8:10).

거듭난 자는 영적 존재로 살게 된다. 생각과 생활 습관은 아직도 옛날 그대로 죄인의 속성을 가지고 살지만, 그의 삶은 하나님을 향하여 발걸음을 옮긴다. 성령세례는 영으로 살아있는 존재로 다시 태어난 상태이기 때문에 그의 전인격을 세상으로부터 돌이켜 하나님에게로 향하여 가도록 이끈다.

영의 귀가 열려 영의 말씀이 들리고, 영의 눈을 뜬 상태에서 육체로 살던 죄의 과거의 관습에서 돌이키는 회개의 길을 걷게 된다. 거듭난 자는 육체의 어리석음과 무능함을 애통하며 신령한 능력과 지혜와 지식의 부요를 사모하며 영적인 목마름을 호소하게 된다.

1) 회개는 죄인의 타성으로 만들어진 구습의 옛 사람을 벗어버리는 결단이다

> 너희는 유혹의 욕심을 따라 썩어져 가는 구습을 따르는 옛 사람을 벗어 버리고 오직 너희의 심령이 새롭게 되어 하나님을 따라 의와 진리의 거룩함으로 지으심을 받은 새 사람을 입으라(엡 4:22-24).

옛 사람을 청산하는 회개만으로는 유혹의 욕심으로 만들어진 구습을 벗어날 수 없다. 옛 사람의 구습을 벗어버리는 것은 새 옷을 갈아입기 위한 절차에 불과하다. 과거를 말끔히 청산하기 위해서는 진리의 거룩한 지식이 새롭게 공급되어야 한다. 과거의 것보다 더 가치 있고 풍성한 삶이 확보될 때 과거의 습관을 벗어버릴 수 있다.

하루하루 근근이 사는 입장에서 과거의 구습을 온전하게 청산할 수 없다. 지금 내가 가고 있는 길이 천국 길이요 그 천국의 영광을 현실에서 즐거워하고 있는 상태에서, 과거의 더럽고 누추했던 부끄러운 삶도 기꺼이 간증하게 된다.

나를 구원하시는 은혜의 영광이 충만한데, 과거에 깡패였으면 어떻고 기생이었으면 어떠냐 하는 것이 내 곁에서 나의 과거를 거듭하고 있는 자들에게 전하고 싶은 복음의 간증이다.

2) 과거의 구습과 마귀의 유혹에 붙들리지 않는 길은 하나님께 붙들리는 수밖에 없다

> 너희가 서로 거짓말을 하지 말라 옛 사람과 그 행위를 벗어 버리고 새 사람을 입었으니 이는 자기를 창조하신 이의 형상을 따라 지식에까지 새롭게 하심을 입은 자니라 (골 3:9-10).

거듭나서 믿음으로 새 사람이 되었으면 이제 약속받은 하나님의 나라를 향하여 신앙의 길을 달려가는 수밖에 없다. 과거의 구습과 마귀의 유혹에 붙들리지 않는 유일한 길은 하나님의 말씀에 붙들리는 순종의 길밖에 없다. 그리스도의 지식에까지 새롭게 되어 악한 자의 유혹이 틈타지 못하도록 거룩한 진리로 무장하는 것이다. 성령의 검, 곧 하나님의 말씀에 관하여 풍부한 지식체계를 갖추는 것이다.

과거의 구습을 벗기만 하면 알몸이 되어 모든 병균의 공격을 방어할 수 없게 된다. 이는 예수님께서 회개할 줄 모르는 악한 세대에 대하여 비유로 말씀하신 경우와 같게 된다.

> 이에 이르되 내가 나온 내 집으로 돌아가리라 하고 와 보니 그 집이 비고 청소되고 수리되었거늘 이에 가서 저보다 더 악한 귀신 일곱을 데리고 들어가서 거하니 그 사람의 나중 형편이 전보다 더욱 심하게 되느니라 이 악한 세대가 또한 이렇게 되리라 (마 12:44-45).

그리스도 안에서 새 사람이 되었으면 새 사람으로 적응하며 살아가는 데에 필요한 지식과 함께 삶이 뒤따르도록 체계화해야 한다.

대학 입학의 영광을 날마다 축하하고 기뻐하고만 있을 수는 없다. 대학이 요구하는 새로운 목표를 이루기 위하여 주어진 학제와 성숙한 교양인의 고상한 인격을 고양해야 하는 것처럼, 옛 사람의 구습을 대체하는 새로운 지식과 생활 습관이 자리하도록 배우고 자라야 한다.

3. 결론

성령세례를 받은 자는 마치 바람이 부는 것과 같이 그의 행동 방향이 하나님의 말씀을 따르고 있는 데에서 증명된다.

그의 삶의 방향이 누구를 향하고 있는가?

성경에서 구원을 출생으로 설명하고 있는 것보다 더 큰 신비로움이 없다. 사람의 육정이나 뜻이 아니라, 전적으로 하나님의 뜻으로 태어난 새로운 피조물이다. 새 생명으로 태어났기 때문에 그리스도의 가르침과 훈도를 따라 사는 훈련에 임해야 하는 것이다.

그러나 새 사람이 구원의 은혜와 그 영광을 지키고 살기에는 아직도 옛 사람의 구습이 기회를 타서 넘어지게 하는 시험도 도사리고 있다는 것에 주의해야 한다.

그리스도 안에서 새 사람을 입었으니 이제는 죄 짓지 않으려는 노력보다는 적극적으로 하나님의 말씀과 더불어 성령을 따라 행하는 결심을 분발해야 한다. 구원은 그동안 보지 못하였던 하나님의 나라와 그 의에 관하여 관심을 두고 배우고 간구하는, 영적인 안목을 넓혀나가는 첫걸음이다.

그는 어떻게 하면 받은 구원을 죄와 사탄에게 빼앗기지 않을까 하는 인색한 싸움을 멈추고, 구원으로부터 허락된 하나님의 나라에서의 삶을 더 충만하게 이루며 살까 하는 적극적인 도전에 임할 것이다. 더욱 이루어야 할 구원을 두고 싸우는 믿음의 경주를 계속 달려야 한다.

성령을 따라 행하라 그리하면 육체의 욕심을 이루지 아니하리라(갈 5:16).

항상 복종하여 두렵고 떨림으로 너희 구원을 이루라(빌 2:12 하).

제12장

시간의 거룩함
안식일

> <<<<<<<< 개요 >>>>>>>>
>
> 성경에서 하나님을 대표하는 신성은 거룩함이다. 창조 사역에서 거룩함의 뜻을 처음으로 담아둔 날이 안식일이다. 거룩함은 복의 근원이며 경배와 예배의 이유가 되는 하나님의 본성이다.
> 안식일 제정의 뜻을 헤아리지 않고는 거룩함을 해석할 수 없다.

1. 창조의 일곱째 날을 안식일로 정하시다

> 천지와 만물이 다 이루어지니라 하나님이 그가 하시던 일을 일곱째 날에 마치시니 그가 하시던 모든 일을 그치고 일곱째 날에 안식하시니라 하나님이 그 일곱째 날을 복되게 하사 거룩하게 하셨으니 이는 하나님이 그 창조하시며 만드시던 모든 일을 마치시고 그 날에 안식하셨음이니라(창 2:1-3).

하나님께서 만물을 다 창조하신 후에 인간에게 명령하신 첫 번째 계명이 안식일이다. 십계명의 제4조에 "안식일을 기억하여 거룩하게 지키라"고 명하시기 전에 창조 사역의 중심이 되는 안식일에서 거룩함의 뜻을 창조의 질서 안에 새겨 두셨다. 십계명의 율법이 있기 이전에 창조의 목적을 안식일의 거룩함에 두어 제도화한 것이다. 이는 율법보다 상위법에 속하는 창조의 원리와 목적이다.

창조의 역사를 6일 동안에 다 완성하셨다. 그런데도 성경은 그 만드신 것을 6일째 되던 날에 마치셨다고 하지 않고 일곱째 날에 마치시고 그날에 안식하셨다고 한다. 하나님께서 창조의 역사를 마치셨다는 말과 안식하셨다는 말은 동의어이다. 안식하였다는 뜻을 가진 '샤바트'에는 '쉬다'는 뜻 이외에 '완성'이란 뜻이 있다. 하나님께서 창조하신 것을 보시고 안식하셨다는 것은 계획대로 다 완성하셨음을 선포하시는 행위다.

안식일 제도는 모든 피조물을 하나님의 뜻대로 거룩하게 보존하고 유지하시겠다는 하나님의 약속이다. 창조의 마지막을 거룩한 날로 정하심으로써 드디어 우주의 창조는 완성되었다. 안식일을 거룩하게 보내지 아니하면 6일 동안의 삶의 가치는 하나님 보시기에 복일 수 없다는 뜻이다.

2. 인간 역사의 출발은 하나님께서 만드신 7일째 날의 안식부터다

1) 인간의 역사는 시작이 거룩한 안식일이다

하나님께서 만물을 인간에게 맡기시기 전에 먼저 거룩한 안식을 취하도록 하신 것은 안식이 물질보다 더 소중한 가치이며 하나님과 함께 보내는 거룩한 안식이 행복의 근원이며 조건이라는 것을 선포한다.

안식은 평정, 고요, 평화, 휴식과 같은 상태다. 성경의 인물들은 다 안식을 갈구하며 살았다. 젖과 꿀이 흐르는 가나안 땅은 안식의 장소이다. 출애굽의 목적도 안식의 땅, 적대 세력이 없고 해하는 것이나 사망이나 애곡하는 것이나 아픈 것이 없는 곳에서 사는 것이다. 궁극적으로는 하나님의 나라이다. 다윗도 "그가 나를 푸른 풀밭에 누이시며 쉴 만한 물 가로 인도하시는도다"(시 23:2)라고 노래하였다. "쉴 만한 물가"는 '메누하'(מנוחה, resting place)의 상태, 평화와 안식이 충만한 장소를 가리킨다.

안식일 제도에서 특이한 개념은 '거룩함'이라는 단어다. 성경에서 거룩함(קדוש, 카도쉬)이란 단어가 처음 사용된 것이 창조가 끝난 후에 안식을 명하실 때였다.

> 그러므로 나 여호와가 안식일을 복되게 하여 그 날을 거룩하게 하였느니라(출 20:1).

거룩함이라는 단어는 성경에서 가장 핵심이 되는 낱말인데, 이 말이 영원의 시간에 적용하여 사용되었다는 것은 신비다. 창조의 기록에서 어떠한 물질의 대상에도 거룩함의 특성을 언급한 사실이 없다. 거룩한 물, 거룩한 바다와 물고기, 거룩한 궁창이나 하늘 등 공간에 대하여 거룩함이라는 말을 붙인 데가 없다. 더구나 자연계는 죄로 말미암아 고유의 신성을 모두 박탈당한 상태다.

이방 종교는 공간의 영역에서 순수성의 뜻을 추구하고 있다. 인간이 자연으로부터 인위적으로 만든 종교성의 형태들은 모두 자연의 순수와의 융합을 이루려는 구도이다. 범신론에는 시간의 개념이 없다. 기이하고 신비로운 곳이 따로 정해져 있다. 종교의 형태가 영역적이며 공간적이다.

2) 성경은 오직 시간 속에 거룩함의 의미를 담아 두셨다

하나님은 6일 동안의 물질의 관계 속에서 활동하는 노동의 가치와는 달리 한 날을 따로 떼어내셔서 시간, 즉 영원과 관련된 날로서 안식일을 거룩하게 지킬 것을 명하셨다. 역사가 시작할 때 이 우주 안에 거룩함은 오직 안식일 안에만 있었다. 안식일은 영원의 시간 속에 있는 거룩한 궁정과 같은 상태, 곧 천국이다. 인간의 시간 안에 안식일을 통하여 하나님의 나라가 창조의 내용으로 자리하게 하신 것이다.

> 그들을 진리로 거룩하게 하옵소서 아버지의 말씀은 진리니이다(요 17:17).

> 또 그들을 위하여 내가 나를 거룩하게 하오니 이는 그들도 진리로 거룩함을 얻게 하려 함이니이다(요 17:19).

　예수 그리스도의 공생애는 모두가 거룩함을 목표로 이루어졌다. 거룩함을 위하여 기적과 표적을 행하셨고, 거룩함을 위하여 십자가를 지셨고 부활하셨다. 또 예수님은 제자들이 거룩함을 얻게 하시려고 십자가와 부활을 통하여 진리의 길이 되시고 그들의 인격 속에 거룩함이 이루어지기를 기도하셨다.

　거룩함은 하나님께 소속되었다는 뜻이다. 하나님의 뜻을 따르고 하나님을 위하여 존재하며 하나님을 목표로 사는 상태를 말한다. 거룩함은 영원한 시간의 나라, 곧 하나님의 나라와 깊이 관련되어 있다. 그리스도 안에서 우리만이 세상과 달리 하나님께 속한 거룩한 백성이다.

3. 제7일째 안식일은 제8일째 안식일로 발전하였다(신 5:12-15)

　창조의 완성을 기념하는 일곱째 날의 안식일은 죄로 말미암아 하나님의 거룩함을 보존하기 위한 힘을 잃고, 우주 질서가 하나님 보시기에 선하고 아름답지 않게 되었다.

　하나님은 그리스도 안에서 언약하신 대로 거룩함의 신성을 보존하기 위하여 십자가의 속죄와 새 생명의 부활을 통하여 구속을 완성하셨다. 부활의 날은 안식일 이튿날이다. 제8일째 되는 날이다. 구약의 절기들의 마지막 날은 성회로 모이는데, 전부가 제8일째 되는 안식 이튿날이다. 예수 그리스도는 안식일과 절기들이 예표하고 있던 제8일째 되는 안식 이튿날 이른 아침에 부활하신 것이다.

성경에서 8일은 새 생명의 날이다. 출생 후 8일째 되는 날에 할례를 시행하는 것도 하나님께 속한 백성이라는 것을 인치고 고백하는 의식이다. 그리스도와 함께 세례를 받은 자들은 제8일째 되는 안식 이튿날에 일어났던 부활의 새 생명에 동참한 자들이다. 과거를 청산하고 세례를 통하여 새 생명의 길을 가는 자들이다.

> 너희는 택하신 족속이요 왕 같은 제사장들이요 거룩한 나라요 그의 소유가 된 백성이니(벧전 2:9 상).

4. 교회는 거룩함을 이루어가는 신령한 도전이 제공되는 곳이다

성화를 위해서는 일정한 규례와 질서와 법도가 필요하다.

만일 우리에게 교회를 맡겨놓으면 교회가 어디로 갈 것 같은가?

우리에게 구원을 맡기면 완성할 방법이 없다. 양심에 맡기면 양심을 구실로 자신을 정당화하고 남을 판단하게 된다. 독단으로 빠진다. 주님의 기도가 실감이 간다.

> 진리로 거룩하게 하옵소서 아버지의 말씀은 진리니이다(요 17:17).

> 무리와 제자들을 불러 이르시되 누구든지 나를 따라오려거든 자기를 부인하고 자기 십자가를 지고 나를 따를 것이니라(막 8:34).

자기 부인은 자기의 뜻을 억제하는 능력이다. 십자가는 자신이 죽는 자리다. 스스로 자기를 부인하거나 죽을 수 없다. 일정한 규범과 제도와 직분이 있어야 가능해진다.

1) 시간의 소중한 가치와 시간의 주권에 대하여 각성하는 날

하나님의 백성을 구별하는 첫 번째 생활 규범은 안식일을 거룩하게 지키는 것이다.

안식일의 거룩함으로 들어가고자 하는 자는 제일 먼저 세상의 수고와 고통의 멍에를 벗어던져야 한다. 세상을 무대로 활동하던 생존경쟁의 굴레를 벗어던져야 한다. 물질과 관련된 대립과 싸움의 비뚤어진 관계로부터 떠나는 것이다. 배신이 있고 결속이 있고 분리가 있고 서로 짓밟는 환경을 벗어던지는 것이다.

제7일째 되는 날에는 물질과의 싸움을 중단하고 물질의 주권이 하나님께 있음을 확인한다. 하나님의 나라에 관하여 관심을 기울인다. 물질세계보다 더 근원적인 복은 영원의 시간에 있다는 것을 배운다. 시간의 소중한 가치와 시간의 주권에 대하여 각성하는 기회를 맞는다.

2) 우리는 미완성의 일을 남겨둔 채 세상을 떠나는 존재다.

> 엿새 동안은 힘써 네 모든 일을 행할 것이나(출 20:9).

하나님은 엿새 동안 힘써 일한 후, "칠일 째는 거룩하니 안식하라"고 하셨다.

인간이 어떻게 우리의 모든 일을 6일 동안 완성할 수 있는가?

우리는 언젠가 우리의 하던 일을 미완성으로 남겨둔 채 세상을 떠나야 하는 존재다. 그런데도 일곱째 되는 날에는 마치 모든 일이 완성된 것처럼 안식에 들어가야 한다.

주일에 일해서 더 많이 유익을 본 자가 없다. 안식해서 손해 본 자도 없다. 안식일을 거룩하게 지키지 아니하면 조화와 행복을 되돌려 받을 방법이 없다.

우리의 근원적인 피로가 하루 골프를 친다고 없어지는가?

온종일 잠을 실컷 잔다고 사라지는가?

인간의 속성은 시간에 관하여 관심을 기울이지 않는다. 마치 영원히 살 것처럼 더 많은 물질을 소유하기 위하여 시간을 소모한다. 사실상 시간을 희생하지 않으면 삶의 공간을 넓힐 수가 없다. 시간이 한없는 것처럼 물질에 매달려 있는 것보다, 어리석고 미련스러운 것이 없다. 영원한 시간의 나라인 천국의 길을 놓치고 있기 때문이다.

탈무드에서 안식일을 맞는 태도를 약혼에 비유하여 설명하고 있다. 거룩(카데시)은 약혼하다는 뜻이다. 안식일은 신부와 같다. 신부는 예쁘게 단장하고 향기를 날리면서 신랑을 기다린다. 신랑이 화사하고 아름답게 단장하고 기다리는 신부를 맞이하러 갈 때, 평상복으로 갈 수 없다. 최상의 자태로 꾸미고 위풍당당하게 신부에게로 가야 한다.

5. 시간은 곧 생명이다

우리에게 시간이 허락되어 있지 않다면 삶에서 어떤 것도 이룰 수 없다.

죽음이란 무엇인가?

시간이 소멸하였다는 뜻이다. 시간이 없다면 모든 것이 중도 하차된다. 강제 착륙과 같다. 꿈과 사랑, 우정과 가치도 그 상태에서 종결되고 만다. 시간은 곧 생명이다. 아무리 많이 가졌더라도 시간이 없으면 누릴 수가 없다. 시간의 실체는 우리에게서 멀리 떨어져 있다. 공간의 것들은 우리의 의지 앞에 노출되어 있고 우리는 우리의 원하는 대로 공간의 사물들을 조작할 수 있다.

그러나 시간은 우리가 미치지 못하는 곳, 우리의 능력 밖에 있다. 시간의 주권은 오로지 하나님께 있다. 그 길고 짧음을 우리가 정할 수 없다. 시간은 세상을 다 준다 해도 바꿀 수 없는 생명의 가치다.

> 사람이 만일 온 천하를 얻고도 제 목숨을 잃으면 무엇이 유익하리요 사람이 무엇을 주고 제 목숨과 바꾸겠느냐(마 16:26).

문제는 어떤 시간을 확보하느냐 하는 것이다. 그래서 성경은 "세월을 아끼라. 때가 악하니라"(엡 5:16)라고 말씀한다.

세월 자체가 악한 것이 아니다. 인간이 하나님과 거룩한 관계를 유지하지 않기 때문에 악한 것이다. 하나님께서 허락하신 시간을 자기 시간인 것처럼 마음대로 사니까 악한 인생이 되는 것이다. 또 성경은 "술취하지 말라 이는 방탕하는 것"(엡 5:18)이라고 했다. 방탕이란 낭비, 허비, 소모했다는 뜻이다. 세상만을 좇아 살면 이렇게 물질도 출세도 헛되고 악할 뿐이다.

> 너희는 스스로 조심하라 그렇지 않으면 방탕함과 술취함과 생활의 염려로 마음이 둔하여지고 뜻밖에 그 날이 덫과 같이 너희에게 임하리라(눅 21:34).

방탕함, 술 취함과 생활의 염려를 동일한 개념으로 나란히 경고한다.

시간은 영원하다. 시간 안에서 사물들이 소멸한다. 시간은 영원불변하다. 시간 속에서 내가 태어났고 오늘까지 살았다. 풍파 많은 세상에서 고생도 했고 아파도 했고 슬퍼도 했다. 기쁜 일도 만났고, 사랑도 했고, 자녀를 낳아 기르는 즐거움도 맛보았다.

영원의 시간 속에서 하나님께서 찾아오셔서 나를 새로운 피조물로 빚으시고 하나님의 자녀로 믿음의 눈을 뜨게 하셨다. 나의 시간의 가치는 하나님 나라의 일을 위할 때 빛이 난다. 영원을 기준으로 평가할 내용이 충만해진다. 영원과 관련하여 삶의 과정을 거룩함으로 보존하고 있기 때문이다.

6. 결론

　안식일은 거룩하다. 하나님이 보시기에 심히 좋으셨던 날을 회복하는 날이기 때문이다.
　안식 후 첫날에 부활이 이루어졌다는 것은, 이날은 더 이상 슬픔이나 애통이나 걱정이나 탄식이 없는 날이며 승리와 영광을 노래하고 기뻐하는 날이라는 의미다.
　부활은 세상의 저주와 사망과 악령의 권세를 이겼다는 증거이다. 세상에서 어두움의 세력을 발아래 두신 승리의 날이다. 죽음을 정복하고 다시 썩지 아니하는 영원한 생명을 되찾은 날이다.
　그러므로 이날에 서로에게 평안을 전하고 서로가 격려하고 힘이 되어주는 인사가 오가도록 관심을 기울여야 한다. 만일 환자를 위문한다면, "오늘은 안식일입니다. 곧 낫게 될 것입니다"라고 인사하며 치유와 회복을 전하고 기도하는 날이 되게 해야 한다.
　초실절은 안식 후 첫날이다. 오순절도 안식 이튿날이다. 칠칠절도 안식 이튿날이다.
　맥추절은 그 해 첫 곡식단으로서 밀을 추수하는 절기다. 한 알의 밀로 땅에 썩으셨다가 부활하신 그리스도를 상징하는 절기다.
　초막절은 명절 중 가장 큰 날이다. 안식 후 첫날이다. 모든 성도가 성회로 모여 부활로부터 돋아난 새 생명의 열매들을 보시고 한없이 기뻐하시는 아버지 하나님의 즐거움에 함께 참여하는 대축제의 절기다.
　안식일로부터 이름 붙여진 절기들을 지키는 일이 힘을 잃은 우리에게, 영적으로 해이해지고 맥빠진 우리에게 미래에 대한 새로운 도약의 기회가 되기를 바란다.

제13장

성화는 과정이지 완성이 아니다
성화에 이르게 하는 회개

> <<<<<<< 개요 >>>>>>>
>
> 믿음으로 의인된 자의 삶의 목적은 하나님을 영화롭게 하는 것이다. 의인의 신분이기는 하지만 아직 육체의 때를 사는 상태에서 회개의 도전은 계속될 수밖에 없다. 자신에게 붙여진 의인이라는 이름을 들을 때마다 허물과 실수에 대하여 부끄럽지 않을 수 없다.
> 성령의 충만은 회개와 함께 성화를 재촉하는 하나님의 간섭이다. 성화의 도전은 세상이 끝날 때까지 계속된다.

1. 믿음으로 의인이 된 자는 과거의 잘못을 회개하는 성화의 간섭 아래 놓이게 된다

믿음으로 의인이 된 대표적인 인물은 아브라함이다. 아브라함이 의인으로 인정받은 후 약속의 아들을 생산하기 전에 하나님께서 그의 이름을 아브람에서 아브라함이라고 새롭게 지어주신다.

> 이제 후로는 네 이름을 아브람이라 하지 아니하고 아브라함이라 하리니 이는 내가 너를 여러 민족의 아버지가 되게 함이니라(창 17:5).

'아브람'은 존귀한 아비라는 뜻이다. 그러나 '아브라함'은 열국의 아비를 의미한다. 많은 무리의 아비 또는 모든 민족의 아비다. 이제부터 아브라함의 힘이 강해진다는 뜻이 아니다. 아브라함은 이제 몇몇 사람으로부터 존경받는 정도의 족장이 아니다. 하나님의 언약을 이루는 '열국의 아비', 모든 사람에게 구원의 복음을 흘려보내는 '복의 근원'이 된 것이다.

아브람이 아브라함이 된 것은 그의 잘남 때문이 아니다. 지금 그는 불의의 아들 이스마엘을 낳아 기르는 중이다. 하나님께서 아브람에게 마땅히 책망과 채찍을 내리셔야 할 순간에, 그는 상상에도 없었던 복을 받게 된다. 아브람이 스스로 자기 잘못을 알고 얼굴을 땅에 파묻고 엎드려 있을 때 하나님은 복을 약속하신다.

> 이제 후로는 네 이름을 아브람이라 하지 아니하고 아브라함이라 하리니 이는 내가 너를 여러 민족의 아버지가 되게 함이니라(창 17:5).

하나님의 무조건적인 은혜가 흘러넘치는 장면이다.

아브람은 이제부터 아브라함이라 불리며 살아야 한다. 하나님께서 이름을 바꾸어주신 것은, 이제부터 의인된 자로서 하나님의 품성을 배우며 성숙하는 성화를 이루게 하기 위함이다. 이름만큼 자주 듣는 소리가 없다. 하루에도 수십 번씩 불리는 것이 이름이다.

아브람이 아브라함이라는 이름을 들을 때마다 자신의 잘못을 떠올리지 않으면 안 되는 입장에 설 수밖에 없다. 그는 감히 열국의 아비라는 이름을 들을 자격이 없음을 잘 알고 있다. 그는 이미 하나님의 약속을 어기고 불순종의 아들을 낳아 기르는 중이다. 열국의 아비라는 이름을 들을 때마다 이스마엘의 일을 뉘우치며 통회 자복할 수밖에 없다.

아브라함은 축복의 이름임과 동시에 과거의 잘못을 상기시키는 이름이다. 잘해서 받는 이름이 아니라, 잘못했는데도 주신 은혜의 이름이다.

우리에게 주신 은혜의 이름들이 많다. 직분을 비롯, 성경에서 불러주는 이름들, 곧 세상의 빛과 소금, 거룩한 백성, 왕 같은 제사장 등은 하나님께서 그리스도 안에서 우리를 향하여 불러주시는 이름들이다. 축복의 이름들일 뿐 아니라 과거를 회개하게 하여 성화를 재촉하는 이름이다.

2. 성화는 관계적 만남을 통하여 이루어진다

신앙생활은 홀로 이루어갈 수 없고 반드시 두세 사람 이상의 관계와 만남을 통하여 진행된다. 성경이 우리에게 요구하고 있는 성령의 열매들은 전부가 관계적 존재로서 완성해야 할 신성의 덕목들이다.

> 오직 성령의 열매는 사랑과 희락과 화평과 오래 참음과 자비와 양선과 충성과 온유와 절제니 이같은 것을 금지할 법이 없느니라(갈 5:22-23).

사랑과 희락과 화평과 오래 참음 등의 성품은 상대가 있어야 이룰 수 있는 거룩한 열매들이다. 나와 관계 맺는 자들을 상대로 내가 성령의 사람으로 자라나야 하는 신앙의 싸움이다. 신령한 열매들은 우리에게서 돋아난 것이 아니라 성령께서 맺게 하시는 열매들이다. 이는 이미 예수 그리스도에게서 충만하게 성취되었던 신성으로서 생명을 살리는 특성을 갖는다. 하나님의 나라에서 누릴 최상의 행복을 보증하는 품성들이다.

1) 세상의 덕목들은 상대적 가치들이다

사람들이 실천하는 덕목들은 근원적으로 이기적이고 탐심에서 나오는 것들이다. 변질의 속성을 벗어날 수 없는 것들이다. 덕목들의 가치가 상대적이다. 서로 동의해야 하는 것들이어서 상대에 따라서 가치가 다르게 취급된다. 독단적인 선택에 의한 것이기 때문에 세상의 도덕과 윤리의 가치들은 하나님 나라에서는 효력이 없는 것들이다.

마귀의 거짓되고 속이는 계략으로 말미암아 타락한 인간에게서는 선한 것이 나올 수 없다. 주님도 다만 그 속에서 나오는 것들이 그 사람을 더럽게 한다고 하셨다(마 15:11, 18).

2) 그리스도 안에서 믿음의 행위는 절대적 가치로 평가된다

그러나 그리스도 안에서 행하는 우리의 덕목들은 하나님께서 절대적인 값으로 인정하신다. 믿음으로 의인이 된 우리 자신은 여전히 세상과 더불어 살고 있어서 하나님의 의에 이르기에는 완전하지 못하다. 그리스도 안에서 성부 하나님께서 보실 때 의인으로 인정하시지만, 아직도 우리는 과거의 허물과 실수를 반복하는, 갈등과 고통을 면할 길이 없는 미완성의 인격자들이다.

신분과 수준의 차이일 뿐, 미흡하지만 신분은 거룩한 백성이다. 미완성된 인격일지라도, 거룩한 백성이기 때문에 우리의 행위는 그리스도에게서 이미 성취된 절대적인 가치로 평가되는 것이다.

그리스도 안에서 모든 일상이 하나님께서 배려하시는 은혜다. 은혜가 우리의 삶을 살리는 가치다. 담대하게 세상을 향하여 복음을 외치게 하는 능력도 은혜의 역사다. 나를 자랑할 것이 전혀 없는 입장에서 오직 하나님의 은혜만을 자랑하며 하나님께 영광을 돌린다.

3) 이미, 그러나 아직은 아니다

> 내가 이미 얻었다 함도 아니요 온전히 이루었다 함도 아니라 오직 내가 그리스도 예수께 잡힌 바 된 그것을 잡으려고 달려가노라(빌 3:12).

신앙생활은 언제나 갈등과 괴로움의 연속이다. 그리스도 안에서 하나님께서 이미 다 이루셨다. 그러나 나의 육체의 현실은 아직 미완성의 상태다. 믿음의 경주는 미완성의 나 자신을 두고 그리스도의 수준에 이르기까지 영적인 싸움을 계속 달려가는 것이다(벧후 3:18; 엡 2:21; 4:13, 16).

신분은 의인일지라도, 아직도 의인답지 못한 미완성의 고통 속에 살고 있다. 성화의 열매를 맺는 싸움은 신앙생활에서 놓쳐서는 안 되는 주제다. 예수께서 성화에 대하여 언급하신 말씀이다.

> 너희는 내가 일러준 말로 이미 깨끗하여졌으니 내 안에 거하라 나도 너희 안에 거하리라 가지가 포도나무에 붙어 있지 아니하면 스스로 열매를 맺을 수 없음 같이 너희도 내 안에 있지 아니하면 그러하리라 나는 포도나무요 너희는 가지라 그가 내 안에, 내가 그 안에 거하면 사람이 열매를 많이 맺나니 나를 떠나서는 너희가 아무 것도 할 수 없음이라(요 15:3-5).

예수님과 우리의 관계는 나무줄기와 가지의 관계와 같다. 나무줄기와 가지는 떨어질 수 없는 생명적인 관계다. 가지가 줄기에서 떨어지면 곧 시들어 죽게 된다. 둘이 일체를 이룬 상태를 생명이라고 한다. 그리스도 안에서 우리는 이미 깨끗해진 상태에서 하나의 생명을 가진 자들이다. 구속의 완성에 참여한 자들은 그리스도의 몸에 붙어 있는 지체들로서 하나의 생명체를 이루고 있다.

> 우리는 그 몸의 지체임이라 그러므로 사람이 부모를 떠나 그의 아내와 합하여 그 둘이 한 육체가 될지니 이 비밀이 크도다 나는 그리스도와 교회에 대하여 말하노라(엡 5:30-32).

'지체'는 다른 사본(사마리아)에는 살과 뼈로 번역되어 있다. 이는 아담이 하와를 보고 처음으로 사랑을 고백할 때 사용한 표현과 같다. 동일한 본질을 지닌 관계란 뜻이다. 서로 한 몸이요 하나의 인격체란 것이다. 서로 떨어져서는 존재할 수 없는 관계다. 생명은 내용이 사랑이다. 사랑이 생명을 보존하고 지킨다.

　우리가 그리스도의 몸인 교회의 지체가 된 것은 아버지께서 우리의 죄를 이미 깨끗하게 하셨기 때문이다.

> 너희는 내가 일러준 말로 이미 깨끗하여졌으니 내 안에 거하라(요 15:3-4).

　깨끗해진 자들에게 요구되는 행동 원리가 무엇인가?
　'내 안에 거하라'는 것이다. 우리는 모두 그리스도 안에서 이미 깨끗해진 자들이다. 우리 자신의 도덕성이나 교양으로 맺은 선행으로 깨끗해진 것이 아니다. 전적으로 하나님 아버지께서 그리스도를 통하여 구속을 완성하신 결과물이다.
　'내 안에 거하라!'
　우리의 것으로는 평가받을 가치가 없었지만, 우리가 행하는 성화의 열매들은 전부가 다 하나님의 영광을 위한 가치로 평가되는 그리스도의 열매들이라는 것이다. 이처럼 우리의 행위 배경에는 은혜 언약을 실행하시는 하나님이 상존해 계시는 것이다.

3. 가지는 열매를 맺는 곳이 아니라 달리는 장소다

　가지가 열매 맺기를 중단하고 있는 경우가 있다. 줄기에서부터 영양소를 공급받지 못할 때다. 줄기는 참 포도나무니까 아무 이상이 없다. 문제는 언제나 가지에 있다. 가지가 줄기에 힘차게 붙어있어야 할 터인데 줄기와 가지 사이가 벌어지거나 찢어져 있는 경우에는 줄기에서 올라오는 영양분을 충분하게 흡수할 수 없어 잎이 마르게 된다.
　가지는 열매를 맺는 자리가 아니다. 가지는 줄기에서 공급되는 영양소를 통하여 열매들이 달리는 장소다. 만일 가지 자체가 열매를 맺는다면 그리스도와 관련이 없는 열매를 맺게 되어 사람들로부터 조롱과 비난을 받게 될 뿐이다.

가지가 맺는 열매들은 성령의 열매가 아니다. 그리스도의 몸을 훼방하고 파괴하는, 깨끗해지지 않은 상태에서 맺는 열매들, 즉 도덕과 사람들이 추구하는 종교성의 열매들이나 자연에서 얻은 순수성의 산물들이다. 하나님의 영광과 정반대되는 것들이기 때문에 상대적인 가치로서 죄의 현상일 뿐이다.

신앙생활에서 열매란 성령의 열매다. 예수 그리스도의 인격과 품성이다. 적극적으로 하나님의 영광과 직결되는 품성들이다.

> 그러므로 너희가 더욱 힘써 너희 믿음에 덕을, 덕에 지식을, 지식에 절제를, 절제에 인내를, 인내에 경건을, 경건에 형제 우애를, 형제 우애에 사랑을 더하라 이런 것이 너희에게 있어 흡족한즉 너희로 우리 주 예수 그리스도를 알기에 게으르지 않고 열매 없는 자가 되지 않게 하려니와 이런 것이 없는 자는 맹인이라 멀리 보지 못하고 그의 옛 죄가 깨끗하게 된 것을 잊었느니라(벧후 1:5-9).

이런 것은 모두 성령의 열매들이다. 그리스도의 인격으로서 사랑, 희락, 화평, 오래 참음, 자비 양성, 온유, 충성과 절제와 같은 품성들이다.

> 오직 성령의 열매는 사랑과 희락과 화평과 오래 참음과 자비와 양선과 충성과 온유와 절제니 이같은 것을 금지할 법이 없느니라(갈 5:22-23).

이러한 품성이 우리에게 충만하게 거하지 아니하면, 게으르고 나태하여 열매 맺지 못하는 병든 가지가 되어 버린다. 병든 가지와 같은 성도는 장차 받을 영광의 상급을 보지 못할 뿐 아니라 이미 깨끗하게 하신 십자가의 은혜마저 잊어버리게 된다. 결국, 병든 가지는 사람들에게 땔감으로 취급당하는 조롱과 괄시의 대상이 되고 만다.

왜 이런 현상이 일어나는가?

> 내 안에 거하라 나도 너희 안에 거하리라 가지가 포도나무에 붙어 있지 아니하면 스스로 열매를 맺을 수 없음 같이 너희도 내 안에 있지 아니하면 그러하리라 (요 15:4).

"내 안에 거하라."
신앙은 하나님과 함께 사는 운동이다. 나의 뜻을 접고 하나님의 뜻을 따라 살겠다는 고백과 함께 사는 것이다. 신앙은 얼마나 열매를 많이 맺느냐를 묻지 않고 나무줄기인 그리스도에게 굳세게 붙어 있느냐에 집중하는 것이다.
열매 이전에, '누구의 열매인가?'를 생각해야 한다.
성화란 그리스도의 줄기됨에 관한 분별력을 키우는 것이다.

4. 결론

성화의 싸움은 과정이지 완성이 아니다. 성도는 평생 그리스도의 품성, 곧 성령의 열매 맺기를 힘쓰며 성령의 충만을 구하며 산다.
서신서들은 교회의 지체에 성령의 충만을 권한다. 성령의 충만은 우리의 허물과 죄의 타성으로 말미암아 지연시키고 미루어온 성화를 재촉한다. 성령은 우리의 게으르고 미련스러운 죄의 타성을 책망하면서 성화에 이르도록 회개를 촉구하신다.
성령의 충만은 회개를 충만케 한다. 회개의 기도만이 우리로 성화의 영광에 이르게 한다.

제14장

회개가 유도되는 성화 공동체
서로 발을 씻어주는 자들

> <<<<<<< 개요 >>>>>>>
>
> 거룩함은 창세 전에 하나님께서 계획하신 구속 언약의 핵심이다. 하나님께서 그리스도 안에서 자녀들을 선택하신 목적은 하나님 앞에서 거룩하고 흠이 없게 하시려는 것이다. 하나님 아버지께서 거룩하시기에 자녀들 역시 필연적으로 거룩을 위한 신앙의 싸움을 해야 한다. 거룩함에 이르기 위하여 죄의 더러움을 회개하는 성화가 이루어져야 한다.
> 교회 안에는 성화를 이루는 회개의 기회들로서 성도의 교제와 사명과 봉사의 관계가 주어져 있다.

1. 창세 전에 거룩함을 위한 계획 배열의 역사

> 곧 창세 전에 그리스도 안에서 우리를 택하사 우리로 사랑 안에서 그 앞에 거룩하고 흠이 없게 하시려고 그 기쁘신 뜻대로 우리를 예정하사 예수 그리스도로 말미암아 자기의 아들들이 되게 하셨으니(엡 1:4-5).

창세 전에 하나님 앞에서 거룩하고 흠이 없게 하시려는 목적으로 우리를 그리스도 안에서 하나님의 자녀들로 선택하셨다고 한다. 이는 삼위 하나님 사이에서 맺으신 언약의 내용이다. 신학적으로는 구속 언약이라고 한다. 선택의 조건은 '그리스도 안'에서다. 하나님의 백성인 우리는 창세 전에 체결된 구속 언약에서 그리스도가 필요한 존재로 지음을 받았다.

창조 이전이나 창조 이후에나, 죄를 범하거나 범하지 않거나, 어떤 경우에도 그리스도가 중보자가 되셔서 우리를 영원토록 하나님의 거룩하고 흠이 없는 자녀로 보존하시고 지키시겠다는 것이 언약의 골자다.

'그리스도 안에서'라는 것은 주권이 하나님께 있는 질서를 말한다. 그리스도가 우리의 삶의 중보자이시며 보증이신 이상, 우리의 가능성은 전적으로 하나님의 은혜의 주권에 달려 있다. 그리스도 안에서 이루시는 하나님의 은혜가 아니면 우리 스스로 거룩하거나 성결하거나 의롭게 될 가능성은 전혀 없다. 창세 전에 구속 언약에서 삼위 하나님께서 결정하신 영원불변의 계획 배열 역사다.

불행하게도 인간이 하나님과의 언약을 파기하는 죄를 범하고 말았다. 죄인의 신분으로는 거룩하고 흠 없는 자로 존재할 수 없다. 하나님은 구속 언약에서 약속하신 대로 그리스도가 죄의 값으로 십자가를 지게 하셨다. 율법의 요구를 충족시키는 속죄양이 되신 것이다. 이로써 그리스도 안에서 체결하신 구속 언약이 성취되었다. 동시에 그리스도 안에서 예정하신 대로 우리를 거룩하고 흠이 없게 하시려는 목적도 성취하실 것임이 분명해진 것이다.

죄인으로서는 거룩하고 흠 없는 자로 존재할 수 없지만, 그리스도의 대속으로 말미암아 구속함을 받은 의인으로서는 거룩하고 흠이 없게 하시려는 목적을 이룰 수 있게 된 것이다. 성화는 죄인에게는 허용되지 않는, 의인들이 치러야 할 신앙의 싸움이다. 구속 언약은 은혜 언약으로 귀결된다.

은혜 언약의 실현으로 말미암아 우리는 죄에 대하여 죽고 하나님의 의에 대하여 살아난 자가 되었다. 그리스도 안에서 성취하신 은혜의 주권에 의하여 우리는 거룩하고 흠이 없는 자로 성화의 과정을 지나야 한다. 성화의 도전은 일생 동안 계속되는 신앙의 경주인 것이다.

2. 성화는 피할 수 없는 신앙의 싸움

그리스도 안에서 하나님의 자녀들이 실제적인 거룩함에 이르기 위해서는 신앙의 싸움을 피할 수 없다. 그리스도 안에서 믿음으로 의인이 된 자는 죄에서 해방되어 하나님의 의의 종이 되어 살게 된다. 하지만, 여전히 죄인의 타성을 가지고 살 수밖에 없기에 우리 자신은 스스로의 불충과 무능을 회개하지 않으면 안 되는 하나님의 간섭 아래 놓이게 된다.

1) 하나님께서 이루신 것과 내가 경험한 것과의 사이에서 괴리와 간극이 발생함

신앙은 하나님께서 이루신 것만이 진리요 생명이며 영원한 사실임을 아는 것이다. 나의 실제 상태와 달리, 하나님께서는 그리스도 안에서 나를 향하여 의인이라고 명하실 뿐 아니라, 거룩한 백성이요 왕 같은 제사장이라고까지 하신다. 더구나 세상의 빛이요 소금이라는 이름을 붙여주신다. 교회에서는 목사와 장로와 권사와 집사라고 불러주신다. 듣기에 민망스러운 이름들이다. 이에 하나님께서 이루신 것과 내가 경험하고 있는 것과의 사이에 괴리와 간극이 생긴다.

신앙의 괴리와 갈등 관계에서 무엇을 영원한 진리와 역사적인 사실로 굳힐 것인가?

신앙은 하나님께서 이루신 일만이 영원한 진리이며 의의 사실임을 인정하고 그 사실의 요구에 나를 바치는 싸움이다. 나의 양심이나 진심이나 상식을 억제하고 성령과 말씀에 따라 순종의 길을 가기로 결심 또 결심하는 의지를 굳히는 것이다.

> 이와 같이 너희도 너희 자신을 죄에 대하여는 죽은 자요 그리스도 예수 안에서 하나님께 대하여는 살아 있는 자로 여길지어다(롬 6:11).

> 사람이 마땅히 우리를 그리스도의 일꾼이요 하나님의 비밀을 맡은 자로 여길지어다 (고전 4:1).

신앙의 싸움은 하나님께서 이루신 결과를 나의 것으로 여기고 차지하는 열심이다. '여기라'는 것은 이미 그럴만한 자격이 있다는 것을 전제하는 말씀이다. '남자다워라'는 권면이 아무리 여자같이 생겼어도 남자에게 해당하는 것이지 여자에게는 해당하지 않는 것과 같은 용법이다.

2) 미완성의 자신에 대하여 애통하며 회개함으로써 성화에 이른다

구원의 은혜를 아는 사람은 허물과 실수를 부끄러워하며 뉘우친다. 하나님의 백성이기 때문에 회개하고 하나님에게로 가까이 돌이킨다.

> 너희 지체를 의에게 종으로 내주어 거룩함에 이르라(롬 6:19 하).

> 이제는 너희가 죄로부터 해방되고 하나님께 종이 되어 거룩함에 이르는 열매를 맺었으니 그 마지막은 영생이라(롬 6:22).

그리스도의 지체로서 우리는 하나님의 의에 이르는 종으로 자신을 드리면서 성화의 길을 달려가야 한다. 그러나 그리스도의 지체인 우리는 아직 완전한 의인의 상태에서 살고 있지 않다. 믿음을 통해 의인이 된 자로 인정함을 받고 있을 뿐이다. 내가 의인으로 완전한 수준에 도달한 것은 아니다. 믿음으로 의인으로 인정되었기 때문에 실제에서 경험하고 있는 죄책과 허물에 대하여 애통하며 통회하지 않을 수 없게 된다.

과거 죄인의 관습과 현실에서 오는 시행착오, 같은 실수를 반복하는 나의 나약함과 무능함을 한탄하지 않을 수 없다. 이에 하나님의 은혜를 처절하게 구할 수밖에 없는 것이다.

3) 성화를 촉진하는 율법의 제3의 용도

산상수훈은 그리스도 안에서 이미 천국에 들어와 사는 하나님의 백성에게 일어나는 심령의 탄식들이다. 심령의 결핍과 빈곤을 호소하는 것은 의인으로서 이루지 못한 자신의 무능함과 연약함을 깊이 고민하며 애통하는 회개의 탄식이다. 천국의 약속을 부여잡고 애통하는 탄식은 그리스도의 탄식과 관련이 있으며, 이는 성령의 탄식으로 이어진다. 이러한 탄식은 세상이 끝날 때까지 일어난다.

개혁자들은 예수님의 산상수훈을 가리켜 율법의 제3의 용도라고 하였다. 구속 이후, 삶으로 실천해야 할 계명의 요구에 여전히 미완성인 자신을 두고 애통하는 모습을 성령의 탄식으로 이해하였다. 생명의 성령의 법이 의인을 성화로 이끄시는 은혜의 간섭으로 주장한 것이다. 성령은 거룩한 영이시기 때문에 성결하지 않고는 우리의 심령을 천국으로 충만케 하실 수 없으시다. 성령의 충만은 성도를 회개에 이르게 하여 거룩하고 성결하게 한다. 더러움을 씻어낼 때 거룩함과 성결함이 이루어진다.

죄는 깨끗한 것을 더럽게 하는 마귀의 행위다. 마귀는 하나님의 영광을 실추하게 하는 것을 목표로 하여 성도를 죄로 더럽게 한다. 마귀는 세상의 사람들을 공격하지 않는다. 같은 편이기 때문이다. 이미 더러워진 것들인데 더럽게 할 것이 없다.

깨끗한 것이 더러워진다. 거룩한 것이 더러워지고 비천해진다. 하나님은 그리스도 안에서 깨끗해진 우리에게 마귀의 공격이 있을 것을 아시고 우리를 그리스도의 몸의 지체가 되게 하셨다. 그리고 끊임없는 회개의 간섭 아래 두시고 마귀의 시험을 미연에 방어하도록 조치하신 것이다.

3. 이미 깨끗한 자는 발밖에 씻을 것이 없다 (구원과 성화에 관한 교리)

믿음으로 의인된 자의 인격은 이중의 구조를 가진다. 믿음은 하나님의 지식을 진리로 굳힌 상태이고, 합리성은 믿음의 역사에 저항하며 대항한다. 그리하여 믿음으로 의인된 자는 신앙과 상식의 사이에서 갈등하고 번민한다.

믿음과 성화는 동시적으로 진행되는 영적 싸움이다. 성화의 과정은 옛사람의 더러움을 씻어내는 회개의 길이다. 우리의 내면에 자리하고 있는 탐심의 샘물은 날마다 회개해야 할 만큼 고이고 또 고인다. 성화에 이르는 회개가 필요한 것은 날마다 죄를 지었기 때문이 아니라 성화가 깊어질수록 죄의 진폭도 그만큼 깊고 넓어지기 때문이다.

죄를 짓지 않겠다는 결심은 물론, 적극적으로 하나님의 뜻을 이루는 순종에 대하여 더디 믿는 미련함과 어리석음과 나태함의 타성까지 통회하는 것이다. 율법적인 차원에서 죄를 짓지 않는 수준에서 머물지 않는다.

거룩함의 내용은 그리스도의 사랑을 본받아 하나님을 사랑함과 동시에 이웃을 사랑하는 것까지다. 사랑은 원수를 사랑하는 것인데 나의 능력이 미치지 못하여 애통하며 회개한다. 회개는 죽는 순간까지 계속된다. 거룩함에 이르기까지 의의 종으로 자신을 바치는 성화는 완성이 없다.

교회는 성화를 촉진하는 수단으로 직분과 사명과 동역의 만남과 교제가 이루어지는 곳이다. 예수님이 유월절 식사를 제자들과 함께 나누고 있을 때, 주님은 돌연히 일어나서 제자들의 발을 씻기기 시작한다. 베드로의 차례가 되었을 때 그는 완강히 발 씻기를 거부한다. 베드로의 태도를 보고 내리신 결론적인 말씀은 "내가 너를 씻어 주지 아니하면 네가 나와 상관이 없느니라"(요 13:8)였다.

이에 베드로의 즉각적인 반응이다.

내 발뿐 아니라 손과 머리도 씻어 주옵소서(요 13:9 하).

주님은 이렇게 대답하신다.

> 이미 목욕한 자는 발밖에 씻을 필요가 없느니라(요 13:10).

발을 씻는 행위에 대한 말씀은 봉사와 섬김의 교양이 아니라, 구원과 성화에 관한 중대한 교리다. 이미 목욕한 자는 십자가의 보혈로 깨끗함을 받은 자다. 구속받은 성도들이다.

> 내가 주와 또는 선생이 되어 너희 발을 씻었으니 너희도 서로 발을 씻어 주는 것이 옳으니라(요 13:14).

제자들이 자리다툼을 일삼고 있을 때, 예수님께서 스스로 종의 모양을 취하시고 제자들의 발을 씻기신 것을 생각해 보란 것이다. 예수님의 행동은 제자들의 탐욕과 진리에 대한 무지와 더러움을 생각나게 하는 회개의 도전이었다.

교회 안에서 우리 자신의 존재 가치는 상대의 더러움을 생각나게 하는 종으로 섬길 때 빛이 나게 된다. 바울을 생각하면 우리의 나약한 믿음을 되돌아보지 않을 수 없는 회개가 저절로 나오게 된다. 바울과 베드로, 다윗과 다니엘을 생각하면 영적 무능함과 미련함과 불순종의 어리석음을 회개하는 탄식이 흘러나온다. 신앙의 충성스러운 종들은 우리의 더러움을 씻어주는 종의 본을 보인다.

교회는 누가 나를 보면 그의 더러움이 생각나서 회개하게 함으로써 그를 깨끗하게 씻어주는 존재로 살라는 성화의 도전이다.

> 내가 주와 또는 선생이 되어 너희 발을 씻었으니 너희도 서로 발을 씻어 주는 것이 옳으니라(요 13:14).

제15장

천국(하나님의 나라) I
현재성

> <<<<<<<< 개요 >>>>>>>>
>
> 성경의 주제는 천국, 곧 하나님의 나라다. 천국과 하나님 나라와 영생은 동일한 개념인데 복음서의 특성에 따라 달리 표현하고 있다. 천국이 현재적이냐 미래적이냐 하는 것은 중대한 신앙문제로 대두되고 있다.
>
> 하지만 천국은 그리스도 안에서 세상을 떠난 후에 들어가는 곳이거나 그리스도의 재림 이후에 건설되는 천년왕국 또는 신천신지에 중심을 두고 신앙생활을 독려하는 경향이 있다. 천국에 대한 오해에서 비롯된 학설들이다.

1. 천국은 그리스도의 초림과 재림으로 구분되지만 궁극적으로 하나의 천국이다

유대인들은 메시아가 나타날 때, 완성된 천국이 현실적으로 이루어질 것이란 기대 속에서 성경을 숙독하고 있었다. 그들에게 메시아가 재림한다는 개념은 처음부터 없었다. 이스라엘은 메시아의 초림으로 이스라엘의 왕국 건설이 완성될 것으로 믿고 있었다. 메시아 대망 사상은 이스라엘 국가의 통치권에 맞춰져 있었다. 회개할 것이 없는 민족으로서 메시아가 강림하신다면 곧바로 모든 나라를 다스리는, 이스라엘 왕국의 통치권 회복을 기대하고 있다.

그러나 성경은 일관되게 그리스도의 초림과 재림이 역사적인 사실로 이루어짐을 강조한다. 따라서 그리스도는 두 차례에 걸쳐서 오신다. 그리스도와 함께, 천국은 초림으로 시작되고 재림으로 완성된다.

성경은 천국이 그리스도와 함께 초림으로 나타나는 현재성과 그리스도의 재림으로 나타날 미래성의 두 가지 단계가 시대의 간격을 두고 실현될 것을 내용으로 약속하고 있다. 천국은 두 단계로 나타나지만, 궁극적으로는 하나의 천국이다. 하나의 천국이 초림과 재림으로 구분된다.

1) 그리스도 안에서 현재의 삶은 세상과 천국이 중첩되어 있다

초림으로 시작되는 천국은 영혼 구원의 상태다.

영혼과 육체가 따로 분리된 것이 아니라 죽었던 영혼이 살아남으로써 하나님을 향하는 전인격적인 구원이 일어난다. 그런데 영적인 감각은 살아났지만, 육체는 아직도 세상과 함께 사는 죄의 타성 그대로다. 육체와 세상은 그대로인데 심령이 살아나서 하나님의 말씀을 따르도록 성령이 주도하는 삶을 살게 된다. 육체로는 세상에 발을 딛고 살면서도, 심령으로는 천국을 향하여 삶을 재촉하고 있는 현상이다.

현재의 삶에는 세상과 천국이 중첩되어 있다. 그리스도 안에서 믿음으로 의인이 된 자의 삶의 구조는 한편은 육체와 세상, 다른 한편은 심령 천국이 이루어진 상태에서 이중인격적인 갈등을 겪게 된다. 그러나 성령께서 우리의 전인격을 천국을 향하도록 독려하고 격려하며 우리에게 능력과 지혜를 주시기 때문에, 비록 육체와 더불어 세상에서 살고 있지만 우리가 재촉받아 도착하는 곳은 언제나 천국이다. 사도 바울의 고백이 영적 갈등을 적나라하게 진술하고 있다.

그러므로 내가 한 법을 깨달았노니 곧 선을 행하기 원하는 나에게 악이 함께 있는 것이로다 내 속사람으로는 하나님의 법을 즐거워하되 내 지체 속에서 한 다른 법이 내 마음의 법과 싸워 내 지체 속에 있는 죄의 법으로 나를 사로잡는 것을 보는도다 오호라 나는 곤고한 사람이로다 이 사망의 몸에서 누가 나를 건져내랴(롬 7:21-24).

2) 천국의 현재성을 이해하지 못하면 미래의 천국을 준비할 수 없다

신앙생활의 실제에서 반드시 알아야 할 것은 이미 이루어진 현재적인 천국에 대한 신앙 지식이다. 믿음으로 구원을 얻은 상태에서 누리는 현재성의 천국에 대한 확신을 갖지 않으면, 미래의 천국을 준비하는 과정으로서 현실의 삶을 극복할 수 없게 된다. 하나님의 뜻이 하늘에서 이루어진 것과 같이, 여기 내가 사는 현실에서도 이루어지기를 열망하는 기도가 살아 있을 때 미래의 천국을 준비하는 지혜와 능력을 갖추게 된다.

믿음은 실재하는 인격체로서 하나님과 함께 살게 하는 영적인 감각 기관이다. 믿음이 이미 성취하신 천국의 주체이신 그리스도와 나를 하나의 생명체로 연결해주기 때문이다. 현실에서 그리스도와 함께 삶을 경영하는 신령한 지혜와 지식과 능력을 배양함으로써 지금 천국에서 사는 상태임을 확신하게 된다.

천국의 현재성을 도외시하거나 외면하는 이유는, 주로 핍박과 환란의 시기를 지나며 신앙의 방향을 미래에 이루어질 천국에 소망을 둔 믿음을 강조하는 경향이 크기 때문이다. 현실에서 겪는 환란의 비바람을 피할 길이 없는 때에 장차 도래할 천국에 소망을 두어 어려움을 극복하게 하는 것이다.

또한, 조직신학에서 종말론이 재림 이후에 나타날 내세에 강조점을 두고 있는 것도 현재성의 천국을 측면으로 취급하는 원인이 되는 경향이 있다.

2. 천국의 현재성

> 그러나 내가 하나님의 성령을 힘입어 귀신을 쫓아내는 것이면 하나님의 나라가 이미 너희에게 임하였느니라(마 12:28).

성경에서 가장 명확하게 하나님 나라의 현재성을 잘 설명하고 있는 구절이다. 예수께서 가시는 곳마다 귀신을 쫓아내시고 각색 병든 자를 고쳐 주셨다. 빛이 어둠 가운데 비치면 어둠 속에 묻혀서 활동하던 더러운 귀신이 자리를 지킬 수가 없게 된다. 마귀가 쫓겨나는 것과 하나님의 나라가 임하는 것은 상대적이다.

하나님의 나라는 마귀가 물러가는 것과 관련이 깊다. 서로 동석할 수 없는 빛과 어둠의 관계다. 빛이 오면 어둠은 자리를 지킬 수 없다. 어둠의 권세를 잡은 자 마귀는 빛이신 그리스도에 의하여 떠나야 한다.

마태복음 12장 29절과 누가복음 11장 21절에는 예수님이 마귀보다 더 강한 자로 등장하신다. 예수님은 마귀를 결박하고 그에게 사로잡혀 있던 마귀의 재물을 빼앗아 나눈다. 예수님은 마귀의 무장을 해제하고 결박되어 있던 사람들을 이끌어내는 더 강한 자로 등장하신다.

예수 그리스도는 요한에게 세례를 받으신 후, 곧바로 성령에 이끌려 광야로 나아가 마귀의 시험에 응하셨다. 광야는 악령들의 본거지다. 성령에 이끌려 마귀가 세력을 행사하는 광야로 나아가셨다. 예수님은 마귀의 모든 시험을 이기시고 악령의 세력을 무력화시키셨다. 공생애가 시작되기 전에 더 강한 자로 등장하시는 실제의 권세를 보이신 것이다.

예수 그리스도의 생애는 마귀의 세력을 무릎을 꿇게 하는 승리로 특징지어진다. 마귀를 복종시키는 그리스도의 권세는 사역의 시초부터 계시되었고 인자의 사역이 진행되는 동안 계속되었다. 인자의 권세는 아버지로부터 받은 것인데 버리기도 하고 다시 얻기도 하는 권세다. 주님은 십자가에서 죽을 권세도 행사하셨고 사흘 만에 다시 살아나는 부활의 권세도 행사하셨다. 마귀가 상상할 수 없었던 십자가와 부활의 권세를 행사하셨다. 세상의 모든 권세와 이론과 주장을 잠재우는 권세였다. 그리고 그분은 최후의 순간에도 그리스도는 더 강한 자로 나타나셔서 사탄을 천 년 동안 결박하여 무저갱에 던져 가두실 것이다.

마귀가 쫓겨나서 결박당하는 일은 그리스도의 초림에서부터 재림의 때까지 계속되고 있다. 천국의 현재성과 미래성이 시작과 완성의 단계로 계속되고 있다.

3. 천국의 비유들

마태복음 13장은 천국을 설명하는데, 전부가 비유다. 그리스도의 말씀 주제가 천국인데 비유가 아니면 알아들을 수 없을 정도로, 천국은 사람들에게는 감춰진 비밀이었다. 천국 비유에 대한 설명이다.

> 대답하여 이르시되 천국의 비밀을 아는 것이 너희에게는 허락되었으나 그들에게는 아니되었나니 무릇 있는 자는 받아 넉넉하게 되되 없는 자는 그 있는 것도 빼앗기리라(마 13:11-12).

천국의 비밀성을 강조하신다.

비밀은 설명하고 증거를 보여주어도 알아듣지 못한다는 뜻에서 신비에 속한다. 땅 속에 묻혀 있어서 안 보이는 것이 아니다. 공개하고 설명하였는데도 이해가 안 되는 신비(mystery)임을 강조한다.

천국은 하나님께서 허락하실 때 그 비밀의 말씀이 들려진다. 제자들은 허락된 자들로 믿음의 감각을 지니고 있었다. 그러나 유대인들은 천국 소식을 들을 수 없도록 폐쇄된 감각기능인 율법의 사고방식에 갇혀 있었다. 천국을 아는 제자들에게 나타난 삶의 충만감은 세상의 교권과 권세를 누리던 유대인들과는 비교가 안 될 만큼 경이로웠다.

천국의 비밀을 아는 자들이 갖는 삶의 행복감이나 감동적인 충만감에 비해 세상을 가진 자의 것들, 즉 돈과 권력과 출세가 비천하고 가소롭게 보이더란 것이다. 천국의 비밀을 알면 알수록 그 삶의 의욕적인 열정과 가치가 너무나 충만하므로 세상의 물질로 누리고 있는 것들이 보잘것없는 것처럼 취급되어 빼앗기는 격이 된다는 것이다.

1) 천국 비유는 대개 지금의 천국을 설명하는데 사람들에게는 미완성적인 모습으로 묘사되고 있다

(1) 씨 뿌리는 자의 비유는 주제가 천국의 씨다

예수께서 천국의 씨를 뿌리러 나가셨다. 더러는 길 가에, 돌밭에, 가시덤불에, 옥토에 떨어졌다. 천국이 이미 세상에 임하고 있음을 강조한다. 천국이 옥토를 제외하고는 세상의 사람들에게는 거부당하고 조롱당하고 비천한 것으로 취급받고 있다는 것을 내용으로 묘사하고 있다.

(2) 가라지 비유는 천국 백성과 마귀의 백성이 함께 공존하는 모습을 설명한다

언젠가는 마귀의 세력이 전멸하겠지만 지금 현실에서는 가라지와 알곡이 공존하는 가운데 현존하는 천국은 알곡에게 시련이 가해지는 모습으로 나타난다. 가라지는 알곡에 비하여 억세다.

(3) 겨자씨 비유는 천국이 아주 작고 볼품없이 시작하였지만, 나중에 자라서 큰 숲을 이루어 모든 사람의 쉼터가 된다는 것을 설명한다

천국의 현재성을 강조하고 특히 역사성을 역설하고 있다. 열두 제자들로 시작된 천국 복음이 나중에는 로마를 정복하고 모든 민족을 천국 복음에 복종케 하여 은혜의 영광을 하나님께 돌려드리는 신비와 경이의 역사가 확대됨을 역설하고 있다.

(4) 보화의 비유는 천국의 신비를 가장 극명하게 나타내고 있다

천국이 땅에 감춰진 보화로 비유된다. 땅 속에 묻혀 있어 안 보이는 것이 아니라, 천국 보화가 땅에 뿌려져 있으니까 사람들의 눈에는 보화가 흙덩이로 혹은 돌멩이로 취급되고 있더란 얘기다.

그러나 보화를 알아본 사람이 있었다. 그는 자기 재산을 팔아 보화가 있는 밭 전체를 사들였다. 보화만 산 것이 아니다. 보화와 관련이 있는 밭 전체를 소유하였다.

오늘 우리가 천국과 관련이 있어서 성경공부를 비롯하여 교회 봉사활동과 구제와 선교사역과 이웃 섬김 등, 모든 요구에 기꺼이 응하고 있는 것과 같다. 천국과 관련이 있어서 이웃을 사랑하고 원수라도 손을 잡는 것이다.

2) 미완성이기 때문에 회개를 촉구하면서 천국을 소개하고 있다

예수께서 선포하신 첫 번째 설교는 "회개하라 천국이 가까웠느니라"였다. 예수께서 사람들 곁에 오셔서 천국이 가까이 왔다고 소개하셨다. 천국의 현재성을 강조하신 것이다. 회개하라고 외치신 것은 우리 가까이 도래한 천국의 모습이 사람들의 시각에서는 미완성의 모양을 취하고 있기 때문이다. 만일 사람들이 바라던 대로 천국의 영광을 갖춘 상태라면, 회개를 강조하지 않더라도 스스로 앞을 다투어 예수께로 와서 엎드렸을 것이다.

'가까이 왔다'는 것은 시간의 거리에 대한 언급이 아니다. '가까이'는 장차 천국의 영광이 모든 사람에게 나타날 때가 있을 것이지만 지금은 사람들에게 감춰진 상태, 곧 미완성의 때임을 역설하고 있다. 지금은 구원의 때요, 은혜의 때이니만큼 회개하여 천국을 소유할 것을 권하는 모습이다.

회개의 기회는 주께서 심판주로 재림하실 때까지만 열려 있는 은혜의 때다. 회개는 천국이 왔으니 가던 길을 정반대로 돌이켜 하나님에게로 방향을 전환하여 소유하라는 것이다. 회개의 긴박성을 강조하는 천국 복음의 소식이다.

4. 결론

천국은 우리가 사는 땅에 현실적으로 임하였다. 장차 심판주로 강림하실 때가 있겠지만, 지금은 만민을 구원함에 이르게 하실 은혜의 때다. 구원을 위해서 인자는 사람의 모양을 취하시고 우리 곁에 오실 수밖에 없으셨다.

예수께서 가지고 오신 천국이나 영생은 천국의 시작점의 모습이다. 하나님이 우리와 함께 거하신다는 임마누엘의 시대다. 몇몇 믿는 자들에게 허락된 환희와 희락이 가득한 심령의 천국이다. 장차 완성될 천국에 도착할 때를 기다리며 준비하는 지혜롭고도 활력이 넘치는 삶을 현실에서 이루어야 하는 때다.

제16장

천국(하나님의 나라) II
미래성

> <<<<<<<< 개요 >>>>>>>>
>
> 미래의 천국에 대한 그리스도의 가르치심은 복음서의 중심 주제다. 특히, 주기도문은 미래에 이루어질 천국에 대한 소망을 대망하게 하는 기원문으로 구성되어 있다.
> 천국의 미래성에 대한 이론들은 계시록을 중심으로 대체로 세 가지 학설로 집약된다. 역사적 전천년설, 무천년설, 후천년설이다.

1. 미래적 천국에 대한 그리스도의 가르치심들

1) 주께서 가르치신 제자들의 기도에서 주님은 미래에 이루어질 천국의 완성을 간구하게 하셨다

> 하늘에 계신 우리 아버지여 이름이 거룩히 여김을 받으시오며 나라가 임하시오며 뜻이 하늘에서 이루어진 것 같이 땅에서도 이루어지이다(마 6:9-13; 눅 11:2-4).

예수님께서 제자들에게 가르쳐주신 기도는 하나님의 나라가 현재 상태에서는 이루어지지 않고 있음을 전제한다. 하나님의 이름과 그 나라의 뜻이 외면당하고 있음을 애통하면서, 장차 완성될 천국을 지금 소유하기를 갈망하게 하는 주님의 의도가 담긴 기도문이다.

악의 시험이 상존하는 타락한 세상에서, 악으로부터 자신들을 보호해주실 것을 간구하고 하나님의 나라와 권세와 영광이 영원히 보존되기를 기도하게 하심으로써 미래에 도래할 천국을 확신하게 하신다. 주기도는 제자들이 세상의 시험을 극복하게 하시는 하나님의 간섭으로서 미래에 이루어질 천국에 소망을 두게 하시려는 뜻을 담고 있다.

2) 예수께서 천국을 구체적인 거주지로 설명하신다

천국은 실재하는 공간적인 환경이다. 성경에서 천국은 하나님의 백성이 구체적으로 들어가 사는 거주지로 묘사된다.

> 만일 네 눈이 너를 범죄하게 하거든 빼버리라 한 눈으로 하나님의 나라에 들어가는 것이 두 눈을 가지고 지옥에 던져지는 것보다 나으니라(막 9:47).

예수께서 백부장의 믿음을 격찬하시면서 약속하신 천국에 대한 언설에서도 천국은 공간적인 거처임을 밝힌다.

> 또 너희에게 이르노니 동 서로부터 많은 사람이 이르러 아브라함과 이삭과 야곱과 함께 천국에 앉으려니와(마 8:11).

또 베드로의 고백을 들으시고 이 반석 위에 내 교회를 세울 것이라고 약속하실 때 말씀하신 천국에 대한 언급도 공간적 개념이다.

> 내가 천국 열쇠를 네게 주리니 네가 땅에서 무엇이든지 매면 하늘에서도 매일 것이요 네가 땅에서 무엇이든지 풀면 하늘에서도 풀리리라 하시고(마 16:19).

그 이외에도 천국에 대한 설명에서 주님은 영원한 천국을 공간적인 거주지로 표현하셨다.

> 너희 의가 서기관과 바리새인보다 더 낫지 못하면 결코 천국에 들어가지 못하리라(마 5:20).

> 내가 진실로 너희에게 이르노니 누구든지 하나님의 나라를 어린 아이와 같이 받아들이지 않는 자는 결단코 거기 들어가지 못하리라 하시니라(눅 18:17).

이렇게 천국은 실제로 들어가서 사는 거주지로 표현된다.

3) 미래의 천국에 대한 비유들

예수님은 미래에 이루어질 천국에 대한 비유들에서 천국을 준비하는 지혜를 가르치셨다. 불의한 청지기와 불의한 재물 비유(눅 16:1-9)를 통해, 주인으로부터 파면당할 순간에 장래를 준비하는 불의한 청지기의 지혜를 배우라고 말씀하신다. 비록 불의한 방법으로 자신의 장래를 준비하는 예이지만 천국을 준비하는 지혜가 세상을 얻는 것보다 더 긴박한 일임을 강조하신 것이다.

슬기로운 처녀들과 어리석은 처녀들의 비유(마 25:1-13), 양과 염소의 비유(마 25:31-36) 등에서도 천국을 예비하는 슬기로움을 권하고 있다.

2. 재림 후에 이루어질 천년왕국

미래에 이루어질 천국에 대한 설명 중 가장 어렵고 논쟁의 소지가 많은 대목은 요한계시록 20장 2절에서 7절까지의 구절에 나타난 '천 년'이란 용어다. 천 년이란 용어가 기독교 역사에서 어느 시기에 해당되는지 모호하기 때문에 학자들 간에도 난제로 남아 있다. 이에 천년왕국설을 뒷받침 해주는 성경의 내용들을 주지할 필요가 있다.

1) 요한계시록 20장의 천 년이 시작되기 전에 그리스도의 영광의 재림이 묘사되어 있다

요한계시록 19장 11-16절은 그리스도의 심판주로서 재림하시는 영광을 진술하고 있다. 백마를 탄 하나님의 말씀, 곧 만왕의 왕이요 만주의 주는 그리스도시다. 그리스도는 재림 때에 심판주로 등장하신다.

2) 요한계시록 21장은 그리스도의 재림 이후에 내려오는 새 예루살렘의 모습에 대한 언급이다

새 하늘과 새 땅이 들어서는 장면이다. 하나님이 친히 그의 백성과 함께 계시는 하나님의 나라가 전개된다. 이전에 죄로 말미암아 무거운 짐을 지고 살았던 세상은 사라지고, 사망이 없고 애통하는 것이나 곡하는 것이나 아픈 것이 다시 있지 아니하는 신천신지가 이루어진다.

새 예루살렘은 마치 곱게 단장한 신부가 신랑에게로 인도되는 모습처럼 화사하게 묘사되고 있다. 주목할 점은 21장에서는 20장에서 언급되는 죄악의 현상들이 전혀 없다는 것이다.

3) 요한계시록 20장에는 천 년 동안에 일어날 사건들이 순서를 따라 기록되어 있다

우선 사탄이 결박되어 무저갱에 갇히게 되고 마귀가 더 이상 만국을 미혹하지 못하게 된다. 동시에 순교당한 자들과 충성된 성도들이 살아서 그리스도와 함께 왕 노릇 한다. 이것이 첫째 부활이다.

천 년의 기간이 끝날 무렵 사탄이 다시 놓임을 받아 성도들을 공격하지만 결국 멸망하게 된다. 이때 첫째 부활에 참여하지 못한 자들이 살아나서 사탄과 함께 심판받게 된다. 동시에 짐승과 거짓 선지자와 사망과 음부 그리고 생명책에 기록되지 못한 자들이 불못에 던져지게 된다. 이것이 둘째 사망이다. 천년왕국은 이렇게 순서를 따라 일어나게 된다.

신약성경(마 24장)은 종말에 일어날 사건들을 언급하고 있는데, 이것이 계시록 20장과 연관이 있다고 주장하는 학설이 있다. 만국에 복음이 전파되는 것과 이스라엘의 회복과 대 배도와 대 환난과 불법과 적그리스도의 출현 등의 사건들이 계시록 20장과 연관이 있다고 주장한다.

3. 이상의 자료들을 바탕으로 천년왕국에 대한 주요한 세 가지 학설, 곧 역사적 전천년설, 무천년설 및 후천년설이 형성되었다

1) 전천년설(Premillennialism)

계시록에 기록된 '천 년'을 문자 그대로 받아들인다. 사탄이 결박되고 성도들이 주님과 함께 왕 노릇 하면서 천 년 동안 왕국이 진행된다고 믿는다.

초대교회로부터 이어온 신앙고백의 역사성과 주님의 재림이 있은 후, 사탄이 결박당하고 만국을 미혹하지 못하도록 무저갱에 갇히게 되고 첫째 부활에 참여한 성도들이 주님과 함께 천 년 동안 왕 노릇 한다. 이런 일련의 역사적인 사건이 진행된다는 측면에서 역사적 전천년설이라고 한다.

적그리스도의 출현과 대 환란과 반역, 배도와 같은 환난은 그리스도의 재림 이전에 지나가기 때문에 전천년설이라고 한다. 소위 환란통과설을 주장함으로써 세대주의 전천년주의자들과 구별된다.

초대 교부들 중에 대표적으로 폴리갑과 순교자 저스틴을 비롯하여 이레니우스와 터툴리아누스가 역사적 전천년설을 지지하였고, 4세기 후반 이후로 영향력이 쇠퇴하기 시작하여 종교개혁 이후까지 지지를 받지 못하다가 근세사에 이르러 역사적 전천년설에 대한 성경신학적인 재해석이 조명을 받으면서 많은 신학자와 목회자의 지지를 받고 있다.

미국을 중심으로 찰스 어드만, 조지 래드, D.A.카슨, 웨인 그루뎀이 이에 대한 신학적인 논고를 내고 있고 우리나라에서는 박형룡 박사와 박윤선 박사의 영향 아래 보수신학의 본산인 총신대학교 신학대학원의 교수와 학생들이 대부분 따르고 있다.

그러나 성경을 문자적으로 해석함으로써 몇 가지 위험성을 갖는다. 세대주의의 광범위한 학설을 촉진하게 한다. 교부시대에 있었던 것처럼 천년 동안 왕 노릇 한다는 대목을 물질과 사치를 중심으로 묘사하는 허황된 지적 욕구를 자극한다. 7년 대환란을 통과하는데 따르는 교회의 정체성에 대한 불안감을 낳는다. 환란 통과냐 환란 이전이냐의 문제를 야기함으로 논란의 중심에 놓이게 된다.

긍정적인 측면에서는 계시록의 역사성의 권위를 지켰다는 것과 환란에 대하여 신앙의 긴장감을 고취하는 데에 기여하고 있다는 점에서 미래의 천국을 준비하는 영적인 각성을 갖게 한다.

2) 무천년설(Amillennialism)

전천년설과 달리 문자적으로 해석하지 않고 상징적으로 해석한다. 상징은 계시록을 해석하는 일반적인 원리라고 주장한다. 계시록 20장의 천년왕국은 그리스도의 초림으로부터 시작된 것이라고 주장한다. 천년왕국을 건설하기 위하여 사탄을 천 년 동안 결박하여 무저갱에 던져버리는 권세는 초림 때부터 시작된 그리스도의 천국 사역이라고 해석한다.

오리겐, 어거스틴, 루터와 칼빈, 바빙크와 벌코프와 같은 개혁주의 신학의 주체들이 무천년설을 주장한다. 계시록 20장의 '천 년'을 그리스도의 초림으로부터 재림까지의 기간을 가리키는 일종의 상징적이고 영적인 숫자로 해석한다.

천년왕국을 재림 이후에 이루어질 역사적이며 지상의 왕국으로 보지 않고 그리스도의 초림, 십자가와 부활과 승천을 통하여 죄와 사탄의 세력을 멸하시고 만유의 주로 높아지신 그리스도께서 재림할 때까지의 교회시대를 온 세상을 다스리시는 영적인 왕국으로 본다.

그리스도의 재림 때까지 사탄의 세력을 완전히 멸하고 신자와 불신자들이 시간적인 간격이 없이 모든 죽은 자가 일시에 부활하며 이어 최종적인 심판이 이루진 다음 영원한 신천신지가 이루어진다는 것이다.

무천년설은 성경해석을 모두 상징으로 봄으로써 역사적인 실제로 인정해야 할 내용, 즉 종말의 임박성이라든지 대환란을 대비하는 긴장감이 해이해질 위험이 안고 있다. 환란보다 평화를 주장함으로 그리스도의 왕국에 대한 갈망과 같은 열정이 식어 나태해질 가능성이 있다. 따라서 매일매일 영적인 각성과 함께 진리의 말씀을 일용할 양식으로 취하는 생활신앙의 훈련이 요구된다.

3) 후천년설(Postmillennialism)

그리스도의 재림이 천년왕국 이후에 있다고 주장한다. 이들은 천년왕국의 기간에 선이 악을 이길 것이며 인간 사회가 점차 정화될 것이며 대규모의 유대인이 회심하게 될 것이라는 일종의 영적인 대변화가 일어날 것이라고 주장한다. 복음이 모든 민족에게 전파된 다음 세상의 끝이 온다는 것이다. 그리스도께서 다스리시는 왕국에는 악이 쇠퇴하고 교회가 왕성하게 일어날 것으로 역사를 낙관적으로 본다.

이들의 강점은 복음을 전파하는 선교사역의 확대와 열정이다. 복음이 들어가는 곳마다 어둠의 나라가 계몽되고 인류가 평화를 누리게 될 그리스도의 왕국을 대망한다.

그러나 후천년주의자들의 학설은 타당성을 잃고 있다. 세상은 갈수록 더욱 악해지고 교회의 부흥과 복음의 능력도 날이 갈수록 점점 쇠약해지고 있기 때문이다. 영적으로 더욱 혼탁해지는 시류를 방지할 힘을 잃어가고 있다. 그럼에도 후천년주의자들이 대망하는 복음의 황금시대에 대한 열망을 멈추어서는 안 될 것이다. 복음시대를 열망하는 선교의 열정은 계속돼야 한다.

4. 결론

천국의 도래에 관하여 그 현재성과 미래성을 중심으로 종말론의 주장들이 다양하다. 어느 것을 하나의 통일된 학설로 결정하기에는 우리의 지혜와 능력으로는 손이 닿지 않음을 느낀다. 모든 학설이 다가오는 천국을 준비하는 데에 필요한 영적 교훈들을 호소하고 있기에 어느 하나를 버릴 수가 없다.

역사적 전천년설은 신앙생활을 적극적이며 긴장감을 갖고 종말을 준비하게 하는 데에 일조하고, 무천년설은 신앙생활을 혼란과 갈등에 빠지지 않게 하는 안정감을 주며, 후천년설은 복음전파에 열정을 분발하게 하는 동기를 준다. 사탄의 미혹으로 말미암아 종말론의 학설로 인한 상실감이나 회의론이 틈타지 않게 하고 오히려 믿음을 바로 세우는 계기가 된다.

제17장

하나님의 사랑
하나님의 계획으로부터

> <<<<<<<< 개요 >>>>>>>>
>
> 하나님의 사랑은 어떤 것인가?
> 하나님은 왜 죄인들이 사는 세상을 사랑하셨을까?
> 하나님의 영원한 언약이란 측면에서 이해하지 아니하면, 사랑이란 이름으로 기독교 신앙의 진리를 왜곡할 수 있다. 십자가에 나타난 사랑의 개념을 하나님의 계획의 차원에서 이해함으로써 신앙의 지평을 넓힐 수 있다.

1. 하나님의 사랑은 주권적이며 절대적이다

일반적으로 기독교를 사랑의 종교라고 한다. 사랑을 신앙의 전부라고 주장하면서 사랑하지 않으면 신자답지 않다고 비판하며 적대시하고 심지어 구원도 없다고 정죄하기까지 한다. 이렇듯 성경에서 가르치는 하나님의 사랑을 바로 이해하지 아니하면 기독교 신앙을 왜곡하게 될 뿐 아니라 신앙생활에서 얻을 은혜의 풍성한 유익을 놓치게 된다. 성경의 핵심은 하나님이 사랑이시며, 세상에서 사랑의 시작을 하나님이 행하셨다는 것이다 (요일 4:8, 10, 16, 19).

아가페 사랑의 특성은 다음 몇 가지로 요약된다.

첫째, 아가페 사랑의 주체는 하나님이시다.

하나님께서 사랑을 시작하신다. 인간에게 사랑의 선택권이 없는 것과는 정반대의 개념이다. 인간은 스스로 주도하여 사랑을 할 수 없다. 상대방에 따라 사랑이 결정된다. 사랑을 이끄는 힘이 내게 없고, 사랑할만한 이유가 상대에게 있기 때문에 인간의 이기와 조건에 맞춰져 있는 것이다.

둘째, 아가페 사랑은 절대적이다.

하나님에게 있어서 사랑의 시작은 곧 완성이다. 시작과 완성이 동시적이다. 하지만 인간의 사랑은 상대적이다. 사랑의 내용이 상대적이기 때문에 변질을 피할 수 없다. 영원할 수 없는 것이다.

셋째, 아가페 사랑은 쌍방적이지 않다.

서로 사랑하여 서로가 행복의 열매를 맺기 위해서는 서로의 동의가 절대적으로 필요하다. 두 사람이 서로 사랑하지 아니하면 행복해질 수 없다. 서로 사랑하면 누구도 막을 수 없고 동시에 두 사람이 합의하면 사랑의 약속을 파기할 수도 있다.

하지만 하나님은 죄인을 상대로 사랑을 시작하시되 끝까지 사랑하신다 (요 13:1). 우리가 사랑하지 않아도 일방적으로 사랑하신다. 서로 사랑한다는 개념이 없다.

성경에서 하나님의 사랑은 사랑의 계획과 실현을 하나님의 주권에 두고 설명하고 있다. 우리의 상식 수준에서 하나님의 사랑을 이해하는 경우, 성경 전체 흐름을 왜곡하고 만다.

2. 하나님의 사랑은 하나님의 계획이란 측면에서 파악해야 한다

성경에서 하나님의 사랑은 구약에서는 '아하브'(אהב), 신약에서는 '아가페'(αγάπη)로 표현된다. 사랑과 관련된 단어 중에 '은혜'(헤세드)가 있다. 이는 '자비, 인자, 연민, 인애'의 뜻이다. 시편에서는 하나님의 사랑과 은혜를 동일개념으로 수려하게 표현하고 있다.

1) 하나님의 사랑은 창세 전에 우리를 예정하셨을 때 시작되고 있었다

> 곧 창세 전에 그리스도 안에서 우리를 택하사 우리로 사랑 안에서 그 앞에 거룩하고 흠이 없게 하시려고 그 기쁘신 뜻대로 우리를 예정하사 예수 그리스도로 말미암아 자기의 아들들이 되게 하셨으니 이는 그가 사랑하시는 자 안에서 우리에게 거저 주시는 바 그의 은혜의 영광을 찬송하게 하려는 것이라(엡 1:4-6).

사랑은 창세 전에 성부와 성자와 성령 삼위 하나님 사이에서 교류되고 있었다. 그 사랑으로 우리를 그리스도 안에서 하나님의 자녀들로 택하신 것이다. 예수 그리스도께서 세상을 떠나 아버지께로 가시기 전에 마지막 기도하실 때, 창세 전에 아버지의 사랑 가운데 계셨을 때 나에게 주셨던 영광을 제자들에게 보여 주실 것을 요청하셨다(요 17:24). 그리고 영원한 언약에서 성삼위 하나님께서 사랑하시던 사랑을 십자가에서 온 인류에게 확증하여 나타내셨다(롬 5:8).

2) 하나님의 행하시는 사역은 사랑이 내용이며 본질이다(요일 4:8, 16)

천지창조는 하나님께서 이루시고 싶으신 계획의 표현들이다. 성경은 창조의 과정을 서술하면서, "하나님이 보시기에 좋으셨다"라는 표현을 무려 일곱 번 반복한다.

'좋으셨다'는 것은 창조의 질서가 매우 선하고 아름다웠고 하나님의 계획대로 완성되었음에 대한 최상의 만족을 보여준다. 창조의 완성을 기뻐하신 나머지 창조의 마지막 날을 안식일로 정하시고 영원한 법도와 질서로 명하셨다. 만물을 보시기에 좋으셨던 대로 거룩하게 보존하시기 위한 제도적 장치였다.

'샤바트'(안식)는 완성을 의미한다. 안식일은 하나님은 계획하신 것을 반드시 완성하신다는, 하나님의 의지를 담은 제도다. 영원한 생명을 보존하는 안식일에 예수께서 사망의 권세를 깨트리시고 부활하셨다. 언약하신 것을 이루시는 하나님의 의지가 십자가만큼 강렬하시다는 것을 보여주시는 장면이다. 사랑의 열정이 하나님의 뜻을 이루시는 의지를 불태웠다. 성경의 절기들은 모두 안식일 이튿날 그리스도의 부활을 중심으로 하나님의 은혜와 사랑을 기념하게 하는 생활 질서를 제도화한 것이다.

아가페 사랑은 감정이나 감흥이나 기분과 같은 개념이 아니라 하나님의 계획이란 측면에서 이해해야 한다. 창조 사역이 하나님 보시기에 좋으셨다면 피조물의 역사는 어떤 경우에라도 선하고 아름다운 방향으로 이끄시겠다는 하나님의 의지를 알 수 있다. 이는 인간을 향한 축복 활동을 멈추지 않으시겠다는 약속이며, 십자가에서 나타난 사랑은 창조의 시작에서 약속하신 대로 세상을 좋으신 방향으로 이끄시고 계신다는 증표다. 사랑은 하나님의 계획을 이루시는 일에 동원하시는 하나님의 모든 것이다.

3. 하나님의 주권 아래 있는 세상은 처음부터 사랑의 대상이었다

성경에서 세상의 개념은 두 가지다.

첫째, '아이온'(Aeon)이다. 시대 혹은 세대의 개념이다. 종말의 때를 가리킬 때 사용된다(롬 12:2; 전 1:4; 눅 11:29; 막 8:12).

둘째, '코스모스'(Comos)다. 공간적인 세상이다. 신약에서 150번 정도 나온다. 원래의 뜻은 질서다. 조화와 화평의 질서를 가리킨다.

하나님께서 창조를 시작하심으로 모든 혼돈과 공허한 것이 조화와 화평의 질서를 갖추기 시작하였다. 하나님은 조화와 평강의 창조주시다(고전 14:33; 롬 15:33; 빌 4:7; 골 3:15).

죄란 조화와 평강의 창조 질서를 병들게 하고 상처를 내고 무너지게 하는 요소, 곧 병원균과 같이 더럽고 파괴하는 것이다. 창조의 질서에는 없었던 것인데 우연히 끼어든 죽음의 세력이다. 죄는 창조의 실체가 아니므로 역사를 선하고 아름답게 이끌 힘이 없다.

1) 창조의 시작은 빛과 생명이었다

그 보증으로 동산에 생명나무를 두셨다. 죄가 들어와서 창조의 질서를 병들게 하고 썩게 하여도, 세상은 여전히 하나님의 소유된 땅이요 하나님께서 처음 좋으셨던 대로 영광을 받으실 유일한 장소로 보존하시겠다는 것을 약속하시는 증표다.

하나님은 세상이 병들었다고 하여 버리는 것이 아니라, 다시 고치고 온전하게 하셔서 처음 세상처럼 조화와 평강의 질서를 회복하셨다. 그 증표가 십자가에서 보이신 사랑이었다. 이렇게 세상은 여전히 하나님의 사랑을 받는, 하나님 보시기에 좋으셨던 곳이었다(딤전 4:4; 창 1:31).

2) 하나님은 세상을 왜 그토록 사랑하셨을까?

하나님의 사랑이 얼마나 강렬한가를 보여주시는 장면이 독생자를 십자가에 내어주신 사건이다. 십자가는 하나님께서 이루고 싶으신 계획에 대하여 얼마나 강렬한 의지를 품고 계시는가를 보여준다.

왜 하나님은 그토록 세상을 사랑하셨을까?

세상은 인간이 하나님과의 언약을 파기함으로써 세상의 통치권이 공중의 권세를 잡은 자, 곧 마귀의 손아래로 들어간 상태인데 그 배교자들이 살고 있는 세상을 독생자를 주시기까지 왜 그토록 사랑하셨을까?

하나님께서 독생자를 십자가에 내어주시기까지 세상을 사랑하신 일차적인 이유는 우리를 구원하기 위해서가 아니라, 우리가 지은 죄 때문에 무너진 하나님의 창조질서를 회복하기 위한 조치였다. 죄로 말미암아 허물어지고 가려진 하나님 나라의 권위와 영광을 복구하기 위한 것이다. 창조 때에 선포하신, 보시기에 좋으신 원래의 목적대로 피조물의 본연의 위치를 정상화하기 위한 것이다.

하나님의 나라가 원래의 상태로 회복되지 않으면 구원을 일으키실 이유가 없다. 약속의 땅이 준비되어 있지 않다면 출애굽의 필요성이 없는 것과 같은 이유다. 하나님은 구원 이전에 우선 이루어야 할 가장 중한 사역으로써 구원의 백성들을 보존하고 지킬 평화의 안전지대를 준비하셨다. 죄로 더럽혀진 세상을 사랑하셔서 독생자를 주신 것은, 세상은 여전히 하나님의 영원한 뜻을 이루어야 할 유일한 장소이며, 하나님의 영광을 위한 주역들이 살고 있는 곳이기 때문이다.

구원의 다음 단계로 보다 거룩하고 풍성한 은혜와 진리의 만남과 교제가 이루어지는, 그리스도의 지체 관계로 예속되어 교회라는 이름으로 성화의 여정을 시작하는 것이다.

4. 그리스도의 사랑은 의에 이르는 순종의 터를 이루었다

하나님께서 우리를 언제 사랑하셨는가? 창세 전임과 동시에 우리가 죄 중에 있을 때다(롬 5:6-10). 우리가 믿기로 할 때가 아니다. 우리와 상관없이 하나님의 뜻은 이미 창세 전에 사랑하시기로 계획하셨다.

하나님은 영원부터 우리를 사랑하셨고, 죄를 지었을 때도 사랑하셔서 십자가로 대속하셨고, 그리스도 안에서 의인으로 사는 지금도 여전히 사랑하고 계시는 것이다. 그리스도는 하나님과 우리와의 사이에서 영원한 중보자로 존재하고 계신다(딤전 2:5).

예수 그리스도는 아버지의 요구를 따라 십자가에서 율법을 완성하셨다. 사탄이 무기로 사용하고 있는 정죄의 율법에 완전한 종지부를 찍으셨다(롬 13:10).

> 그리스도는 모든 믿는 자에게 의를 이루기 위하여 율법의 마침이 되시니라(롬 10:4).

이로써 영원 전에 맺으신 구속 언약을 완성하셨다. 십자가의 구속을 통하여 그리스도 안에서 우리를 정죄할 근거가 뿌리째 뽑혔다.

주님은 율법의 계명을 온전히 완성하셨다. 인간으로 오셔서 율법의 요구를 충족하셨고 십자가에서 죽으심으로 죄의 값을 모두 치르셨다. 예수님은 아버지를 지극히 사랑하셔서 아버지의 요구를 따라 율법의 계명을 완전히 성취하셨다.

> 예수께서 이르시되 네 마음을 다하고 목숨을 다하고 뜻을 다하여 주 너의 하나님을 사랑하라 하셨으니 이것이 크고 첫째 되는 계명이요 둘째도 그와 같으니 네 이웃을 네 자신 같이 사랑하라 하셨으니 이 두 계명이 온 율법과 선지자의 강령이니라 (마 22:37-40).

십자가에서 완성하신 예수님의 속죄 사역은 아담의 불순종을 상쇄하기 위한, 아버지의 뜻에 자신을 바치는 제물로 드리는 온전한 순종의 행위였다.

예수님을 통해, 죄가 세상에 들어온 후 처음으로 순종의 기초가 놓여졌다. 그는 순종의 모범으로서가 아니라 순종의 머릿돌이며 순종의 터로 오셨다. 하나님 보시기에 좋으셨던 창조의 질서에 끼어든 불순종의 원죄를 상쇄하시고 하나님의 통치권 실현을 충족게 하는 순종의 터가 되신 것이다. 순종은 의의 한 행동으로서 그리스도 안에서 우리의 믿음을 의로 인정받게 하는 근거가 되었다(롬 5:19).

바울은 그리스도의 십자가를 속죄로만 설명하지 않고 순종과 관련시킨다.

> 그는 근본 하나님의 본체시나 하나님과 동등됨을 취할 것으로 여기지 아니하시고 오히려 자기를 비워 종의 형체를 가지사 사람들과 같이 되셨고 사람의 모양으로 나타나사 자기를 낮추시고 죽기까지 복종하셨으니 곧 십자가에 죽으심이라(빌 2:6-8).

5. 십자가의 사랑은 믿는 자에게 영생을 주시기 위함이다

"누구든지 그를 믿으면 영생을 얻으리라."

믿는 자는 영생을 약속 받는다. 믿는 자에게 영생을 주신다는 것은 믿지 않는 자가 있음을 전제한다.

하나님은 모든 피조물을 사랑하시지만, 영생은 만세 전에 택정하신 자들에게만 허락하신다. 사랑으로 창조하신 세상은 영원히 존속하기로 되어 있다. 죄를 지었다고 해도 사랑하신다. 그러나 영생은 제한적이다.

그리하여 어거스틴은 "하나님은 단 한 사람, 내가 산다고 하여도 세상을 사랑하셨을 것이다"라고 말했고, 워필드는 "세상은 악하고 진절머리가 나고 구역질이 나는 곳이고 하나님의 사랑을 끌 만한 매력이 전혀 없는데도 하나님은 세상에서 사는 나를 사랑하셨다"라고 고백했다.

하나님은 창세 전에 나를 사랑의 대상으로 정하셨다. 영생을 누리게 하시기 위해서다.

> 영생은 곧 유일하신 참 하나님과 그가 보내신 자 예수 그리스도를 아는 것이니이다(요 17:3).

영생은 하나님을 아는 상태다. 영원히 산다는 뜻이 아니라 서로가 서로에 관해서 모르는 것이 없이 모든 것을 속속들이 다 아는 관계를 의미한다. 부부와 같은 사이를 일컫는다. 아담과 하와는 한 몸으로 만들어졌다. 본질로 하나인 하나님의 형상인 삼위일체와 같은 관계였다. 죄가 들어오기 전에는 하나님과 인간의 사이는 한 점의 틈이 없었다. 이의 상태를 영생이라고 한다.

영생이 하나님의 은혜로 주어진 것이므로, 성경은 우리의 인격과 삶의 주권을 하나님의 주권 아래 두신다는 뜻에서 우리의 삶의 과정을 표현할 때마다 '그리스도 안'이라고 말씀한다. 우리의 삶은 창세 전에도 '그리스도 안'에 있었고, 십자가의 구속 이후에도 '그리스도 안'에 있다.

우리를 '그리스도 안'에 두신다는 것은 하나님의 주권 아래 두신다는 뜻으로, 우리의 허물과 실수에도 불구하고 다시는 우리를 죄와 마귀와 세상에게 빼앗기지 않으시겠다는 사랑의 의지를 나타내는 표현이다.

영생은 하나님의 권위 즉, 하나님의 주권 아래 두시고 우리의 삶을 허락하신다는 질서에 관한 약속이다. 영생은 임마누엘이다. 하나님께서 우리를 떠나지 않으신다는 약속이다. 주권적인 사랑으로 우리를 설득하셔서 하나님의 뜻에 순종하도록 우리를 이끄시겠다는 것이다.

우리가 하나님의 뜻에 순종하는 것이 아니라 하나님의 사랑이 우리로 순종하도록 설득하신다. 생명은 함께 있는 상태다. 사랑은 서로를 하나의 생명으로 열매 맺게 한다. 생명의 내용이 사랑이다.

> 그러나 이 모든 일에 우리를 사랑하시는 이로 말미암아 우리가 넉넉히 이기느니라 내가 확신하노니 사망이나 생명이나 천사들이나 권세자들이나 현재 일이나 장래 일이나 능력이나 높음이나 깊음이나 다른 어떤 피조물이라도 우리를 우리 주 그리스도 예수 안에 있는 하나님의 사랑에서 끊을 수 없으리라(롬 8:37-39).

6. 결론: 사랑은 하나님의 뜻하신 경륜을 이루시는 의지와 열정이다

비록 죄가 창조의 질서 안으로 끼어들어 하나님의 초기 목적을 방해하고 거역함으로써 하나님의 계획에 차질을 초래하였을지라도 하나님의 영원한 언약은 중단되거나 취소되지 아니하고 지속되고 있었다.

사랑은 하나님의 일을 보존하고 지키는 하나님의 신성과 능력과 지혜의 모든 것의 총칭이다. 십자가에서 나타난 사랑의 대상은 그리스도의 지체로서 교회란 이름으로 부름을 받은 성도들이다.

> 바울이나 아볼로나 게바나 세계나 생명이나 사망이나 지금 것이나 장래 것이나 다 너희의 것이요 너희는 그리스도의 것이요 그리스도는 하나님의 것이니(고전 3:22-23).

역사의 중심 역할은 교회에게 맡겨져 있다. 교회는 그리스도의 몸이며 우리는 그 지체들이다. 우리가 세상을 이끌어갈 주역임을 아는 한, 십자가에서 나타내신 그리스도의 사랑을 이웃과 사회와 온 열방에 전파할 사명에 눈떠야 한다.

하나님의 사랑이 이토록 지극함을 아는 사람은 자신의 사명에 대하여 긴장할 수밖에 없다. 믿음의 눈을 떠야 할 때임을 각성하는 회개가 시급하다.

제18장

하나님의 영광
영원과 권위

> <<<<<<<< 개요 >>>>>>>>
>
> 사람의 제일되는 목적은 하나님을 영화롭게 하는 것이며 영원토록 그를 즐거워하는 것이다(웨스트민스터 소요리문답 제1과 제1문).
>
> 영광은 하나님의 본성이며 영원성과 관련하여 하나님의 권위와 위엄과 광채와 승리와 같은 개념을 내포하는 의미로 사용된다. 영원의 때로부터 창조와 그리스도의 초림과 부활과 재림에 이르기까지 전체 역사는 하나님의 영광을 위한 계획을 실현하는 섭리인 것이다.

1. 하나님의 영광은 통치권의 권위와 동일한 개념이다

성경에서 '영광'은 하나님의 영원성과 관련되어 사용되는 다른 개념들 즉, '권위, 위엄, 찬란함과 광채 및 승리와 진리' 등과 같은 뜻을 내포하는 하나님의 주권에 관한 용어다. 대표적인 용례가 역대상 29장 11절이다.

제18장 하나님의 영광

> 여호와여 위대하심과 권능과 영광과 승리와 위엄이 다 주께 속하였사오니 천지에 있는 것이 다 주의 것이로소이다 여호와여 주권도 주께 속하였사오니 주는 높으사 만물의 머리이심이니이다(대상 29:11).

여호와 하나님의 영원성과 절대성을 표현할 때 사용하는 단어가 '네짜하'(נצח)다. '영원, 불멸, 광채, 영예, 승리와 위대함, 진리, 권능'의 뜻을 가진 단어다. 이는 창조 이전부터 가지셨던 하나님의 본성이다.

1) 권위는 돌봄과 양육을 내용으로 하는 통치권이다

하나님의 영광은 권위와 동일한 개념이다. 하나님의 권위는 통치권을 말한다. 하나님의 통치권은 부성적인 사랑을 내용으로 한다. 자녀를 돌보고 기르고 양육하는 데 따르는 권위다. 인간에게 피조물에 대한 통치권을 부여하실 때에도, 자연을 돌보고 양육하고 보호하는 기능을 내용으로 허락하신 것이다.

동물이나 식물은 재앙을 방어할 능력이 없다. 산불이 나면 인간이 불을 꺼야 한다. 자연이 훼손되면 자연이 망가지는 것이 아니라 인간의 삶의 환경이 파괴된다. 피조물의 관리를 인간에게 맡기실 때 허락하신 권위는 피조물만 아니라 사회 전반에 걸쳐 안녕과 화평과 번영에 대한 책임과 의무를 함께 지게 하신 것이다. 창조의 질서에서 부모와 스승과 관리들과 위정자들에게 따르는 권위는 돌봄과 양육과 보호가 내용임을 강조하고 있는 것이다.

권위를 자신의 이기와 탐욕의 수단으로 남용하는 순간, 재앙은 시작된다.

2) 하나님은 인간에 대하여 은혜를 내용으로 권위의 본질을 가지신다

하나님께서 피조물을 대표하는 인간에 대하여 권위의 본질을 가지신다. 하나님의 권위는 은혜가 주도하는 하나님의 통치권을 말한다. 은혜의 주권은 인간으로 하여금 하나님의 뜻에 순종하기를 즐겨하게 한다. 강압과 억제하는 힘이 아니라 자발적으로 자신을 바치게 하는 설득력인 것이다.

하나님의 나라는 은혜가 주권적으로 실현되는 질서이기 때문에, 그 나라의 백성은 순종의 품성을 갖는다. 순종은 하나님의 나라에서 받아 누릴 축복의 약속들을 차지하는 조건으로 요구되는 신성인 것이다. 자신의 주장대로 살지 않았던 출애굽 제2세대와 여호수아와 갈렙만 약속의 땅에 들어갈 수 있었다. 즉 순종을 아는 자녀 세대가 아닌, 자신들의 주장대로 하나님의 뜻을 결정하여 살았던 제1세대들은 약속의 땅에서 누릴 축복에서 제외되었던 것이다.

하나님께 드리는 순종은 우리의 것이 아니라 하나님께서 베푸신 사랑과 은혜가 만들어낸 신령한 결과물이다. 우리가 드리는 순종은 하나님이 간섭하셔서 우리에게 나타난 것이기 때문에 하나님께 영광이 된다. 하나님께서는 명령하시는데 백성이 따르지 않는다면 하나님의 나라가 이루어질 수가 없다.

하나님의 나라에서는 순종의 가치만큼 더 높이 평가되는 것은 없다. 예수 그리스도의 생애에 나타난 최상의 가치는 아버지의 뜻에 온전한 순종에 있다. 십자가는 순종의 표상이다.

3) 하나님의 영광은 우리로부터 순종의 승리를 거두실 때 빛을 나타낸다

하나님의 사랑이 창세 전에 구속 언약의 내용으로 설정되어 있었다는 것은, 사랑이 하나님의 나라에서 제일가는 은사임을 강조한다. 성경은 그리스도 안에서 우리를 하나님의 자녀로 선택하신 근거 역시 사랑이라고 말씀한다. 아담과의 언약에서 죄가 허용된 것도 아담의 실수와 허물보다 더 장엄하고 웅대한 사랑의 은혜 언약을 사전에 준비해 놓으셨기 때문이다.

은혜 언약의 주체는 예수 그리스도시다. 죄가 할퀴고 간 세상은 그야말로 어둠과 완고함의 천지였다. 하나님의 영광은 죄에 가려지고 권위는 무너진 상태, 창조의 목적은 기대할 수 없는 상황이었다. 모든 원인은 아담의 불순종의 죄였다.

불순종의 원죄를 상쇄하지 않고는 아버지의 뜻을 이룰 수 없었다. 십자가의 대속은 불순종을 상쇄하는 대가로 치러진 희생이었다. 하나님의 영광을 나타내기 위한 기본 조건인 순종의 기초를 놓기 위함이었다. 예수 그리스도는 율법의 요구대로 죄의 값으로 죽으셨고, 의의 삶을 통해 아버지의 뜻을 온전히 지키셨다. 이로써 인자는 순종의 머릿돌이 되셨고 아버지는 인자의 이름을 모든 이름 위에 뛰어나도록 높이셨다.

하나님의 영광은 그리스도의 십자가에서 죄와 사망의 권세를 이기심으로써 온 세상의 피조물을 다스리시는 통치권을 회복하신 것이다. 하나님의 영광을 짓밟고 창조자의 목적을 훼방하던 사탄의 세력을 완전히 소멸하신 후, 곧바로 원수의 권세에게 포로가 된 우리를 구출하여 진리와 은혜의 나라로 인도해 주셨다.

하나님은 은혜 언약의 주체이신 그리스도를 통하여 처음 뜻하셨던 대로 우리를 하나님의 영광을 위한 존귀한 존재로 회복시키신 것이다. 우리는 하나님께서 원수 마귀에게서 되찾아온 승리의 전리품과 같은 존재인 것이다.

4) 성경에서는 하나님의 영광을 표현할 때 그리스도의 구속사역과 관련하여 설명하고 있다. 첫 번째 크리스마스 때에 선포된 메시지다

> 지극히 높은 곳에서는 하나님께 영광이요 땅에서는 하나님이 기뻐하신 사람들 중에 평화로다(눅 2:14).

예수님께서 이 땅에 오실 때에 천사가 처음으로 선포한 메시지다. 구원을 위하여 치러야 할 십자가의 고통과 고난의 삶을 향하여 첫 걸음을 내딛는 순간을 은혜나 사랑이라 하지 않고 하나님의 영광이라고 선포하였다. 예수님은 유다가 회개의 기회를 박차고 문밖으로 나가자마자 영광을 선포하기도 하셨다.

> 그가 나간 후에 예수께서 이르시되 지금 인자가 영광을 받았고 하나님도 인자로 말미암아 영광을 받으셨도다(요 13:31).

십자가의 죽음이 확정되는 순간에 주님은 영광을 선포하셨다. 예수님께서 십자가를 바로 앞에 두시고 제자들과 함께 마지막 만찬을 나누는 순간에 기도하신 내용도 영광이었다.

> 아버지여 때가 이르렀사오니 아들을 영화롭게 하사 아들로 아버지를 영화롭게 하게 하옵소서(요 17:1).

'때가 이르렀다'는 것은 십자가의 죽음이 임박하였다는 것이다. 주님은 십자가의 고난을 통하여 하나님께 영광이 되기를 간구하셨다.
왜 예수 그리스도의 죽음이, 이 탄식과 고통이 하나님의 영광인가?
예수님은 독자적으로 사역하신 적이 없으시다. 성부 하나님은 자신의 영광을 위하여 구원을 계획하셨고 아들은 이것을 하나님의 영광으로 받아

들이셨고 마침내 때가 이르매 이 십자가의 고난의 사역에 뛰어드셔서 구속을 완성하신 것이다.

예수님이 행하신 모든 일은 성부 하나님의 뜻을 이루시려는 싸움이었고, 십자가에서 자신을 대속의 희생양으로 바침으로 완성하신 순종의 역사였다. 예수 그리스도는 십자가의 사랑과 은혜를 통해 하나님의 백성으로부터 돌아올 순종을 바라보시면서 하나님께 영광을 선포하신 것이다.

2. 십자가의 죽음이 하나님께 영광이었다

예수님은 요한복음 9장에서 날 때부터 맹인된 자의 불행은 하나님이 하시는 일을 나타내시려는 목적이라고 하셨다. 또 11장에서는 나사로가 죽은 것이 아니라 하나님의 영광을 위한 것이라고 하셨다.

날 때부터 맹인된 자의 불행이 어떻게 하나님께서 쓰시는 도구가 되는가?

또 병들어 죽기를 기다렸다가 죽고 난 다음 가셔서 살려내신 것이 어떻게 하나님께 영광이 되는가?

1) 인간이 앓고 있는 병들은 죄를 지은 인간이 공통적으로 감당해야 할 죄의 부산물이다

인간이 하나님의 품을 떠나자마자 죽음이 왔고 그때로부터 인간은 저주와 형벌의 형태인 온갖 질병과 가난과 전쟁과 재앙 아래 놓이게 된 것이다. 하나님께서 누구를 따로 세워 이 병 주고 저 병 주신 것이 아니다. 누구에게 따로 이 고통을, 누구에게 따로 저 슬픔을 주신 것이 아니다. 질병과 죽음은 죄 아래서 사는 인류 공통의 비극이요 저주와 형벌이다.

하나님에게 있어서 죄의 값은 공정하다. 인간은 하나님이 법대로 판정하셔서 이 병을 주고 이 재앙을 주고 이 죽음의 고통을 주신다 해도 할 말이 없는 죄인들이다. 설사 지옥의 불구덩이에 던진다 해도 변명할 여지가 없는 죄인들이다.

십자가는 죄에 대한 심판이다. 하나님께서 죄인에게 사형 집행을 단행한 것이다. 벌과 채찍이나 꾸중 정도가 아니라 죄에 대하여 법대로 처단하신 것이다. 원수 마귀가 볼 때 한 마디의 핑계도 댈 수 없도록 완전한 심판을 행하신 것이다.

십자가는 죄인을 향하신 하나님의 공의와 사랑이라는 이중 형상이 나타나는 곳이다. 사랑만이 아니다. 공의가 선행되는 사랑이다.

공의가 법대로 실현된 후에 보이신 사랑이기에 감동스럽다. 이래도 좋고 저래도 좋은 할아버지의 사랑이 아니라, 죄에 대하여 엄격하신 하나님이 스스로 죄의 값을 치르신 후에 나타내신 사랑이다. 공의로운 사랑이기 때문에 우리는 얼마든지 하나님의 사랑을 믿을 수 있다.

십자가에서 죄의 값을 소멸하신 후에 약속하신 것이기 때문에 예수 그리스도 안에서는 결코 정죄함이 있을 수 없다. 믿는 자, 우리에게는 더 이상 저주나 형벌이 아니라, 삶의 출발이 하나님의 사랑이며 복이며 승리이며 영광인 것이다.

성경에서 우리의 삶의 가치를 하나님의 영광을 위한 것이라고 한 이유는 무엇일까?

독생자 예수께서 행하신 십자가의 공의와 사랑에 우리가 항복하고 있기 때문이다.

하나님이 우리를 어떻게 사랑하시며 우리를 어떻게 만나고 계시는가?

십자가를 통해서다. 십자가를 통하여 어떤 경우에라도 하나님은 우리에게 저주나 형벌이 아니라, 사랑과 긍휼을 베푸시기로 한 것이다. 하나님의 사랑이 우리에게서 하나님의 영광을 위하여 살겠다는 순종의 고백을 이끌어 내신 것이다.

그 감동을 억누를 수가 없다. 진노하시던 하나님을, 이제는 나를 사랑하시고 염려하시는 아버지라고 부른다. 끊임없이 나를 불쌍히 여기사 나의 인생을 염려하시며 나를 의의 길로 인도하시는 하나님의 손길에 항복이 쏟아져 나온다.

하나님은 공의의 채찍으로 우리를 항복시키지 않으셨다. 하나님 자신의 죽음, 독생자가 죄의 고난을 짊어지심으로써 우리를 무릎 꿇게 하셨다. 천지를 만드신 창조주 하나님이, 우리가 저질러 놓은 죄 때문에, 피조물도 함께 타락하여 하나님의 영광이 가려지고 산산조각이 난 이 땅을 버리지 아니하시고, 그 심판권으로 완전히 지옥의 형벌에 집어던지지 아니하시고, 더럽고 냄새나는 죄의 땅에 직접 오셔서 십자가의 죽음을 감당하심으로 우리로 그 앞에 두 손 들고 항복하게 하셨다.

창조주 하나님이 죄로 물든 이 땅을 심판하시고 완전히 새롭게 만드셨다면 거기에는 항복이 없었을 것이다. 싸워 이길 승리도, 우리를 감동케 할 능력도 지혜도 없었을 것이다. 동시에 승리하신 자에게 돌아갈 영광과 존귀를 찾을 근거도 없었을 것이다.

예수 그리스도를 죄와 사망의 땅에 보내신 목적은 하나님의 영광을 위해서이다. 하나님이 친히 싸우시고 이기신 결과, 우리가 하나님의 사랑과 은혜의 주권 아래서 진심으로 감동되어 하나님께 영광 돌리게 되었다. 영원하신 하나님의 속성대로, 하나님 스스로 영광을 놓치지 않으신 결과인 것이다.

죄의 특성은 하나님께 영광을 돌리지 못하는 데 있다. 죄는 나쁘다, 악하다, 비도덕적이란 뜻이 아니다. 하나님의 영광을 모르고, 하나님께 감사하지도, 경배하지도 않는 죄인의 신분으로 사는 것이다. 죄인은 자신의 이기와 자존심의 종이 되어 방탕과 방종의 길을 갈 뿐이다.

모든 사람이 죄를 범하였으매 하나님의 영광에 이르지 못하더니 (롬 3:23).

종교성을 계발하면 우상을 섬기는 우를 범하게 된다. 죄의 본성은 언제나 자기에게 영광을 돌리기 때문에, 인간에게 잠재된 종교성을 자극하면 저절로 어떤 형상을 만들어 섬기는 우상숭배의 길이 열린다. 우상은 신앙의 대상이 아니라 인간 자신의 종교성을 만족시키는 정욕의 산물이다. 그들은 모든 경우, 자신들의 정욕을 채우며 자신들이 영광을 취한다. 우상숭배는 결과적으로 하나님의 영광을 탈취하는 도적질인 것이다.

3. 결론

　구원받은 성도의 궁극적인 목적은 예수 그리스도께서 그러하셨듯이, 하나님의 영광을 위해서임을 한시라도 잊어서는 안 된다. "사람의 제일되는 목적은 하나님을 영화롭게 하며 영원토록 그를 즐거워하는 것이다"(소요리문답 제1문).
　나사로의 병은 죽음에 이르는 병이 아니라 하나님의 영광에 이르게 할 병이다. 나사로는 그 병으로 죽게 될 것이다. 그러나 그리스도께 맡겨진 이상, 그는 다시 살아나게 될 것이다. 그리스도 안에서 죽음은 끝이 아니라 다시 살아나는 영원한 영광에 이르게 될 병일뿐이다. 하나님의 영광을 위하여 살기로 결심한다면 동시에 마땅히 그 뜻에 충성할 결심을 드려야 할 것이다.
　영원 전에 하나님께서 계획하셨던 하나님의 영광을 위한 유일한 가치로서 우리를 하나님께서 친히 마귀와 죄와 사망에게 빼앗기지 않으실 것을 확신한다.

제19장

영원에 대하여
계획의 하나님

> **<<<<<<< 개요 >>>>>>>**
>
> 요한복음 1장 1-5절은 성경에서 가장 핵심적인 신학의 주제들을 내포하고 있다. 이 주제들은 창조 이전의 역사(Prehistory)로서 계시의 원형적 지식이다. 본문의 신학 주제는 그리스도의 신성으로서, 그리스도와 시간, 그리스도와 삼위 하나님, 그리스도와 창조, 그리스도의 주권, 그리스도와 빛과 생명, 그리스도의 화육, 그리스도와 인간 등 구속 언약에 관한 지식을 계시하고 있다.
> 그 중에 핵심이 되는 주제는 영원 즉, 그리스도와 시간의 관계다.

1. 태초는 영원의 시간이다(요 1:1)

> 태초에 말씀이 계시니라 이 말씀이 하나님과 함께 계셨으니 이 말씀은 곧 하나님이시니라(요 1:1).

태초는 시작점이다. 히브리어 '베레쉬트'(בראשית), 헬라어 '엔 아르케'(ἐν ἀρχῇ)다. 이는 창세기 1장 1절의 태초와 같은 뜻이다. 시공간의 시작점이다. 그러나 모든 주석가는 요한복음 1장 1절의 태초를 영원이라고 해석한다. 창조 이전에 삼위 하나님께서 함께 계셨던 하나님 나라의 때를 말한다.

성경에서 영원은 성경 전체에서 가장 많이 등장하는 단어다. 또한, 하나님의 주권 신학을 성립시키는 성경적 근거가 된다. 영원에 대한 사전적인 개념은 '어떤 상태가 끝없이 이어짐', '존재나 가치가 시공을 초월하여 지속되는 상태'이다. 하지만 대개의 경우 성도들의 상식도 사전적 개념을 벗어나지 못한다. 막연하게도 '끝없는 시간'이나 '초월의 경지' 정도의 개념에 젖어 있다. 천국은 죽으면 가는 곳, 끝없는 시간의 나라라는 생각뿐이다.

2. 성경에서 영원의 개념은 세 가지로 요약된다

첫째, '아드'(עַד)다. '끝없음, 계속 진행되는 상태'를 표현할 때 사용되는 단어다.

> 네가 알지 못하느냐 예로부터 사람이 이 세상에 생긴 때로부터 악인이 이긴다는 자랑도 잠시요 경건하지 못한 자의 즐거움도 잠깐이니라(욥 20:4-5)

여기서 '예로부터'가 영원(아드)이다. 옛적부터 지금까지 계속되고 있는 현상을 말한다.

> 여호와를 경외하는 도는 정결하여 영원까지 이르고(시 19: 9).

여호와 하나님의 진리와 법도는 영원무궁히 존속할 만큼 정결하고 불변하다는 것이다.

> 진실한 입술은 영원히 보존되거니와(잠 12:19).

옛적부터 지금까지 오래도록, 항상 보존되고 있다는 뜻이다.

> 여호와께서 영원무궁토록 다스리시도다(출 15:18).

여호와 하나님의 통치권에 대한 경외심을 표현하는 양식이다.

둘째, '네짜하'(נצח)다.

> … 이는 그가 칼로 그의 형제를 쫓아가며 긍휼을 버리며 항상 맹렬히 화를 내며 분을 끝없이 품었음이라(암 1:11).

에돔이 그 형제를 향하여 끝없이 분을 품고 있는 상태를 말한다. '끝없이'는 과거로부터 지금까지 계속하여 진행되고 있는 상태다.

> 그들은 그들의 역대 조상들에게로 돌아가리니 영원히 빛을 보지 못하리로다(시 49:19).

죽음이란 끝없이, 영원히 빛을 보지 못하는 상태다. 특히, '네짜하'는 지존자에 대한 경외심을 나타낼 때 사용한다.

> 여호와여 위대하심과 권능과 영광과 승리와 위엄이 다 주께 속하였사오니 천지에 있는 것이 다 주의 것이로소이다 여호와여 주권도 주께 속하였사오니 주는 높으사 만물의 머리이심이니이다(대상 29:11).

'영원'과 관련된 의미로 사용된 '영광, 광채, 진리, 권능, 위엄이나 승리'는 하나님의 본성으로서 하나님을 영화롭게 높인다는 의미를 가진다. '네짜하'는 '영원, 영광과 광채, 권능, 진리 및 으뜸'이란 뜻으로 병용되고 있다.

세째, '올람'(עולם)이다. 성경에서 가장 많이 사용하고 있는 영원의 뜻이다. 성경의 올람은 태곳적 먼 과거 또는 먼 미래인 영원을 가리킨다. 영원의 개념으로 계속되는 현재를 가리키기는 시제다. "영원한 종"(신 15:17), "영원부터 영원까지"(시 90:2)는 올람의 시간 개념을 표현한 대표적인 구절이다.

그러나 올람은 공간적인 의미가 강한 용어다. 어원은 동사 '알람'(עלם)으로, '은폐하다, 숨기다, 감추다, 봉하다' 등의 뜻이다. 사역 능동태가 되면 '뚜껑을 열다, 드러내다, 발가벗기다, 노출시킨다'라는 개념으로 바뀐다.

올람은 알람에서 파생된 명사다. '감추어진 것, 은폐된 것, 봉해진 것 또는 비밀'이란 의미다. 올람은 숨겨진 세계로 요약된다. 영원은 현재의 시제를 중심으로 경험하지 않아, 알 수 없었던 과거와 아직 경험할 수 없어 알 수 없는 미래의 모든 사실을 총칭하는 개념이다. 지금 경험하고 있는 사실들은 영원 속에 감춰졌던 비밀이 드러나고 있는 현상들이다.

시간에 대하여 어거스틴은 '과거와 현재와 미래의 시간은 없다, 하나님의 시간에는 과거의 일과 현재의 일과 미래의 일이 있을 뿐'이라고 하였다. 모든 시간은 언제나 영원의 시간이다. 현재와 과거와 미래의 시간이 따로 존재하는 것이 아니다. 영원은 하나님께서 감춰두신 계획을 나타내시는 사건과 활동 사역을 내용으로 할 뿐, 시간은 영원 그대로다. 올람은 시간보다 활동과 사건 중심의 공간 개념으로 설명하고 있다.

3. '올람'은 어디까지나 시간보다는 공간의 의미가 강하다

> 문들아 너희 머리를 들지어다 … 영광의 왕이 들어가시리로다(시 24:7).

영원한 문들은 천국의 궁정을 상징한다. 시간의 끝없음보다 공간의 개념이다.

> 하나님이 모든 것을 지으시되 때를 따라 아름답게 하셨고 또 사람들에게는 영원을 사모하는 마음을 주셨느니라 그러나 하나님이 하시는 일의 시종을 사람으로 측량할 수 없게 하셨도다(전 3:11).

영원을 사모하는 마음은 영원한 나라를 알고 싶은 마음이다. 시간보다 공간의 의미가 강하다. 끝없는 시간이 아니라 구체적으로 들어가서 살고 싶은 장소를 가리킨다. 하나님께서 감춰두신 계획의 비밀이다.

> 내가 네게 장가들어 영원히 살되(호 2:19).

하나님과 백성들과의 언약적 관계를 결혼으로 상징하고 있다. 공간의 뜻이 강한 영원이다.

> 그 정사와 평강의 더함이 무궁하며 또 다윗의 왕좌와 그의 나라에 군림하여 그 나라를 굳게 세우고 지금 이후로 영원히 정의와 공의로 그것을 보존하실 것이라 만군의 여호와의 열심이 이를 이루시리라(사 9:7).

영원의 개념은 시간보다는 다윗의 왕좌와 그의 나라에 임할 하나님의 나라에 대한 언약으로서 공간의 뜻이 강하다.

> 그가 내게 이르시되 인자야 이는 내 보좌의 처소, 내 발을 두는 처소, 내가 이스라엘 족속 가운데에 영원히 있을 곳이라(겔 43:7).

하나님께서 이스라엘과 영원히 함께 거할 것이라는 언약이다. 하나님께서 구체적으로 거하실 처소로 지목하신다.

> 네 백성이 다 의롭게 되어 영원히 땅을 차지하리니 그들은 내가 심은 가지요 내가 손으로 만든 것으로서 나의 영광을 나타낼 것인즉 그 작은 자가 천 명을 이루겠고 그 약한 자가 강국을 이룰 것이라 때가 되면 나 여호와가 속히 이루리라(사 60:21-22).

"영원히 땅을 차지하리니"라는 말씀은 구원의 영역을 온 세계로 확대하시겠다는 언약이다.

영생과 천국은 우리가 들어가서 살 공간으로 묘사된다(마 18:8). 동시에 지옥도 영원한 불의 장소로 표현된다(마 25:41).

4. '올람'은 종말론적인 뜻과 관계가 깊다

> 그 정사와 평강의 더함이 무궁하며 또 다윗의 왕좌와 그의 나라에 군림하여 그 나라를 굳게 세우고 지금 이후로 영원히 정의와 공의로 그것을 보존하실 것이라 만군의 여호와의 열심이 이를 이루시리라(사 9:7).

언약에서 영원은 우리가 살고 있는 시간과 공간을 떠나서는 그 의미를 생각할 수 없다. 영원은 시간과 관계가 깊고 공간으로서 구체적인 삶과 직결되어 있다. 헬라의 시간은 무시간의 개념이지만, 올람은 세상과의 관계에서 구체적인 질서임을 강조하고 있다.

종말의 시작은 영원, 곧 하나님의 시간 계획이 인간의 영역인 시간 안으로 들어와서 활동하고 있는 현상이다. 영원은 지상 세계와 깊게 관련되어 있다. 메시아는 지상의 군왕이요, 정의와 공평을 행하는 자다.

영원한 언약은 여호와 하나님과 그의 백성 사이에서 실현된다(렘 32:40; 겔 37:26). 종말론적인 하나님의 왕국은 지상의 시공간 안에서 이루어진다. 종말의 날이 가까이 옴을 경고하면서 심판의 날을 예비하라는 종말론적인 메시지를 전하는 내용이 선지서다(습 1:7, 14; 암 4:12, 9:13; 호2:21-22).

올람은 숨어 있는 것, 감춰진 것과 보이지 않는 것, 즉 하나님의 영원한 뜻이 인간의 시야에서 잠깐 보이다가 사라지는 상태를 의미한다. 인간의 감각적인 시야에서 숨겨져 있을 뿐 아니라 동시에 인간의 시야에 들어오도록 해득하는 선견자들이 존재한다. 예언자들은 이상주의자나 신비주의자나 몽상가들이 아니다. 숨어 있는 하나님의 비밀을 알아내는 자들이다. 올람의 세계를 보는 힘을 가진 자들이다. 원죄에서 인간을 구원하실 하나님의 일을 나타내기 위하여 특별히 선별된 하나님의 메신저들이다.

5. 하나님의 일은 감춰진 비밀의 속성을 갖고 있다

감추어진 일은 우리 하나님 여호와께 속하였거니와 나타난 일은 영원히 우리와 우리 자손에게 속하였나니 이는 우리에게 이 율법의 모든 말씀을 행하게 하심이니라 (신 29:29).

구원자 이스라엘의 하나님이여 진실로 주는 스스로 숨어 계시는 하나님이시니이다 (사 45:15).

오직 은밀한 가운데 있는 하나님의 지혜를 말하는 것으로서 곧 감추어졌던 것인데 하나님이 우리의 영광을 위하여 만세 전에 미리 정하신 것이라(고전 2:7).

> 나의 복음과 예수 그리스도를 전파함은 영세 전부터 감추어졌다가 이제는 나타내신 바 되었으며(롬 16:25-26 상).

> 대답하여 이르시되 천국의 비밀을 아는 것이 너희에게는 허락되었으나 그들에게는 아니되었나니(마 13:11).

마태복음 13장에서 예수께서 천국의 비밀을 설명하실 때, 비유를 들어 이해시키려 하셨지만 제자들마저도 알아듣지 못하였다.

> 천국은 마치 밭에 감추인 보화와 같으니 사람이 이를 발견한 후 숨겨 두고 기뻐하며 돌아가서 자기의 소유를 다 팔아 그 밭을 사느니라(마 13:44).

천국은 마치 밭에 감춰진 보화와 같다. 밭에 널려 있으니까 사람들의 눈에는 보화가 마치 흙덩이와 돌덩이로 보인다는 뜻이다. 그렇게 천국복음이 사람들의 눈에는 감춰진 채 소개되고 있다. 인간의 이성으로는 이해될 수 없는 것이란 뜻이다.

6. 신약에서 올람은 아이온으로 번역된다

'아이온'(αἰών)은 헬라의 시간이다. 철학에서 아이온은 '무시간'이다. 철학에서 비롯된 범신론이나 종교의 형태들은 모두 공간적이다. 시간은 그 공간의 물질에 종속되어 있다. 시간은 물리학의 한 방식으로 예속된 우연의 가치일 뿐이다. 헬라의 시간 속에는 아무 것도 존재하지 아니하는 무시간이다.

그러나 성경에서 번역된 '아이온'은 개념상 구약의 '올람'과 동일하다. 영원한 언약에서 계획된 말씀이 창조의 시간 안에 들어와서 활동하는 개념이다. 성경의 역사는 시간 안에서 진행되는 하나님 나라의 진행이며 그 발자취다. 신약에서 영원은 우리에게는 보이지 않는 비밀로서 하나님만 알고 계시는 것들을 가리킨다.

> 우리가 주목하는 것은 보이는 것이 아니요 보이지 않는 것이니 보이는 것은 잠깐이요 보이지 않는 것은 영원함이라 만일 땅에 있는 우리의 장막 집이 무너지면 하나님께서 지으신 집 곧 손으로 지은 것이 아니요 하늘에 있는 영원한 집이 우리에게 있는 줄 아느니라 (고후 4:18-5:1).

보이지 않는 것은 영원하다. 그 영원한 것이 곧 하늘에 있는 영원한 집이다. 영원한 것은 본래 하나님의 것이었는데 우리에게 선물로 주셨다. 성경은 하나님의 나라와 그리스도와 교회와 직분과 사명까지도 영원한 비밀이었는데 우리에게 허락된 하나님의 선물로 설명하고 있다. 영원한 영광(딤후 2:10; 벧전 5:10), 영원한 권능(딤전 6:16), 영원한 복음(계 14:6), 영원한 나라(벧후 1:11), 영원한 기업(히 9:15)은 하나님의 것이었는데 우리에게 허락된 선물로 주어졌다.

종합하면 영원은 감춰진 비밀이다(고전 2:7; 4:1; 골 1:26-27; 엡 3:9; 1:9; 롬 16:25 등).

7. 하나님은 계획의 하나님이시다

태초 즉, 영원의 때에 말씀이 있었다. 말씀에는 물질이란 개념이 없다. 어원적으로 '명령, 지시, 발언, 소식, 요구, 원인' 등의 의미를 갖는 단어다. 이는 하나님의 생각 속에 있었던 계획이었는데, 하나님의 입으로부터 나오는 순간, 물질의 현상들이 뒤따라 나왔다.

말씀(다바르[דבר], 로고스[λογοσ])은 물질이나 물체가 아니었으나 하나님의 입에서 나오는 말씀을 따라 우주 창조가 뒤따라 나온 것이다. 우주 창조에 나타난 자연 현상들은 하나님의 신성과 지혜와 능력을 나타내는 계시, 소위 자연 계시의 말씀이었다. 죄가 들어온 후로부터 계시는 구원 중심의 특별계시로서 성경에 등장된 인물들은 그 전형들이다. 성경은 하나님께서 설계하신 은혜 계시가 실현되는 하나님의 주권적인 역사하심의 줄거리이지, 등장된 인물들이 역사의 주인공이 아니다.

성경의 역사는 영원의 비밀을 드러내고 있는 계시적 장면들이다. 하나님과 그의 나라에 관한 설명이며, 그 은혜의 질서를 가르치는 교훈들이다. 하나님은 영원의 나라에서 계획하지 않은 것은 계시하지 아니하신다. 자연 현상이나 인간 역사는, 보이지 않는 하나님과 그의 나라에 관한 지식을 전달하는 말씀의 수단들이다. 영의 존재와 그 실제 역사를 보여주는 말씀의 수단으로서 예수 그리스도의 성육신은 최고의 계시를 이룬다.

계시는 전시물이 아니다. 하나님께서 이루고 싶으신 뜻에 관한 의지다. 하나님에게 있어서 계획은 이미 성취된 것이나 마찬가지다. 계획과 성취가 동시적이다. 십자가는 하나님의 의지가 얼마나 강렬한가를 보여주시는 증표다.

십자가는 인간의 선택을 유도하기 위한 사랑의 전시물이 아니다. 고객의 선택을 유도하는 상품 진열장의 상품들과 같지 않다. 독생자를 주시기까지 하였으니 그 하나님의 사랑에 감동해달라고 하는 전시용이 아니다. 하나님께서 계획하신 것을 이루시는 열정과 의지가 그만큼 강렬하다는 표시다. 성경을 대할 때마다 계시의 내용이 하나님께서 계획하신 것에 대하여 얼마나 크고 강렬한 의지를 가지고 역사를 이끌고 계시는가를 주제로 삼아야 한다.

성경에 기록된 모든 순간은 하나님의 주권에 의하여 간섭되고 있어서 각각 독점적이며 유일한 특성을 지니고 있다. 똑같은 두 개의 시간은 없다. 하나님의 나라와 관련된 삶에서, 우리의 순간들은 시시각각 변화무쌍한 하나님의 간섭 아래서 나의 생각과 가치의 결정을 그때마다 적응하지 않으면 안 되는, 전혀 다른 주권을 경험해야 하는 것이다.

8. 삶의 과정은 영원을 중심으로 진행되고 있다

영원은 하나님만이 아시는 계획의 영역이다. 복음에 대한 사도들의 감격과 열정을 설명하는데 그 근거를 영원의 계획에 두고 있다.

> 모든 성도 중에 지극히 작은 자보다 더 작은 나에게 이 은혜를 주신 것은 측량할 수 없는 그리스도의 풍성함을 이방인에게 전하게 하시고 영원부터 만물을 창조하신 하나님 속에 감추어졌던 비밀의 경륜이 어떠한 것을 드러내게 하려 하심이라(엡 3:8-9).

> 그러나 내 어머니의 태로부터 나를 택정하시고 그의 은혜로 나를 부르신 이가 그의 아들을 이방에 전하기 위하여 그를 내 속에 나타내시기를 기뻐하셨을 때에 내가 곧 혈육과 의논하지 아니하고(갈 1:15-16).

과거는 실현된 계획이었고, 현실은 진행되고 있는 계획의 섭리이고, 미래는 아직 실현되지 않은 영원 속에 감춰진 비밀이다. 만일 성도가 마음속에 영원의 웅장함을 품지 않고 산다면 현실을 극복할 근거도 힘도 없게 된다. 보이지 않는 영원의 시간이 비밀리에 감춰두신 하나님의 뜻과 함께 지나가고 있음을 아는 한, 절망은 금물이다. 현실의 문제에 부딪쳐 있을 때 성령은 우리에게 영원의 비밀을 생각나게 하신다. 영원 속에 감춰진 비밀로서 나를 향하신 하나님의 계획을 생각하고 묵상한다면 삶의 과정에서 실패를 이야기할 수 없다. 다윗의 시편은 단연 대표적인 신앙고백이다.

> 여호와는 나의 목자시니 내게 부족함이 없으리로다(시 23:1).

부족함이 없다는 것은 언제나 만족하다는 소극적인 면보다, 적극적으로 삶의 순간들을 정복하고 있다는 승리를 고백하는 것이다. 실패나 좌절이 없는 인생을 외친 것이다. 그는 영원의 비밀을 알고 있었던 것이다.

9. 성경의 인물들이 쏟아놓은 감동의 외침은 전부가 영원의 경이와 신비에서 비롯되었다

> 이스라엘 자손이 애굽 땅을 떠난 지 삼 개월이 되던 날 그들이 시내 광야에 이르니라 (출 19:1).

모세가 하나님께로부터 율법을 하사받던 날의 기록이다. 출애굽한 지 3개월이 되던 날을 표현할 때, 랍비들은 그날을 어떻게 설명해야 하는가의 문제에 부딪쳤다.

1) '그날'은 언제나 '이날'이어야 한다

랍비들은 율법을 하사받던 날의 감격을 그날의 사건으로 못 박을 수 없었다. 그날의 감격과 환희는 모든 성도의 것이어야 함을 깨닫고 '이날'로 표기하였다. 모든 성도의 날들로서 언제나 새날, 즉 영원에 속한 날임을 천명한 것이다.

'그날'은 언제나 '이날'이어야 한다. 이날은 숨어 계시는 하나님이 자신을 드러내시는 경이로운 날이다. 신앙의 열조들의 감격과 환희는 마땅히 오늘 우리의 것이어야 함은 은혜의 복음이 아닐 수 없다.

2) 우리의 24시간은 무시간이 아니다. 하나님의 나라가 내용으로 지 나간다

하나님 나라의 시간은 세상과 물질을 전부로 아는 세상의 사람들의 무의미한 시간들과 판이하게 다르다. 세상은 돈과 출세만 있으면 되는 물질만능이다. 그들에게는 영원한 생명과 진리가 약동하지 않는다. 무시간이 갖는 허무와 공허와 무한대의 절대절망의 벽에 갇혀 있는 것이다.

그러나 우리의 시간은 내용이 생명이다. 하나님의 나라를 이루어가는 성화의 과정이다. 성화는 시간의 성화다. 영원한 하나님 나라의 사람으로서 갖추어야 할 신의 성품에 도달하는 싸움이다.

많은 사람이 시간이 영원한 것처럼 물질에 매몰되어 산다. 물질과 출세가 침몰될 때 그들의 시간도 함께 심판에 떨어진다.

영원한 생명과 진리의 나라는 우리의 물질과 함께 소멸되지 않는다. 우리는 그리스도 안에서 하나님의 나라와 함께 영원히 산다. 우리는 죽지 아니한다. 지금도 영원히 살고 있다.

10. 시간의 흐름을 본 자는 아무도 없다

시간은 볼 수 없다. 빠르게 달리는 기차를 타보면 나는 가만히 앉아 있는 데 창 밖에 있는 가로수들이 지나가는 것 같은 착각을 일으킨다. 우리는 나의 시간이 사라지는 것처럼 생각한다. 시간은 사라지지 아니한다. 창조 이전이나 이후나 시간은 영원 그대로다. 하나님의 나라는 창조이전에도 있었고 이후에도 있었다.

사라지는 것은 우리의 세상이다. 나의 육체가 병들고 쇠약해지고 죽음에 이르며, 우리의 출세가 사라지고, 우리의 지식이, 우리의 낭만과 사랑과 우정이 시들해진다. 가로수는 그대로다. 우리가 탄 기차가 달리고 있

것이다.

하나님 나라의 시간은 영원하다. 성경에서 한 순간과 한 시대는 차이가 없다. 하나님의 영원의 차원에서는 생존하는 실존의 거리가 같다. 구원의 은혜가 같고 죽음의 실존 거리도 같다. 천 년 이전이나 천 년 이후나, 아브라함의 시대나 지금 우리의 시대나 실존의 거리는 동일하다. 그의 하나님이 나의 하나님이시고 그의 은혜가 오늘 나의 은혜의 분량 그대로다. 우리가 그들과 같이 특별계시의 전형들이다.

우리 앞에 두 가지 종류의 시간이 있다. 하나는 연대기적 시간(크로노스)이고, 다른 것은 실현되고 있는 계획의 시간(카이로스)이다. 예수님의 생애 전체는 카이로스의 시간들이었다. 하나님의 뜻이 성취되어 가고 있었던 시간들이었다.

영원의 웅장한 날들을 낭비하고 허송세월하고 있다면, 지금이라도 영원을 붙드는 영적 각성이 마땅히 일어나야 한다. 영원의 비밀은 숨겨진 채 나의 결심과 각성을 기다리고 있다. 성령의 세미한 음성을 듣는 기회가 시급히 요청된다.

"주여, 나로 살게 하신 삶을 어떻게 살아야 할까요?"

"왜 이 시대와 가정과 사회와 직업을 주셨는가?"

나 자신과 시대를 향한 하나님의 뜻이 무엇인가를 질문하고 영원의 비밀 속에 감춰진 하나님의 계획과 관련하여 하나님께 사명을 구하는 영적 도전이 일어나야 할 것이다.

제20장

그리스도, 영원한 말씀(요 1:1)
계시의 주체, 화육의 하나님

> <<<<<<<< 개요 >>>>>>>>
>
> 말씀이 무엇인가? 그리스도와 말씀의 관계는 그리스도의 신성을 증명하는 신학 주제다. 그리스도와 말씀에 관한 이해가 없다면 성경의 내용은 인간 이야기가 되어 범신론적 이원론 신학으로 빠지게 된다.
> 그리스도는 영원한 말씀이셨고 계시의 주체로 우리 곁에 오신 화육의 하나님이시다. 이는 언제나 예수가 누구인가에 관한 질문에서 시작되었다.

1. 말씀은 인격자 그리스도시다

> 태초에 말씀이 계시니라 이 말씀이 하나님과 함께 계셨으니 이 말씀은 곧 하나님이시니라(요 1:1).

'계신다'에서 그 주격인 말씀이 인격자임을 밝혀준다. 말씀이 인격자 그리스도이심에 관한 확증은 14절에서 분명해진다.

> 말씀이 육신이 되어 우리 가운데 거하시매 우리가 그의 영광을 보니 아버지의 독생자의 영광이요 은혜와 진리가 충만하더라(요 1:14).

말씀은 '로고스'(λογος)다. 말씀이 육신을 입고 우리에게 오신 예수 그리스도시다. 그가 없이 된 것은 하나도 없을 만큼, 우주 창조를 완성하신 하나님이시다. 그리스도는 하나님에 관한 일체의 지식을 전하는 계시의 방편으로서 말씀이셨다.

헬라철학에서 로고스는 불변의 모형으로서 이성 혹은 원리다. 헬라철학자들의 이성과 원리가 신격화되고 있었던 때에 로고스는 최고의 가치며 이상이었다. 플라톤은 이데아가 물질과 결합하여 만물이 만들어졌다고 하여 그 창조자를 '데미우르고스'라고 불렀다.

이와 같은 플라톤의 철학사상을 유대교에 접목시킨 유대인 철학자가 필로이다. 유대인이었던 그 역시, '데미우르고스'를 로고스라고 하였다. 필로에 의하여 로고스는 만물의 창조가 된 것이다. 그러나 필로의 로고스는 보이지 않는 영역에서 존재하는 추상명사에 불과하다. 철학의 로고스는 인격이 없다. 명상이나 무아지경의 해탈에 도달하는 종교성을 추구한다. 철학의 사유가 만든 자연의 산물이다.

철학의 발상은 자연의 물체나 공간으로부터 나온다. 인간의 사고력을 끌어올리는 전압은 물리의 현상으로부터다. 인간을 지배하고 있는 것은 자연의 공간이며 신들도 자연으로부터 나왔다. 인간이 고안한 종교의 형태들과 도덕률과 미풍양속과 같은 문화의 양식들과 인간의 아름다운 심미적 가치로서 예술이나 문명의 이기들이나 과학기술 등, 인간으로부터 나온 것들은 다 그 진원지가 자연의 현상들이다.

그런데 인간의 사고력 자체가 물리의 현상이라는 한계에 부딪쳐 있기 때문에 자연을 뛰어넘지 못한다. 인간의 이성은 물질과 자연을 뛰어넘는 초자연이나 영의 실체에 대해서는 대항하며 적대시한다.

성경은 물리의 현상이 생기기 이전에 사고자가 계셨다고 선포한다. 그가 사고하시니까 만물이 생기면서 각양 형태를 갖추어 자연의 공간이 만들어진 것이다. 영원한 곳에서 이미 감춰져 있었던 하나님의 계획에 의하여 하나님의 입에서 나오는 말씀을 통하여 우주 공간이 나타난 것이다.

우주 공간은 태초에 계셨던 말씀을 계시하는 수단인 것이다. 자연으로부터 만들어진 헬라의 로고스마저도 사고하시는 인격자 하나님의 말씀 속에 있었던 아주 작은 자연의 일부분에 지나지 않는다.

계시의 세계로 들어오면 사고자를 만나게 된다. 그분이 곧 창조주이시며 말씀이셨던 예수 그리스도시다. 우리는 자연의 아름다움과 신성함을 보고 자연을 심미하고 그 가치를 음미하는 것이 아니라 자연을 만드신 창조자 하나님의 신성과 지혜를 경탄하면서 그의 이름을 높이고 그에게 찬양과 경배를 드린다. 인간이 만든 종교들은 자연의 순수를 추구하지만 기독교 신앙은 창조주의 신성과 지혜와 능력을 기뻐하며 찬양한다.

예수 그리스도가 말씀이심을 증명하는 히브리서의 기록은 더욱 확연하다.

> 옛적에 선지자들을 통하여 여러 부분과 여러 모양으로 우리 조상들에게 말씀하신 하나님이 이 모든 날 마지막에는 아들을 통하여 우리에게 말씀하셨으니(히 1:1-2).

하나님은 자신을 전달하시는 데에 아들 예수 그리스도를 말씀의 형태를 갖추어 보내셨다고 한다. 요한복음에서는 이를 확고히 뒷받침해준다.

> 본래 하나님을 본 사람이 없으되 아버지 품 속에 있는 독생하신 하나님이 나타내셨느니라(요 1:18).

세대를 막론하고 하나님을 본 사람은 아무도 없다.
하나님이 누구신가?
어느 누구도 아는 자가 없다. 인간은 하나님에 대하여 죄와 허물로 죽은 존재이기 때문이다(엡 2:1). 아담의 원죄 이후 인간은 죄인의 족쇄를 차고 태어난다. 죄의 특성은 인간의 인식 기능을 합리성에 가두어버린 것이다. 합리성은 공간과 시간의 조건이 갖춰지지 않으면 인식할 방법이 없다.

하물며 초월의 것을 어떻게 인식할 수 있겠는가?
인간에게 왜 죽음인가?
왜 고통이며 슬픔인가?
왜 생존경쟁이며 약육강식의 굴레이며 모순인가?

세상에는 답이 없다. 오직 성경만 죄, 죄 때문이라고 한다. 인간 스스로의 힘으로는 원죄의 굴레를 풀 수 있는 길이 없다. 원죄로 말미암아 죄인의 신분에 갇혀 있는 한, 하나님을 감각할 수도, 알 수도 없다.

2. 인간은 태어나면서부터 초자연주의자다

창조의 날들이 진행됨에 따라 "하나님이 보시기에 좋으셨다"는 표현은 피조물에 대한 하나님의 축복 활동을 예고하시는 약속이다. 선과 아름다움은 인간이 위로 하나님을 섬기고 아래로 만물에 대하여는 다스리는 자존자로 사는 질서에서 극치를 이룬다.

초기 창조의 질서는 영원에서 체결된 구속 언약(엡 1:3-6)의 실현에서 완성되었다. 이는 시간 안에서 완성된 은혜 언약을 암시하고 있었다. 창조의 질서를 은혜 언약 아래 두신 것은 피조물을 인간이나 자연에게 맡기지 아니하시고 하나님의 주권으로 다스리시겠다는 뜻을 표명하신 것이다. 하나님의 주권 아래 있을 때 모든 것이 선하고 아름다웠다. 십자가의 속량도 하나님께서 보시기에 선하고 아름다웠던 조화의 질서를 죄로부터 다시 찾으시려는 목적이었다(엡 1:7-10).

죄의 특성은 자연과 초자연을 구분하는 이원론의 사고 체계다. 죄가 창조의 질서에 끼어들지 않았더라면, 인간의 사고 속에 초자연과 자연의 구별이 발생하지 않았을 것이다. 죄로 말미암아 하나님의 주권 아래에서 보존되어 있던 선하고 아름다운 우주 질서가 하늘과 땅 그리고 육체와 마음과 같은 두 갈래의 시공간으로 깨어지고 말았다. 죄로 말미암아 인간이 살고 있는 땅은 하늘을 그리워할 만큼 더럽고 부패해져 버렸다. 육체의 것이 추악한 것이 되어버린 상태에서 마음의 영역을 순수의 가치로 여겨 사모하기 시작한 것이다. 하늘은 영원하고 마음은 순수하다는 생각에 잡힌 결과물이다. 이렇게 인간의 사고력이 발전시킨 사상 체계는 전부가 이원론에 용해되어 버린 것이다. 죄의 속성이 발전시킨 합리성의 사고방식인 것이다.

    죄로 말미암아 인간의 사고 체계는 자연 현상을 두 가지의 공간으로 대립시키는 이원론에 갇히게 되었다. 그들은 자연 현상이 양극의 대립자 혹은 양립자로 형성되어 있다고 주장한다. 하늘과 땅, 음과 양, 육체와 마음, 지배자와 피지배자, 강한 자와 약한 자, 물과 뭍 등 이렇게 대립되는 인자들이 형성되어 있어서 이들의 균형이 깨어지지 않도록 자기를 비우는 구도의 길을 연마한다. 이방 종교들은 자학과 금욕과 극기와 절제와 같은 수도의 길을 형태화한 것이다.

    이와 같은 죄인의 길에 대해서 성경은 이미 정죄하고 있다. 세상은 자연밖에 없는 상태에서 인간의 심성 속에는 초월에 대한 그리움이 움트게 되었고 이를 진정시키는 길을 찾아 나선 결과, 우상숭배의 형태를 만들기 시작하였던 것이라고 고발하고 있다.

> 하나님을 알되 하나님을 영화롭게도 아니하며 감사하지도 아니하고 오히려 그 생각이 허망하여지며 미련한 마음이 어두워졌나니 스스로 지혜 있다 하나 어리석게 되어 썩어지지 아니하는 하나님의 영광을 썩어질 사람과 새와 짐승과 기어다니는 동물 모양의 우상으로 바꾸었느니라(롬 1:21-23).

    이렇게 인간의 생각이 허망하여지고 미련한 마음이 어두워지고 어리석게 되어 우상숭배 이외에는 초월성의 향수를 달랠 길이 없게 되었다. 우상은 인간 내면에 꿈틀거리고 있는 초월성을 발산하는 것으로서 성경은 이

의 행위를 탐심으로 규명하고 이를 우상숭배로 정죄하고 있다,

> 그러므로 땅에 있는 지체를 죽이라 곧 음란과 부정과 사욕과 악한 정욕과 탐심이니 탐심은 우상 숭배니라(골 3:5).

신앙생활에서 쉽게 넘어질 가능성은 우리의 드리는 예배나 헌신이나 봉사나 사역들이 나의 탐심을 채우는 종교 행위에 심취될 수 있기 때문이다. 극히 유의해야 할 개혁의 과제다.

3. 그리스도와 말씀

육체로는 영의 실체를 감각할 수도 상상할 수도 없다. 죄인을 볼 수도 들을 수도 없다. 죄인 스스로 하나님을 찾는 것은 절대적으로 불가능하다. 그것은 맹인이 빛을 분간하는 것과 같다. 단, 하나의 길이 있다면 하나님께서 인간에게 자신을 보여주시는 방법뿐이다. 이를 계시라 한다.

1) 계시의 행위로서 먼저 하나님은 선행된 신학을 제공하셨다

인간은 처음부터 하나님에 관하여 연구할 만한 영적 감각이 없는 존재, 그야말로 영적으로 무지한 존재다. 하나님께서 먼저 말씀하지 아니하셨다면 인간의 행위로는 하나님에 관한 지식 체계인 신학을 확립할 수가 없다. 신학은 하나님의 계시를 인간의 지성으로 이해하는 학문 체계다.

하나님의 선행된 신학이 있었기 때문에 마침내 인간 행위로서 신학을 체계화할 수 있게 된 것이다. 하나님은 자신의 신학 체계를 인간이 이해할 수 있는 문자적 상황으로 계시하셨다. 성경은 하나님의 영으로 감동된 말씀으로서 인간 이해의 수준에 맞추어 자신을 조정하신 최상의 계시다. 축

자영감설과 계시의 충족설은 신학연구의 대전제가 된다.

2) 믿음은 하나님의 계시를 인식하는 경험으로서 하나님의 선물이다

믿음은 하나님의 계시가 있고 난 다음 하나님의 뜻을 따라 나서는 첫 인식이나 경험의 순간이다. 아브라함도 우상숭배의 관습에 젖어 있었을 때 하나님께서 영광중에 그에게 나타나심으로 아브라함이 믿음의 행진을 시작하게 되었다(행 7:2).
로마서는 믿음의 출처에 관해서 구체적으로 서술하고 있다.

> 믿음은 들음에서 나며 들음은 그리스도의 말씀으로 말미암았느니라(롬 10:17).

들음은 생명의 감각이 있을 때 가능하다. 죽어 있는 상태에서는 불가능하다. 하나님께서 죽어 있는 자를 살려주실 때 영의 말씀을 듣게 된다. 들을 때에 믿음이 발생한다. 믿음은 일으켜진 생명, 즉 구원을 결과적으로 인식하고 경험하는 행위인 것이다.
예수님은 더욱 분명하게 재창조의 개념으로 말씀하셨다.

> 사람이 거듭나지 아니하면 하나님의 나라를 볼 수 없느니라(요 3:3).

거듭나지 아니하면, 하나님의 말씀을 들을 귀가 없고, 하나님의 나라를 볼 수 없다. 또한, 성경은 믿음의 출처를 출생으로 설명한다.

> 영접하는 자 곧 그 이름을 믿는 자들에게는 하나님의 자녀가 되는 권세를 주셨으니 이는 혈통으로나 육정으로나 사람의 뜻으로 나지 아니하고 오직 하나님께로부터 난 자들이니라(요 1:12-13).

거듭나는 것과 하나님의 뜻으로 나는 것은 출생의 개념이다. 스스로 출생할 수 없음 같이, 믿음은 인간에게서 나올 수 없음을 강조하는 내용이다. 믿음은 하나님에게서 나온 것임을 역설하면서 하나님께서 주시는 선물이라고 하는 것이다. 믿음은 나를 원인으로 하지 않는, 결과로서 갖는 영적인 감각이다. 믿음은 신학의 원리다. 이성은 그것의 종속적인 원리다. 이성은 말씀의 신성과 지혜와 능력을 접촉할 수 없다. 오직 믿음만이 하나님의 지식을 우리의 전인격에 운반해 준다.

3) 대두되는 이성과 계시의 문제

계시를 전달하는 대상이 죄인이라면 어떻게 수용하도록 하느냐의 문제가 대두된다. 하나님 자신에 관한 지식을 인간에게 알리고 전달하는 수단은 계시밖에 없고 인간의 인식기관은 이성뿐이다. 계시는 복종을 강요하는데 이성은 이해를 요구하면서 계시에 저항한다. 이 둘 사이에서 충돌과 반목이 발생한다.

안타깝게도 이성은 자연의 것으로 형상화하지 아니하면 인식할 수 없다. 계시를 설명하기 위해서는 자연의 것을 형태화할 수밖에 없다. 즉, 계시가 인간이 인식할 수 있는 영역 안으로 들어와야 하는 난관에 부딪히게 된 것이다. 영의 것을 물질의 것으로 형태화할 때, 인간은 영의 것은 보지 못하고 물질의 형태에 잠식되는 사고의 습관에 젖어 있다.

성육신은 영적인 것을 형태화한 최고의 계시다. 화육하신 그리스도의 사역은 처음부터 사람들의 오해와 반대에 부딪히기 시작하였다. 자연에 들어와서 행하시는 인자의 활동은 사람들의 관심을 영적인 사실보다는 정치적 문제로 돌리게 하는 오해를 빚게 하였다. 인간은 영의 사실과 육의 것과의 사이에서 일어나는 사소한 일에도 오해와 괴리를 빚게 된다.

이미 죄가 만들어낸 사고 방식이 초월과 자연을 구분하는 이원론에 뿌리박고 있기 때문이다. 기적이나 초월의 표적을 본 자들이 객관적인 사실로 굳히고 주님의 가르치심대로 따랐느냐 하면 다들 그때뿐, 원래의 자기 생각대로 판단하더란 것이 공생애가 보여준 교훈이다.

마찬가지로 주의 이름으로 기적적인 표적이 나타나면, 그 순간의 감동이나 경이로움을 일생 간직하고 살아야 하는데, 우리 사고의 습관 역시 시간이 지남에 따라 이를 우연으로 취급할망정 객관적인 사실로는 굳히지는 않는다.

요한이 언급한 것처럼 빛과 어둠의 관계 속에서 그리스도의 지상 사역은 인간들로부터 오해되어, 혼인잔치에서 베푸신 첫 표적으로부터 십자가의 수난은 시작되고 있었다고 진술하고 있다.

4) 로고스 곧 말씀이신 그리스도가 계시의 방편이라고 할 때 다음 몇 가지로 요약된다

첫째, 말씀은 표현의 수단이다. 보이지 않는 것을 보이게 하는 유일한 방법은 말밖에 없다. 존재나 인격은 추상명사가 아니다. 실재하는 인격이다. 생각 속에 있는 나는 아직 내가 아니다. 생각을 밖으로 표현할 때 비로소 나의 존재와 인격을 상대에게 보여주게 된다. 말을 통해 그 사람의 내면의 인격을 엿볼 수 있다. 말은 그 사람의 내면을 들여다보는 거울과 같다. 칼빈은 말씀 앞에 선 자는 자신의 벌거벗은 정체인 죄를 보게 된다고 하였다.

영의 실체를 인간의 이성에 호소하기 위해서는, 인간 이해의 수준으로 형태화할 수밖에 없다. 성경은 하나님의 말씀이 인간 이해의 수준에 맞춰 문자적 상황으로 들어오신 모습이다. 당시 서민들이 사용하고 있던 코이네(Κοινή)를 사용한 것도 긍휼에 풍성하신 하나님의 모습을 역력히 보여준다. 십자가의 사랑을 인간의 수준에서 파악하고 이해하기란 불가능하다.

아가페의 사랑은 인간으로서는 이해가 불가능하다. 성경의 사건 전체가 하나님의 사랑을 내용으로 삼고 있는 만큼 설명이 장황하다. 십자가에서 대속물이 되신 그리스도가 아니면 하나님의 사랑을 설명할 길이 없었다. 자기 백성을 향한 사랑을 몇 마디로 간략하게 설명할 수 없으셨던 하나님은 모세오경을 비롯하여 이스라엘의 역사를 동원하고 마지막 십자가까지 세우신 것이다.

십계명은 하나님의 뜻을 인간 이해의 수준 이상으로 높이신 율법인데, 이스라엘은 실천하려 하려함으로 실패했다. 십계명은 십자가의 은혜에게로 인도하시려는 뜻이었는데, 유대인들은 실천에 옮기려는 오해를 일으켰다.

인간은 맹인과 같아서 이를 설명하고 설득하기 위해서는 하나님 역시 동등한 모양을 취하실 수밖에 없으셨다. 빛과 어둠은 물리적으로 공존할 수 없다. 주께서 어둠의 옷을 입으심으로 공존할 수 있게 된 것이다. 어둠과 소통하기 위해서다. 그런데도 주님의 말씀을 알아듣는 자는 없었고 그 결과 사람들의 오해와 경멸이 극에 달한 나머지 십자가에서 처형되시고 말았다. 십자가는 하나님에 대한 인간의 완고함과 무지가 얼마나 극심한가를 고발하는 표상인 것이다.

둘째, 말씀은 전달수단이다. 말은 나의 의사를 상대방에게 전달하는 통로다. 나의 사랑을 전하고 나의 뜻을 전하고 나의 마음을 전한다.

언어의 장벽에 부딪히면 전할 길이 없게 된다. 예수님은 하나님을 우리에게 알리고 전하는 수단으로 사셨다. 예수님의 공생애 전체가 보이지 않는 하나님을 우리에게 전달하는 말씀이었다. 말고의 귀를 다시 붙여주시는 주님의 모습에서 보이지 않는 하나님의 긍휼히 여기시는 마음을 보게 된다.

그리스도의 눈물 한 방울과 땀 한 방울까지, 보이지 않는 하나님의 마음을 전달하시는 장면들이다. 기적을 베푸실 때마다 자주 쓰신 표현, "그 목자 없는 양 같음으로 인하여 불쌍히 여기사." 하나님 아버지의 마음이 그렇다는 것이다.

십자가에서 마지막 남기신 말씀, "다 이루었다" 하시고 " 머리를 숙이니 영혼이 떠나가시니라"(요 19:30). 이 한마디 남기시기 위하여 화육하셨다. 화육하신 그리스도께서 하나님의 뜻을 완성하시는 고통스런 죽음의 마지막 순간에 승리의 영광을 선포하시는 모습이다. 인자는 아버지의 뜻에 대하여 끝까지 복종하셨음을 온 인류에게 전달하셨다.

셋째, 말씀은 신적 의지를 내용으로 한다. 십자가는 죄로 말미암아 깨어진 하나님의 나라를 원래의 자리로 되돌리시는, 하나님의 열정과 의지를 보이시는 계시다. 십자가는 나를 사랑하심으로 나의 죄를 대신하여 세우신 사랑의 전시물이 아니다. 십자가는 하나님의 사랑을 보이시고 우리로 하여금 감동하게 하시려는 사랑의 전시장이 아니다.

십자가에 나타난 하나님의 사랑을 영원한 계획의 측면에서 이해하는 신학적 접근이 필요하다. 십자가는 우리의 죄를 대속하시는 사랑만 아니라, 영원한 언약 안에서 하나님 나라의 주권을 회복하시는 강렬한 의지를 표현한다는 사실에 눈떠야 한다. 인간의 죄에도 불구하고 보존하시고 지키시는 구속 역사를 주도하시는 하나님에 대한 경외심을 배우게 된다.

십자가에 나타난 하나님의 의지가 저토록 강렬하다면 구원받은 성도들의 삶은 그 사랑 때문에 오히려 긴장해야 하는 상황일 수밖에 없다. 두렵고 떨리는 마음으로 은혜로 받은 구원을 지켜야 할 이유가 하나님의 사랑에 있음을 경각심을 가지고 성찰해야 한다. 사도 바울의 권고가 실감난다.

> 항상 복종하여 두렵고 떨림으로 너희 구원을 이루라(빌 2:12).

4. 결론

주께서 우리에게 마지막으로 당부하신 말씀에서 또 다른 긴장을 결심할 수밖에 없다.

> 아버지께서 나를 세상에 보내신 것 같이 나도 그들을 세상에 보내었고(요 17:18).

우리는 주께서 세상으로 보내신 말씀의 사신들이다. 주님이 아버지로부터 보내심을 받은 것같이, 주님도 우리를 세상에 보내신다는 것이다. 내 말과 행동, 나의 판단과 생각까지도 이제는 모두가 다 하나님을 설명하고 전달하는 것임을, 아울러 우리 자신이 그리스도를 대변하는 말씀의 사신들임을 명심해야 할 것이다.

제21장

그리스도, 스스로 계시는 자
하나님의 주권 중심의 신앙

> <<<<<<< 개요 >>>>>>>
>
> 성경은 예수 그리스도의 신성을 증명하는 중요한 주제로서 그의 선재하심과 동시에 주권자이심에 관한 기록이다. 말씀은 영원과 함께 존재하고 계셨고, 자신의 계획을 따라 우리 곁으로 화육하여 오신 인자시다.
> 그리스도의 주권에 관한 이해가 없으면 신앙이 성립될 수 없다. 그만큼 중요한 핵심교리다.

1. 그리스도는 스스로 계시는 자존자이시다

> 태초에 말씀이 계시니라(요 1:1).

'계신다'(ἡ)는 헬라어 'εἰμί'(에이미)의 3인칭 단수 미완료형이다. 태초에 계셨던 말씀이 지금까지 계속하여 존재하고 있었다는 뜻이다. '계속하여 계셔오고 있었다'는 의미다. 그리스도의 신성을 선명하게 설명하는 대목이다. 이는 그리스도의 선재하심과 역사의 주권자이심을 선언하고 있다. 신학의 원천적 지식으로서 그리스도의 자존자이심을 증명하고 있다. 그리스도의 선재하심과 주권자이심에 관한 대표적인 성경 구절이다.

1) 그리스도는 선재하시는 분이시며 주권자이시다

예수께서 이르시되 진실로 진실로 너희에게 이르노니 아브라함이 나기 전부터 내가 있느니라 하시니(요 8:58).

그는 보이지 아니하는 하나님의 형상이시요 모든 피조물보다 먼저 나신 이시니 만물이 그에게서 창조되되 하늘과 땅에서 보이는 것들과 보이지 않는 것들과 혹은 왕권들이나 주권들이나 통치자들이나 권세들이나 만물이 다 그로 말미암고 그를 위하여 창조되었고 또한 그가 만물보다 먼저 계시고 만물이 그 안에 함께 섰느니라(골 1:15-17).

예수님은 태어나신 분이 아니며, 영원부터 스스로 계셨던 하나님이시다. 역사가 시작된 이래 지금까지, 지구의 역사가 끝난 후에도 영원토록 역사와 함께 계시는 분이시다.

'계신다'의 개념은 인간에게는 사용될 수 없는 단어다. 인간은 존재하는 것이 아니라 존재하게 되는 자이기 때문이다. 따라서 인간의 출생을 표현할 때는 언제나 수동태를 사용하여 태어난다고 한다.

2) 인간의 본성은 하나님을 의존하는 것

자신의 출생을 계획하여 태어난 사람은 없다. 완전히 타의에 의하여 태어난다. 태어났기 때문에, 삶의 주권이 자신에게는 없다. 세상이 맘에 들지 않아도 살아야 한다. 우리 삶의 자리는 자기 각본대로 결정하여 온 자리가 아니다. 전혀 다른 힘에 이끌려 여기에서 이 형편대로 사는 것이다. 삶을 자신의 의지대로 살지만, 운명을 결정할 권한이 없다.

하나님만이 모든 결정권을 가지신다. 하나님께서 인간을 창조하실 때에 하나님을 의존하도록 신앙의 씨앗을 심어두셨다.

처음부터 하나님 의존 신앙을 심어두셔서 인간은 본질상 스스로 존재할 수 없게 지음을 받았다. 그런데 죄가 인간의 심성에 들어옴으로써 하나님을 섬기되 스스로 우둔하고 어리석게 되어, 하나님을 억측하여 각종 모양으로, 사람과 새와 짐승과 기어 다니는 동물의 형상을 섬기는 우상숭배자들이 되고 말았다. 인간에게는 스스로 무엇이든지 결정할 수 있는 주권이 주어져 있지 않다. 개혁주의 신학의 배경이 되는 성경 본문이 이를 증명한다.

> 이는 만물이 주에게서 나오고 주로 말미암고 주에게로 돌아감이라 그에게 영광이 세세에 있을지어다. 아멘(롬 11:36).

2. 여호와의 이름이 하나님의 주권자이심을 극명하게 나타낸다(출 3:14)

1) 모세를 부르실 때에 하나님께서 자신의 이름을 여호와로 설명하시는 장면에서 하나님의 주권을 선포하셨다

하나님 자신의 이름을 '여호와'로 설명하시면서 자신의 주권자이심을 밝히시는 대목은 모세를 부르실 때뿐이다. 하나님께서 모세에게 출애굽의 계획을 알리시고 모세로 하여금 수행하도록 사명을 주시는 장면에서다.

40년 전, 모세가 바로의 왕자로 있을 때 히브리 동족 한 사람이 애굽의 병사에게 구타당하는 장면을 보았다. 모세는 의분에 넘쳐 그 병사를 죽이고 만다. 이 살인 사건이 화근이 되어 미디안 광야로 도망쳐 나와 이곳에서 장가들어 양치기로 처량한 신세가 되어 살고 있었다. 모세에게 있어서 광야 40년의 세월은 원통함을 풀지 못하는 불평의 순간들이 아닐 수 없었다. 모세의 원통함을 엿볼 수 있는 대목이다.

> 믿음으로 모세는 장성하여 바로의 공주의 아들이라 칭함 받기를 거절하고 도리어 하나님의 백성과 함께 고난 받기를 잠시 죄악의 낙을 누리는 것보다 더 좋아하고 그리스도를 위하여 받는 수모를 애굽의 모든 보화보다 더 큰 재물로 여겼으니 이는 상 주심을 바라봄이라 (히 11:24-26).

애굽의 병사를 때려눕힌 행동은 누구를 위한 것인가?

모세의 하나님을 향한 충성심이었다. 하지만 40년의 긴 세월 동안 하나님은 한 번도 그를 찾지 않으셨다. 그런데 이제 하나님께서 나타나셔서 모세에게 출애굽의 계획을 알리시고 이 사명을 수행하라는 명령을 내리신다. 이에 모세의 항변이 거세게 감지되는 장면이 나온다.

> 내가 누구이기에 바로에게 가며 이스라엘 자손을 애굽에서 인도하여 내리이까 (출 3:11).

모세의 반응은 하나님에 대한 인간적인 고집과 원망으로 가득하다. 하나님이 설득하시는 내용에서 더욱 모세의 꺾여지지 않는 고집과 불평을 엿볼 수 있다.

> 하나님이 이르시되 내가 반드시 너와 함께 있으리라 네가 그 백성을 애굽에서 인도하여 낸 후에 너희가 이 산에서 하나님을 섬기리니 이것이 내가 너를 보낸 증거니라 (출 3:12).

하나님은 원망하는 모세를 달래시며 '내가 너와 함께 있으리라'고 확신시켜 주신다. 그런데도 모세의 반응은 여전하다.

> 모세가 하나님께 아뢰되 내가 이스라엘 자손에게 가서 이르기를 너희의 조상의 하나님이 나를 너희에게 보내셨다 하면 그들이 내게 묻기를 그의 이름이 무엇이냐 하리니

> 내가 무엇이라고 그들에게 말하리이까(출 3:13).

불평 가득한 질문에 하나님께서 결정적인 확답을 주신다. 하나님은 자신의 신성에 대하여 명쾌하게 설명하신다. 성경 어디에도 자존자로서 여호와 하나님의 이름을 이만큼 극명하게 나타낸 곳이 없다. 여호와 하나님에 대하여 하나님께서 친히 설명하시는 내용으로서 유일하다.

> 하나님이 모세에게 이르시되 나는 스스로 있는 자이니라 또 이르시되 너는 이스라엘 자손에게 이같이 이르기를 스스로 있는 자가 나를 너희에게 보내셨다 하라(출 3:14).

2) 하나님의 약속은 반드시 이루어진다는 것을 여호와 '스스로 있는 자'란 이름으로 모세를 설득하신다

여호와 하나님은 누구의 간섭도 받지 아니하시고, 누구와도 상의하지 아니하시고, 누구의 도움도 필요치 아니하시는, 스스로 존재하시는 분이심을 만천하에 천명하신다.

'스스로 있는 자'는 '나는 나다' ([히브리 성경] אהיה אשר אהיה, [70인역] Ἐγώ εἰμί ὁ ὤ, [영어성경] 'I am who I am,' [한글번역] '스스로 있는 자')라는 뜻이다.

'나는 나다'라는 이름에서 밝히듯, 하나님은 자기 뜻대로 모든 것을 행하시는 주권자시다. 여호와의 이름 자체가 하나님의 주권을 선언하고 있다. 성경에서 여호와의 이름은 하나님의 약속과 관련된다. 하나님은 한 번 약속하신 것은 반드시 지키시고 이루신다는 것을 여호와란 이름을 가지고 맹세하신다.

3. 출애굽의 계획은 반드시 성취하신다는 것을 여호와의 이름으로 맹세하신다 (출 5:22-6:8)

하나님은 출애굽의 계획을 제일 먼저 아브라함에게 알리신다(창 15:13-14). 그리고 출애굽기 5장 22절-6장 8절에는 모세와 더불어 그 구체적인 논의를 하시는 장면이 기록되어 있다.

하나님은 출애굽의 세부 계획을 알리실 때, 여호와의 이름을 구절마다 거론하신다. 출애굽의 계획은 반드시 이루신다는 것을 확약하시는 보증으로서 자신의 이름을 여호와라고 설득하신다. 이 짧은 대목에서 여호와의 이름이 마치 후렴구처럼 전체 약속을 둘러싸고 있다.

> 하나님이 모세에게 말씀하여 이르시되 나는 여호와이니라 내가 아브라함과 이삭과 야곱에게 전능의 하나님으로 나타났으나 나의 이름을 여호와로는 그들에게 알리지 아니하였고(출 6:2-3).

전능의 하나님(엘 샤다이)은 조상들에게 풍요의 언약을 상기시킬 때 나타내셨던 이름이다(창 17:1-2). 그러나 출애굽의 계획을 설명하시는 장면에서 여호와의 이름을 무려 여섯 번이나 강조하신다. 이는 하나님의 구원 계획에 있어서 모세에게 통보하신 대로, 빈틈없이 그리고 차질 없이, 반드시 진행될 것을 확약하시는 보증이다. 여호와의 이름은 하나님께서 친히 서명 날인 하시는 것과 같은 약속의 표식이었다. 하나님은 한 번 약속하신 것은 반드시 이루신다는 표시로서 여호와란 이름으로 그의 주권을 나타내신 것이다.

4. 하나님의 주권은 신앙성립의 대전제다

만일 성경에서 하나님의 주권을 빼버리면 기독교 신앙이 성립될 수 없다. 그만큼 하나님의 주권은 신앙의 뿌리와 근거가 되는 영원불변의 진리다. 여호와란 이름은 구약에서 6,800번 이상 표기될 만큼 하나님의 기념 칭호이다(호 12:5). 이미 모세를 부르실 때 밝히셨듯이 하나님은 모든 것에서 자유로우시며 주권적이시다.

1) 성경의 인물들은 세상의 재물과 출세를 하고 하나님께 헌신하지 않았다

하나님은 모세가 왕자로서 모든 것을 다 가지고 있었을 때, 자신의 계획을 이루시는 역사에 등용하지 않으셨다. 하나님께서 우리가 터득한 세상의 실력을 쓰시리라는 생각은 극히 인간적인 발상이다. 모세도 그랬고 오늘 우리도 마찬가지다. 성경의 인물들은 때마다 다양하게 하나님의 역사에 등용되었지만, 하나님께서 그들의 것을 응용하시기 위해 그들에게 사명을 맡기신 적은 한 번도 없으셨다.

여호와는 우리의 재물과 출세가 필요하여 우리를 동원하지 않으신다. 성경의 인물 중 물질이나 권력으로써 하나님께 헌신한 사람은 아무도 없다. 모두 한결같이 십자가의 죽음을 통하여 하나님의 일을 이루었다.

제자들은 비천한 부류의 사람들이었고 초대교회 성도들도 환란의 비바람 속에서 나그네의 길로 흩어진 사람들이었다. 사도 바울은 지식과 권력의 소유자였지만, 그는 그리스도의 십자가의 지식을 알려 하여 날마다 죽는다고 고백하였다. 자신이 가진 세상의 것이 오히려 방해된다고까지 하였다.

아브라함은 당시 중동 문화의 한 부류가 아니라 이리저리 정처 없이 떠돌아다니는 유목민이었다. 믿음의 사람들의 특성에 관한 히브리서의 증거는 더욱 뚜렷하다.

> 이 사람들은 다 믿음을 따라 죽었으며 약속을 받지 못하였으되 그것들을 멀리서 보고 환영하며 또 땅에서는 외국인과 나그네임을 증언하였으니(히 11:13).

2) 초자연주의와 자연주의는 모두 신앙에 해악을 끼치는 적대사상이다

스스로 계시는 자, 하나님의 주권에 관한 의식이 없는 것에서 신앙생활의 문제가 발생한다. 신앙이 아주 실존적이다. 신앙을 나 위주로, 나와 관련하여 생각하고 결정한다. 내가 이루어야 할 목표가 있고, 내가 차지할 장래가 있을 때 종종 하나님께 치성을 드린다. 내가 주인이고 하나님은 나를 돕는 조력자에 불과하다. 나의 힘이 미치지 못할 때 하나님의 도우심을 갈구하는 종교성을 발휘한다.

다시 말해, 초자연주의란 자연에서 하나님을 추방하는 신앙을 말한다. 하나님을 하늘에 계시는 분으로만 제한하면, 우리가 사는 자연 안에는 하나님이 계시지도 않고, 하나님은 아무 역할도 할 수 없는 분이 되어버린다. 결과적으로 초자연주의신앙은 자연주의를 낳는다. 초자연주의는 신비이고 자연주의는 도덕이 핵심이다. 초자연주의와 자연주의 둘 다 하나님의 초월과 내재의 균형을 잃어버리므로 이들 사상 체계에는 십자가의 은혜가 끼어들 수가 없게 된다. 기독교 신앙에 해악을 끼치는 적대사상이다. 하나님께서 베푸시는 은혜의 주권을 경시하는 풍조다.

또 믿음은 하나님께서 이루신 것을 결과적으로 내가 소유하는 신앙고백적인 행위다.

신앙생활에서 현실을 무시할 수 없다. 자신의 계획대로 사는 자는 아무도 없다. 다들 우연히, 지금 여기에 서로 가정을 이루고 살고 있다. 이 가정과 사회와 직업과 교회를 내가 정하여 사는 것처럼 생각하지만, 성경은 다 하나님의 뜻에 따라 인도되어 온 자리라고 말씀한다.

만일 우리의 선택이라면, 하필이면 왜 이 가정이며 이 직장이고 이 사회이며 이 교회란 말인가?

더 좋고 더 풍요로운 곳에서 살았어야 할 것인데 말이다.

세상의 삶에서 하나님의 은혜를 아는 것이 신앙의 내용이다. 하나님 편에서는 우리의 처지나 형편이 영원한 진리와 생명이신 그리스도와 함께 살아가는 것이 최선임을 아시고 주선하신 것이다. 우리는 하나님의 불가항력적인 간섭 때문에 이 형편, 이 처지대로 사는 것이다. 우리는 하나님의 영원한 뜻으로 간섭되고 있는 대상임을 명심해야 한다. 하늘에서가 아니라 세상에서다. 우리는 자신의 의사대로 장래를 결정할 권한이 없다. 믿음은 하나님께서 결정하신 것을 어떻게 나의 것으로 향유하고 그 은혜를 기뻐하고 외치느냐의 싸움이다.

5. 모세는 스스로 계시는 자, 여호와 하나님의 설득에 엎드린다

하나님의 소명에 대한 모세의 항변은 하나님께서 자신의 이름을 여호와로 밝히면서 일단락된다. 하나님은 모세의 생각대로 안 하시겠다는 것이다. 세상의 것을 휘두를 때도 하나님께서 쓰실 수 있었겠지만, 아무것도 없는 지금도 하나님이 원하면 쓰시는 것이다.

모세가 하나님께 꺼내놓은 자신에 대한 원망이 무엇인가?

자기를 보시라는 것이다. 나이 80이 되었고 이마에 주름은 골이 깊게 팬 상태다. 주변에 사람도 없고 돈도 없고 조직력도 없다. 손에 들고 있는 것은 양치기 목동의 지팡이뿐이다.

이것으로 어떻게 이스라엘을 바로의 손에서 건져내란 말인가?

하나님 앞에서 쏟아내는 모세의 불평과 원망의 항변이다.

하나님의 소명에 대하여 우리가 쏟아 놓는 불평과 핑계도 마찬가지다.

우리의 겸양지덕은 무엇인가?

내가 어느 정도 현실적으로 갖추어졌을 때 말이지, 지금은 못 한다는 핑계와 구실을 늘어놓는다. 지금은 출세가 급하지 하나님의 일이 우선될 수 없다는, 아직은 내 형편에 안 된다는 구실뿐이다. 하나님이 복을 주시면 그때 크게 하겠다는 꿈에 부풀어 있다. 그렇게 기도와 충성이 지연되고 있다. 그들에게 하나님은 합격과 출세를 위해 불려 나오는 존재일 뿐 경배와 예배의 대상은 아닌 것이다.

하나님은 세상을 뒤엎을 능력과 권세를 행사할 뜻으로 우리를 등용하지 않으신다. 오히려 세상의 오해와 조롱과 핍박 아래 두시고 하나님의 은혜와 전능하심을 경험하게 하신다. 하나님이 우리를 부르시는 것은 일할 손이 모자라서가 아니다. 그분의 능력이 부족해서도 아니다. 일을 위해서가 아니라, 신앙의 본으로 하여 우리를 부르신 것이 얼마나 큰 은혜이며 감사이며 감격인가, 그분을 섬기는 일이 얼마나 기쁨이며 보람인가를 모든 사람에게 알게 하시려는 것이다.

하나님께서 등용하시는 일꾼들은 모두 다 자신들의 것으로 할 수 있는 일이 전혀 없음을 아는 자들이었다. 처음부터 하나님의 일을 거대하게 치러낸 인물은 하나도 없다. 한꺼번에 월반하는 경우는 없었다. 과정이 있었다. 광야의 생활이었다. 그들은 모두 하나님의 은혜를 배우고 전능하심을 의존하는 믿음의 훈련을 거쳤다.

성경의 인물들이 완벽하고 온전하고 제대로 된 사람들이었다면 우리가 교회에서 할 일은 전혀 없었을 것이다. 아브라함의 잘못과 실수, 야곱의 정욕, 다윗의 범죄, 모세의 고집과 교만, 베드로의 혈기, 요한과 야고보의 탐욕 등, 성경의 인물들은 우리가 상상하듯 근사한 사람들이 아니었다. 그런데도 그들이 하나님의 작정된 일을 위하여 부르심을 받아 가장 위대한 인물들이 된 것은 하나님만이 하실 수 있는 은혜의 배려가 아닐 수 없다.

6. 결론: "태초에 말씀이 계시니라"

그리스도는 영원부터 계셨고, 지금도 계신다. 그는 스스로 계시는 자존자이시다. 성경은 모든 주권이 하나님께 있음을 웅장하게 선포하고 있다. 나의 장래가 내게 맡겨져 있지 않고, 전능하신 하나님께서 맡으신다는 것처럼 은혜로움이 없다.

모세는 드디어 여호와 하나님의 설득에 두 손 들고 엎드린다. 신앙은 하나님의 주권에 항복하는 싸움이다. 나의 기도, 나의 소원과 다르다 해도, 하나님은 여전히 나의 창조주시요, 나의 생사화복의 주권자이심을 놓치지 아니하는 지식이 나를 살린다. 스스로 계시는 자, 여호와 하나님의 주권자 되심에 대한 경외심을 가지고 그 은혜로우신 부르심에 기꺼이 응답하는 감동이 일어나기를 기도한다.

제22장

그리스도, 삼위일체 (요 1:1-3)

> <<<<<<< 개요 >>>>>>>
>
> 삼위일체 교리는 하나님의 존재 양식에 관한 신론 신학의 주제다. 하나님의 존재 양식을 무시한 채 신앙을 독려하면 은혜와 진리로부터 이탈할 위험성이 높다. 교리사에서 가장 심각한 논쟁점이 된 삼위일체 교리의 중요성을 지나쳐버리면 이단세력을 방어할 힘을 잃고 만다. 동시에 우리가 신앙생활에서 갖는 확실한 진리와 은혜의 풍성함과 능력을 놓치게 된다.

1. 삼위일체는 하나님의 존재 양식이다

하나님은 인격체 혹은 구별된 삼위로 존재하신다. 성부, 성자, 성령 하나님을 호칭할 때 세 하나님, 삼신이라 하지 않고 삼위 하나님이라 한다. 삼위로 따로따로 계시지만 우리는 세 하나님이라 하지 않고, 한 하나님이라 한다. 하나님은 각각 독립된 자존자이시고 주권자이심과 동시에 본질로 한 분이시다.

하나님이 세 분이심은 성경 전편에 걸쳐 기록되어 있다(마 3:16-17; 고후 13:13; 벧전 1:2; 마 28:18-20; 행 1:6-7; 요 16:7; 시 110:1; 엡 2:18 등). 삼위일체 교리가 신학에서 중요한 과제가 된 것은 기독론에 관한 오해 때문이었다. 초대교회에서부터 있었던 이단은 그리스도의 신성을 부인하는 주장에서 시작되었다.

신학에서 기독론은 지성으로는 풀리지 않는 섬세하고 복잡한 문제다. 지금도 기독론은 철학과 종교문화의 다양성과 더불어 온갖 이론으로 발전하고 있다.

1) 성경에서 이미 그리스도의 신성을 부인하는 이단세력을 경고하고 있다. 그만큼 심각한 문제로 대두되고 있었다

> 거짓말하는 자가 누구냐 예수께서 그리스도이심을 부인하는 자가 아니냐 아버지와 아들을 부인하는 그가 적그리스도니 아들을 부인하는 자에게는 또한 아버지가 없으되 아들을 시인하는 자에게는 아버지도 있느니라(요일 2:22-23).

> 이로써 너희가 하나님의 영을 알지니 곧 예수 그리스도께서 육체로 오신 것을 시인하는 영마다 하나님께 속한 것이요 예수를 시인하지 아니하는 영마다 하나님께 속한 것이 아니니 이것이 곧 적그리스도의 영이니라 오리라 한 말을 너희가 들었거니와 지금 벌써 세상에 있느니라(요일 4:2-3).

이단적 주장은 예수가 누구신가의 물음에서 비롯되었다. 예수님도 제자들에게 자신의 정체성에 관한 사람들의 생각을 물으셨다.

> 사람들이 인자를 누구라 하느냐 이르되 더러는 세례 요한, 더러는 엘리야, 어떤 이는 예레미야나 선지자 중의 하나라 하나이다(마 16:13-14).

> 이르시되 너희는 나를 누구라 하느냐 시몬 베드로가 대답하여 이르되 주는 그리스도시요 살아 계신 하나님의 아들이시니이다 예수께서 대답하여 이르시되 바요나 시몬아 네가 복이 있도다 이를 네게 알게 한 이는 혈육이 아니요 하늘에 계신 내 아버지시니라(요16:15-17).

예수님은 일찍이 베드로가 주는 그리스도시요 하나님의 아들이심을 고백하게 하심으로써 자신에 관한 오해를 불식시키셨다. 동시에 앞으로 이 고백의 터 위에 교회를 세우실 것을 예고해 주셨다. 그리스도의 십자가와 부활 그리고 승천과 성령 강림 및 교회 창립 등의 신성한 역사는 오직 예수의 그리스도이심과 하나님의 아들이심을 고백하는 믿음의 터 위에서 역사적인 정당성을 확보할 수 있다. 만일 예수의 그리스도이심이나 성육하신 인자이심을 부인하게 되면 그리스도의 공생애가 전부 물거품이 되는 심각한 오류를 빚게 되고, 신앙성립의 기초를 상실하게 된다.

2) 그리스도의 양성을 부인하는 이단의 논쟁

(1) 아리우스

삼위일체에 관해 길고 긴 교리적 논쟁은 알렉산드리아의 장로 아리우스(250-336)에 의하여 시작되었다. 그는 그리스도의 신성을 부인하였다. 그에 의하면 예수는 창조 이전에 하나님이 만드신 최초의 피조물이다. 말씀은 자존적 존재가 아니며 예수는 탄생하기 전에는 존재하지 아니하였다. 그에게는 시간이 있었고 시작이 있었다. 그러나 아버지는 시간이 없으신 무한하시고 영원하신 분이시다.

예수가 존재하기 전에 무엇이 있었는가의 질문에 아리우스는 아버지가 계셨다고 하였다. 아들은 직접 아버지와 교제할 수 없는 피조물이다. 말씀은 아버지에게 속해 있었고, 아버지에게서 듣고 본 것을 전할 뿐, 아버지의 모든 것은 아니라는 것이다. 그는 아버지와 달리 유한한 존재다. 말씀은 피조물이지만 하나님과 방불한 존재로서 십자가와 부활을 체험한 후 하나님은 그를 양자로 삼으시고 신성을 부여하셨다고 주장하였다.

또 성령은 성자로 말미암아 지음을 받은 존재다. 결국, 아리우스는 삼위일체 하나님을 부정함으로써 325년 니케아회의에서 이단으로 정죄되어 파문된 후, 거리에서 돌연사하였다.

(2) 네스토리우스

428년 콘스탄티노플의 대주교가 되었다. 안디옥파로서 신인설과 신모설을 부정하였다. 413년 에베소공의회에서 이단으로 추방되어, 중국으로 건너가 경교라는 이름으로 활약하였다. 당시 정통신관은 알렉산드리아파를 이끌고 있던 시릴(Cyril)에 의하여 제창된 신인교류설이었고, 이는 성례전에서 화체설로 발전하는 계기가 되었다.

(3) 유티커스

그리스도의 양성을 부인하고 중성적 존재, 즉 신도 인간도 아닌 전혀 다른 존재임을 주장함으로써 이단으로 추방되었다.

(4) 펠라기우스

행위구원론자. 아우구스티누스의 은혜론과 대척점에 선 자다.

3) 니케아 회의(300명의 감독이 모인 최초의 국제회의)

A.D. 325년 니케아 회의에서 기독론에 관한 각종 이단설(아리우스, 네스토리우스, 유티커스, 펠라기우스)을 청산하고 삼위일체 교리를 확정하였다. 하나님의 존재 양식을 성부 하나님, 성자 하나님, 성령 하나님으로 교리화한 것이다. 사도신경을 신앙의 교리로 채택하였고 일명 니케아신조라고도 부른다.

4) 칼케톤 신조

451년 니케아 회의 때의 논쟁을 불식하는 최종적인 결정을 내렸다. 삼위일체론을 정론으로 확정하였다.

2. 삼위 하나님은 본질로 하나이시다

그렇다면 이렇게 구별된 삼위 하나님이 어떻게 하나인가?
이런 것이 문제로 남는다. '하나'라는 것이 어떤 의미로 쓰였는가 하는 것이 삼위일체론의 열쇠다.

> 나와 아버지는 하나이니라 하신대 유대인들이 다시 돌을 들어 치려 하거늘(요 10:30-31).

분명히 '나와 아버지는 하나다'라고 말씀하셨다. 만일 숫자로 하나라는 뜻이라면 "내가 곧 하나님이다", "너희들이 믿는 하늘에 계신 하나님이 바로 나다." 이렇게 말씀하셔야 한다.
하지만 여기서 '하나다'라는 것은 분명 숫자로 하나란 뜻이 아니라, 본질로 하나됨, 곧 영광과 존귀와 능력과 거룩과 의와 모든 신성이 똑같다는 의미다.

> 그는 근본 하나님의 본체시나 하나님과 동등됨을 취할 것으로 여기지 아니하시고 오히려 자기를 비워 종의 형체를 가지사 사람들과 같이 되셨고(빌 2:6-7).

본체는 외형이 아니라, 내용이나 본질을 말한다.
성자 그리스도는 성부 하나님과 본질이 똑같으신, 하나님의 실체이다. 두 분이시지만 본질로는 하나이기 때문에 두 분이나 한 분이거나 같다는 뜻이다.

1) 삼위일체론의 틀을 짠 자는 터툴리아누스다

삼위일체론을 처음 사용한 사람은 교부시대의 터툴리아누스(160-220)다. 주후 2세기까지 하나님의 존재 양식은, 유대교의 유일신관의 영향으로 성부 하나님의 군주론이 주를 이루는 학설이었다. 성자와 성령은 성부 안에 존재하는 역할로서 성부에게 종속되는 피조물로 이해하고 있었다. 군주론은 성자와 성령이 성부에게 종속되는 하나님의 삼중성을 주장한다. 하나님의 삼중성이 창조와 구속에서 나타났다는 것이다.

터툴리아누스는 군주론에 기초하여 처음으로 삼위 하나님의 위격에 관해 언급하였다. 하나님의 세 위격을 설파함으로써 삼위일체론의 신학적 모형을 마련하였다는 점에서 공로가 크다.

그는 삼위일체론에서 위격을 '페르소나'(Persona)로 표현함으로써 군주론을 완전히 벗어나지 못하였다.

성자와 성령은 성부와 분리되어 존재하지만, 여전히 성부에게 종속되어 있는 신관에 머물고 있었다.

터툴리아누스 이후 동방교회에서는 하나님의 위격을 '페르소나'로 표현하였고 서방교회 교부들 역시 성부의 군주론에 입각하여 성자와 성령의 사역을 제2의 협력적 관계로 이해하고 있었다.

2) 동방교회의 신학자 아우구스티누스에 이르러 삼위일체론의 신관이 정립되는 계기를 맞게 된다

아우구스티누스에 의하여 그동안 서방교회가 사용하고 있던 삼위에 관한 표현 양식인 '페르소나'를 '휘포스타시스'로 변경하여 정론으로 채택하였다. '페르소나'는 사벨리우스주의 신관인 단일신론을 추종할 위험이 크다는 이유에서 폐지되었다.

'휘포스타시스'(ὑπόστασις)는 실체, 기초란 뜻이다. 본체와 같다는 뜻을 가진 용어다. '페르소나'는 인격을 뜻하지만, 때와 장소를 따라 자신의 모양을 달리하는 '가면'(mask)의 개념이다. 아우구스티누스에 의하여 삼위일체론은 오늘에 이르기까지 정론으로 계승되고 있다.

'휘포스타시스'는 히브리서 11장 1절에서 믿음을 설명할 때 사용한 용어다.

> 믿음은 바라는 것들의 실상이요(히 11:1).

'실상'의 뜻을 가진 단어가 '휘포스타시스'다. 성경의 용어를 삼위일체의 개념에서 사용한 것이다. 삼위 하나님의 위격을 각각 독립하는 실체로 표현하는 용어로 사용된 것이다.

믿음은 추상명사가 아니다. 바라는 것들의 실체다. 믿음은 우리가 보이지 않는 하나님과 그 나라를 실제로 소유하고 경험하는 실체다. 믿음은 삼위 하나님이 일체인 것과 같이 하나님과 일체가 되는 관계 속에서 살게 하시는 은혜의 선물이다. 우리는 유한한 존재이지만, 예수 그리스도 안에서 하나님은 우리를 삼위 하나님과의 교제가 가능한 영역으로 초대하신 것이다.

3) 군주론은 단일신론으로 발전한다

단일신론은 하나님이 숫자적으로 하나라는 고정관념 때문에 생겨난 역사적으로 유명한 이단이다. 하나님을 단일신으로 이해하면 양자론과 양태론으로 빠지게 된다.

(1) 양자론

성부 하나님께서 예수 그리스도에게 성령을 한없이 부어주셔서 마치 하나님과 같은 사람이 되었다는 주장이다. 예수는 본래 사람이었는데 하나님께서 그를 아들 삼고자 성령을 부어주셔서 초월한 존재가 되었다는 학설이다. 우리 주변에 흔히 볼 수 있는 교주들을 양산하는 이단설이다.

(2) 양태론

원래 하나님이 하나인데 구약에는 성부 하나님으로, 신약에는 성자 하나님으로, 교회 시대는 성령 하나님으로 시대마다 역할을 달리하신다는 학설이다. 하나님이 그 시대마다 모양을 바꾸어 나타나신다는 '페르소나'로서 극명한 이단이다.

하나님은 구약이든 신약이든 영원토록 동일하신 분이시다. 창조하실 때에도 함께 역사하셨고 구속하실 때에도 함께 이루셨다. 하나님은 성부로서 하나님도, 성자로서 하나님도, 성령으로서 하나님도 아니시다. 그대로 성부 하나님, 성자 하나님, 성령 하나님이시다. 숫자로 하나가 아니다. 그렇게 시대와 필요를 따라 모양을 달리하는 둔갑의 하나님이 아니시다.

하나님의 영원성이 신앙고백으로 굳혀지지 아니하면 하나님의 주권도 성립될 수 없고 진리의 말씀도 권위를 잃게 된다.

4) 양자론과 양태론은 이단을 싹트게 하는 위험요소다

삼위일체 교리의 모든 오류는 세 분 하나님이 다 모여야 하나님의 온전하심이 이루어진다는 생각에서 시작된다. 예를 들어 태양의 경우, 빛과 열이 합칠 때 태양의 온전한 형체를 이루는 것처럼 삼위일체를 이해할 소지가 있다. 성부, 성자, 성령 삼위 하나님이 각각 삼 분의 일씩 영광, 존귀, 거룩하심과 의로우심, 능력, 권세를 가진 것처럼 삼위 하나님의 이름을 각각 부르는 오류에 빠지게 된다. 이는 하나님에 대한 신성모독이다.

삼위 하나님은 각각 개체로 계셔도 신성에 있어 온전하시고 조금도 부족함이 없으시다. 동등하게 권능과 존귀, 영광이 충만하시고 동등하게 영원하고 전능하시며 사랑과 은혜가 동일하시다. 성부 하나님 한 분만 있어도 세 분이 계신 것과 같다는 뜻에서 삼위일체다.

각각 독립된 인격성과 존재 양식을 모르면 예수 그리스도를 하나의 인간으로, 특히 성령 하나님을 바람, 힘, 기운 같은 비인격적인것으로 취급할 가능성이 크다. 성령의 충만을 받으면 예수님처럼 하나님의 신성이 충만한 인격성이 돋보여야 하는데 인격이나 성품은 변하지 않고 바람 같은 소리만 내면 큰 이단성의 오류를 빚게 된다.

3. 이 말씀은 곧 하나님이시니라(요 1:1)

말씀의 형태로 오신 예수 그리스도는 창세 전에 하나님과 함께 계셨였다. 영원 언약에서 그리스도는 언약을 실현하시는 중심에 계신 영원한 중보자이셨다. 말씀은 보이지 않는 하나님을 인간에게 설명하고 전달하는 계시다. 예수 그리스도는 우리와 같은 모양을 취하셔서 우리와 같은 언어와 삶을 통해 보이지 않는 하나님을 보여주시는 말씀이시다. 그리스도는 창세 전에 하나님과 함께 계셨던 말씀이셨고 동시에 하나님의 본체이셨다.

예수님은 삼위 하나님으로서 독자적으로 행동하지 않으셨다. 전적으로 성부 하나님의 뜻을 이루는 일에 죽기까지 복종하셨다. 자기 백성을 향한 성부 하나님의 계획을 그대로 나타내시고 완전하게 전달하셨다(요 8:28-29). 성자께서 아버지의 뜻에 완전하셨다는 증거가 십자가에서 나타내신 순종이다.

> 너희 안에 이 마음을 품으라 곧 그리스도 예수의 마음이니 그는 근본 하나님의 본체시나 하나님과 동등됨을 취할 것으로 여기지 아니하시고 오히려 자기를 비워 종의 형체를 가지사 사람들과 같이 되셨고 사람의 모양으로 나타나사 자기를 낮추시고 죽기까지 복종하셨으니 곧 십자가에 죽으심이라(빌 2:5-8).

십자가의 죽으심을 죄의 속량으로만 설명하지 않고 순종을 위한 희생으로 표현한다. 순종은 불순종의 결과를 상쇄하는 최상의 값이다. 아담의 불순종은 모든 인간을 죄인의 신분에 가둬버렸고 그 결과 하나님의 형벌 아래서 살다가 그 끝에 지옥에 떨어지는 참혹한 형벌의 심판을 자초하였다.

불순종의 원죄로 인하여 인간은 죄인의 멍에를 지고 죄인이 감당해야 하는 영원한 죽음의 심판에 처하게 된 것이다. 이로써 어떤 경우라도 하나님의 영광에 이르는 길이 막혀 버린 상태에서 무한대한 절대 절망의 족쇄에 묶이게 되었다.

4. 십자가의 순종은 하나님께로 나아가기 위한 절대적인 조건이다

순종은 하나님 나라의 절대적인 조건이다. 다른 무엇으로도 대체될 수 없는 값이다. 주님이 십자가에서 죽기까지 복종하신 것도 하나님의 나라 기초석이 되시기 위해서다. 하나님과 화평을 이루기 위해서는 죄인의 신분에서 벗어나 의인의 신분으로 치환되어야 하는데 이는 하나님께서 스스로 푸실 과제였다. 죄인의 신분으로는 화목이 불가능하기 때문이다. 성자는 죄로 인해 막힌 담을 헐어 인류를 하나님과 화목게 하시려고 성부의 요구대로 십자가에서 화목제물이 되신 것이다(엡 2:14-18; 3:12).

하나님의 자녀들이 성부 하나님께 나아가는 길이 되시고자 성자 하나님께서 화목제물이 되셨다. 화목제물의 희생은 예수 그리스도의 단독사역이 아니라 삼위 하나님의 합동 사역이다. 우리의 기도가 아버지께서 보실 때에 외면할 수 없는 조건이 된 것은, 예수 그리스도의 사역이 곧 삼위 하나님의 합동 사역이기 때문이다. 우리가 의인의 신분으로 하나님께로 나아가도록 모든 조건을 완성하신 분은 다름 아닌 삼위 하나님이셨다.

> 이는 그로 말미암아 우리 둘이 한 성령 안에서 아버지께 나아감을 얻게 하심이라(엡 2:18).

아버지께 나아가는 것이 신앙의 최종 목표인데 예수 그리스도로 말미암아 우리 모두가 성령 안에서 아버지께로 나아가는 권세를 얻게 된 것이다.

5. 삼위일체는 관계적 존재로서 하나님 나라의 기초를 이룬다

둘째 아담인 예수 그리스도는 하나님 형상의 원형이시다. 첫 아담이 모형인 것과는 비교가 안 된다. 원죄의 특성은 불순종이다. 이로부터 창조의 질서는 분리와 대립의 양상으로 분열되기 시작하였다. 죄의 특성은 분리와 대립과 분열과 같은 독립사상이다.

1) 둘째 아담 그리스도는 분열된 것을 하나로 통일하게 하시려고 십자가를 지셨다

> 하늘에 있는 것이나 땅에 있는 것이 다 그리스도 안에서 통일되게 하려 하심이라(엡 1:10).

통일은 재통일이다. 통일된 적이 있었다. 예수님은 죄로 말미암아 깨어지고 분열된 관계들을 다시 하나로 결합하기 위하여 대속의 십자가를 지셨다.

삼위일체는 하나님의 존재 양식이다. 우리도 교회란 이름으로, 존재론적으로 그리스도 안에서 한 지체들이다. 이미 하나의 몸을 이루고 있는 일체인 것이다.

> 그러므로 주 안에서 갇힌 내가 너희를 권하노니 너희가 부르심을 받은 일에 합당하게 행하여 모든 겸손과 온유로 하고 오래 참음으로 사랑 가운데서 서로 용납하고 평안의 매는 줄로 성령이 하나 되게 하신 것을 힘써 지키라(엡 4:1-3).

2) 교회는 그리스도 안에서 이미 하나가 된 한 몸의 지체들이다

우리가 서로 사랑해서 하나가 되는 것이 아니라 십자가를 통하여, 성령으로 말미암아 우리를 하나 되게 하셨다. 우리가 서로 사랑하고 온유와 겸손으로 서로 화평을 지켜야 하는 것은, 하나가 되기 위한 덕목이 아니라 삼위 하나님께서 합동으로 형성하신 하나님 나라의 일체 됨을 지키고 보존하고 확대하라는 권면인 것이다.

하나님의 나라는 하나님 형상의 실현을 뜻한다. 교회는 삼위 하나님이 일체임과 같이 그 존재 양식을 따라 그리스도의 몸의 지체로서 하나임을 자성하며 한 생명체를 이루어가는 신앙의 행진을 계속 달려가는 공동체이다. 하나의 생명은 사랑이 내용이다. 사랑은 합리성과 이원론과 같은 분리나 분열이나 대립과 같은 경쟁이나 싸움의 상황을 예방한다. 사랑 안에서 선악의 구별도, 성속의 차별도 없는, 오직 그리스도의 몸을 이루고 있을 뿐이다.

6. 결론

삼위일체 하나님의 존재 양식은 신앙생활에서 반드시 간직해야 할 핵심적인 진리다. 삼위일체 교리를 등한히 여기면 이단세력의 침투를 방어할 성벽이 없어져 무방비 상태가 되어버린다.

사탄의 세력은 우리가 가진 종교성을 자극하여 그리스도의 인성을 부인하게 함으로써 십자가의 대속을 거부하게 한다. 동시에 신성을 부인하게 함으로써 신앙을 인본주의에 빠뜨린다. 예수 그리스도의 양성을 부인하는 이단들로 길과 진리와 생명이신 그리스도 중심의 교회 정통성이 훼손되고 있다.

말세에 거짓 선지자들의 미혹이 극심해지는 현상은 그리스도를 사칭하는 사이비 교주들이 판을 치고 있는 것으로 알 수 있다. 적그리스도의 행위는 '반-그리스도'(Anti-Christ)가 아니라 '유사-그리스도'(Para-Christ)이다. 이들은 자연주의와 초자연주의를 왕래하는 혼합주의 신앙이 쉽게 스며들도록 미혹한다. 혼합주의는 모든 것을 융합하는 포스트모더니즘으로 가는 이단사상이다.

적그리스도는 경계가 분명하지 않은 것이 특징이다. 가만히 들어 와서 우리의 믿음을 교란한다. 문화와 예배, 권위와 순종, 신학과 철학, 신앙과 이성, 자연과 은혜 및 도덕과 믿음과 같은 경계를 무너뜨리는 인본주의 신앙관을 조장한다.

삼위 하나님께서 창세 전에 체결하신 구속 언약으로부터, 신학의 안목을 삼위일체론에 두고 역사의 배열을 이해하는 영적 지식을 갖추어야 한다. 성경 역사의 시작이 물질 창조 이전에 영원한 천국에서부터 시작되었음에 관한 확실한 지성체계가 이단의 미혹으로부터 신앙을 보호하는 지름길이 된다. 삼위일체론의 존재 양식이 성경 역사를 구성하는 구조적인 줄거리임을 기초로 하여 신앙 지식을 체계화함으로써 이단의 공세를 방어하는 건강한 신앙인으로 세워져야 할 것이다.

제23장

그리스도, 생명
창조의 근원

> <<<<<<< 개요 >>>>>>>
>
> 그리스도의 신성을 증명하는 것 중에 그리스도와 생명의 관계가 핵심이다. 생명은 하나님의 본성이며 모든 존재의 근원이다. 생명에 관한 올바른 지식은 인간의 삶에서 무엇보다 중요한 과제다.
>
> 생명의 문제는 성경 이외에서는 답을 찾을 수 없다. 생명의 근원이신 그리스도에 관한 올바른 지식을 확립해야 한다.

1. 그리스도는 생명이시다

> 만물이 그로 말미암아 지은 바 되었으니 지은 것이 하나도 그가 없이는 된 것이 없느니라 그 안에 생명이 있었으니 이 생명은 사람들의 빛이라(요 1:3-4).

그리스도는 창조의 중심에 계신 분이시다. 그가 없이는 된 것이 하나도 없다. 그가 계셔야 창조가 완성된다. 그리스도는 창조주이심과 동시에 피조물의 가치를 결정하는 영원한 중보자시다.

> 그 안에 생명이 있었으니 사람들의 빛이라(요 1:4).

그리스도 안에 생명이 있었다. 생명이 그리스도에 의하여 만들어진 것이 아니라, 그리스도 안에 이미 생명이 존재하고 있었다. 그리스도가 곧 생명이란 뜻이다. 창조 사역의 근원은 생명이다. 창조로부터 생명이 만들어진 것이 아니라 생명으로부터 창조가 시작되었다. 이로써 모든 피조물은 생명을 가지게 되었고 이를 보신 하나님은 스스로 그 선하고 아름다움에 심히 만족하셨다. 피조물 안에 생명이 있음을 보시고 기뻐하셨다.

하나님은 동산에는 생명나무를 심으셨다. 생명나무는 피조물의 상태가 항상 생명으로 보존되도록 하시겠다는 하나님의 약속의 징표다. 피조물의 가치를 결정하는 근본은 생명 자체이다. 생명나무는 그리스도를 상징한다. 그리스도는 창조의 시작부터 하나님과 인간 사이의 영원한 생명을 보증하는 중보자로 계시되고 있었다.

그리스도는 창조 이전부터 창조의 질서를 생명 중심으로 유지·보존하시겠다는 은혜 언약의 실체로 존재하고 계셨다. 동산에서 맺으신 행위 언약은 아담의 실패를 고려하여 은혜 언약을 배경으로 체결되었다. 이는 어떤 경우라도, 그리스도 안에서 언약하신 생명의 은혜 언약을 근거로 우주의 역사를 이끄시겠다는 하나님의 의지를 나타내신 것이다.

2. 성경에서 설명하고 있는 생명의 개념은 두 가지다

첫째, 생물학적 생명이다.

태초에 인간은 생령으로 지음을 받았다(창 2:7). 인간은 하나님과 교류를 할 수 있는 영적인 감각을 가진 존재로 지음을 받았다. 생령은 인간 본연의 정상적인 지위인 것이다. 동시에 하나님의 축복 활동을 끌어내는 조건이기도 하다.

죄의 상태는 인간 본연의 지위, 곧 생령의 위치를 이탈하는 상태를 말한다. 생령의 지위를 이탈하면 하나님에 대한 생명의 감각이 마비되어, 하나님과의 관계가 단절된 비참한 존재가 되어버린다.

에베소서에서는 죄와 허물로 죽었다고 선언하고 있다(엡 2:1). 영으로 죽어 있으면 인간에게 남아 있는 것은 흙뿐이다. 흙의 존재를 가리켜 육체라고 한다. 단순히 살과 힘줄과 뼈의 조직만 아니라 마음과 함께 육체라고 한다. 인간이 육체만을 가지고 사는 상태를 생물학적인 생명이라고 한다. 의사가 진단하여 생사를 결정하는 생명을 말한다.

사람의 영이 죽어있는 한, 인간의 지·정·의는 타락하여 죄의 권세 아래 있게 됨으로써 인간이 만들어내는 모든 것은 본질에서 악하고 부패하여 하나님의 뜻과는 정반대일 수밖에 없었다. 육체와 마음을 분리하는 종교 행위는 마치 이미 죽어있는 시체에 분을 바르고 연지를 찍는 것과 같은 어리석은 행태인 것이다.

일반적으로 이원론은 자연의 순리를 거역하는 것을 재앙의 원인으로 여긴다. 인간이 욕망을 멈출 때 재앙이 비껴간다는 것을 확고한 진리로 신봉하고 있다. 재난을 면하기 위해서는 욕망을 멈추어야 한다는 불교나 도교와 같은 종교의 사상은 이를 대변하는 중심에 있다. 특히, 불교의 성불은 우주가 둘이라는 착각에서 깨어나는 대오각성을 말한다. 이들은 인간도 자연의 일부로 본다.

죄인인 인간은 자연으로 귀의하기 위하여 육체의 욕망을 억제하고 제어하는 온갖 고행을 수행한다. 자연의 순수와 융합함으로써 재앙을 막아보자는 생각 때문이다. 그러나 생명은 기존의 자연을 변형, 확대, 개조해서 만들어질 수 없다. 윤회나 해탈이나 도덕성 같은 것들이 생명일 수가 없다.

둘째, 그리스도와 관련된 생명(조에, ζωή)이다. 이를 영생(아이오니오스, αἰώνιος)이라고도 한다.

생명은 영원부터 그리스도와 함께 존재하고 있었다. 예수 그리스도는 친히 "나는 길이요 진리요 생명"이라고 하셨다(요 14:6; 요일 1:2; 요일 5:11-12). 생명이란 말이 요한복음에서만 35회나 등장한다.

그리스도의 생명은 하나님과의 관계에서 살아 있는 영적 생명, 영원히 죽지 않고 썩지 않는 생명을 가리킨다. 그리스도의 생명은 육체와 함께 세상에서 사는 동안, 존재의 가치와 사명 그리고 삶의 의욕을 불태우는 원동력이 된다. 그리스도의 생명만이 삶을 풍요롭게 한다.

> 도둑이 오는 것은 도둑질하고 죽이고 멸망시키려는 것뿐이요 내가 온 것은 양으로 생명을 얻게 하고 더 풍성히 얻게 하려는 것이라 (요 10:10).

예수 그리스도 이외의 것들, 즉 당시 유대인들의 율법주의나 도덕률이나 관습이나 무엇이든지 인간의 생명을 도둑질하고 멸망시키려는 것뿐이라고 하신다. 자연으로부터 고안된 것들은 우리의 것을 빼앗아가는 도적이요 우리의 생명을 멸망에 이르게 할 뿐이다. 자연의 것들은 죽음의 한계를 뛰어넘을 수가 없다. 자연의 순수가 생명일 수 없다.

그리스도의 생명만이 삶을 풍성하게 한다. 생명은 삶을 풍성하게 하는 데에 필요한 모든 환경을 호조건이 되게 한다. 생명은 어디 있든지, 어떤 조건에서든지, 자라고 열매 맺는 일을 중단하지 않는다. 폭풍우 비바람 속에서도, 작렬하는 햇빛 아래서도, 매서운 추위에도, 생명은 자란다. 그리스도의 생명을 가진 자들은 삶의 환경에 종속되지 않고 환란의 비바람 속에서 오히려 하나님을 의존하는 믿음이 견고하여져서 소망의 약속을 굳게 붙들고 현실의 삶을 다스리는 승리를 외친다. 그리스도 안에서 이미 영생, 곧 임마누엘의 하나님과 함께 삶을 경영하고 있기 때문이다.

성경의 약속은 궁극적으로 하나님께서 우리와 함께 거하시는 상태로서 임마누엘이다. 하나님께서 계시는 곳은 어디든지 하나님의 나라다. 하나님의 나라는 죽어서만 가는 곳이 아니라 여기 삶의 대지에서 이루어진다. 십자가의 복음이 상처받은 자에게 임하면 즉시 그에게 영생이 주어진다. 하나님의 나라는 하늘에 있는 것이 아니라, 이땅에서도 하늘에서도 하나님이 계시는 곳이라면 어디든 굳게 세워진다.

3. 영생이란 하나님과 함께 있는 상태(여호와 삼마, 임마누엘)다

> 영생은 곧 유일하신 참 하나님과 그가 보내신 자 예수 그리스도를 아는 것이니이다(요 17:3).

안다는 것은 하나님과 인격 대 인격, 존재와 존재 사이가 하나의 몸을 이룬 상태를 일컫는다. 서로 모르는 것이 전혀 없는 관계를 일컫는다. 삼위일체와 같은 상태다. 하나님과의 일체를 위해서 하나님을 아는 지식은 필수적인 조건이다. 무지한 상태에서는 일체를 이룰 수 없다.

1) 속죄의 피는 인간의 본연의 지위인 생령의 존재로 회복하시려는 목적이었다

인간은 하나님의 품을 떠남으로 하나님에 대한 감각을 상실하고 말았다. 신분 자체가 죄인이고 아는 것이라고는 자연과 세상밖에 없는 존재가 되어버렸다.

영으로 죽어있는 존재에게 어떻게 하나님의 말씀을 듣게 할 수 있을까?
하나님께서 풀어내셔야 할 과제다. 창조 때의 상태인 생령의 존재로 복원하시면 된다. 죄로 더러워진 것을 제거하고 깨끗하게 씻어내면 원래의 상태로 회복된다. 십자가는 죄의 문제를 제거하는 속죄의 역사다. 속죄의 피는 그리스도 안에서 모든 피조물을 재통일하게 하시려는 목적이었다(엡 1:6). 재통일은 이전에 통일된 적이 있었던 원상태로 복구하는 역사다. 생령의 지위로 회복하시는 것이다.

무엇이든지 새로 만드는 것보다 다시 건설할 때 더 많은 희생과 비용이 있어야 하는 법이다. 아무것도 없는 데서 우주를 창조하실 때보다 인간의 죄로 말미암아 더럽고 부패해진 세상을 다시 원상으로 복구하는 사역은 더 많은 희생이 요구되는 법이다. 그 희생의 값으로 인자를 십자가에 속죄양으로 내어주셨다. 그리스도 안에 부름을 받은 상태는 아담의 때와는 비교가 되지 않는다. 영원한 하나님의 나라에서 사는 것, 하나님께서 다스리시는 은혜의 주권 아래에서 사는 상태다. 우리의 실수와 허물 때문에 다시 세상과 마귀가 도적질하지 못하도록 광활한 은혜의 주권 아래에 가두셨다.

2) 거듭난 자는 하나님의 말씀을 듣게 됨으로써 믿음의 길을 나서게 된다

거듭난 자는 하나님의 말씀을 듣는다. 말씀을 들을 때 우리 안에 믿음이 생겨난다. 거듭남이 원인이 되어, 우리에게 믿음이 나타난다. 이 믿음으로 만물이 하나님의 말씀으로 창조된 줄을 알게 되며, 구원을 위하여 하나님께서 행하신 역사적인 사건들 속에 감춰진 영원한 언약의 신비로운 지식을 알게 되는 것이다.

그리스도의 생명이 약동하는 자는 어디든지, 무엇에든지, 하나님의 세밀한 음성을 듣는다. 변화무쌍한 자연 현상과 복잡다단한 삶의 국면 속에서 영원한 뜻을 이루어 가시는 하나님의 섬세한 간섭의 손길을 감각할 수 있게 된다.

시시각각으로 부딪치고 있는 현실의 고단한 단면들을 지나면서 우리의 생각과 계획을 영적으로 수정하고 돌이키지 않으면 안 되는, 전혀 다른 하나님의 주권을 경험하게 된다. 예배와 말씀과 기도와 성도의 교제뿐 아니라 번거롭고 복잡한 일상 속에서 하나님의 은혜를 배우고 하나님의 지혜와 능력을 경험하면서 영적으로 성장해간다. 이는 영생의 감각을 가진 자들의 특권이다.

3) 그리스도 안에서 생명을 가진 자는 사람들에게 생명을 알게 하는 빛의 존재다

그리스도 안에서 더 이상 형벌이나 저주가 없다. 환난마저도 생명을 더욱 풍성히 자라나게 하는 조건이 되기에, 무엇 하나 버릴 것이 없다. 생명의 특징은 자라고 열매를 맺는 데 있다. 죽음과 대별되는 현상이다. 세상에는 생명을 중심으로 사는 자들과 죽음을 중심으로 사는 자들이 함께 어울려 살고 있다.

놀라운 사실은 그리스도의 생명을 가진 자들에게 세상의 빛과 소금이라고 명하신 것이다. 윤리적 빛이 아니라, 영원한 생명을 알게 하는 빛이다. 그리스도 안에서 우리는 존재론적으로 세상의 빛이다. 빛답지 않은 것은 회개의 제목일망정 빛의 존재로서 신분은 변치 않는다. 세상에서 비방을 받을지라도 그래도 세상은 우리의 권고를 들어야 생명을 얻게 된다. 성경은 믿음의 사람들을 가리켜 세상이 감당치 못하는 자들이라고 하였다. 그들은 행복과 삶의 충만함이 세상의 물질에 있지 아니하였다는 고백적 삶을 살았다. 그래서 믿음의 선진들의 삶은 세상의 치부와 권력보다 훨씬 더 경이로운 감동과 행복이었음을 가르쳐준다. 임마누엘의 승리와 그 영광의 발자취이다.

4. 결론

우리가 예수 그리스도 안에서 생명을 얻었다는 것의 자랑이 무엇인가? 우리에게 있어서 삶의 모든 환경은 우리가 받은 구원의 은혜를 더욱 감동하게 하고 믿음을 더욱 굳세게 하는 필요조건이라는 것이다.

우리가 하나님과 함께 행동하는 것이 아니라 하나님이 우리를 적극적으로 사랑하신 결과 임마누엘은 영원하다. 영생, 곧 임마누엘은 세상 일로 인하여 넘어지거나 쓰러지지 않도록 우리를 지켜주시는 방패와 보호막인 것이다.

  창조의 시작에서부터 약속하신 임마누엘의 은혜가 우리의 삶에서 모든 가능성의 약속을 확신하게 하는 생명력임을 잊지 말아야 한다. 생명을 가졌기에, 이제는 더욱 풍성한 삶을 얼마든지 기대할 수 있는 은혜의 간섭 아래에서 살고 있음을 각성하자.

제24장

그리스도, 사람들의 빛
세상의 빛으로서 성도의 가치

> <<<<<<< 개요 >>>>>>>
>
> 그리스도는 생명과 빛이시다. 하나님의 계획에서 생명과 빛은 그리스도의 상징어로 사용된다. 이는 피조물을 다스리시는 하나님의 지혜와 신성을 총칭한다. 동시에 세상은 어둠과 빛 그리고 생명과 죽음이 공존하는 곳으로 대칭적으로 구분하셨다.
> 성도의 존재가 세상의 빛이라는 말에 담긴 의미는 무엇일까?

1. 삼위 하나님은 생명과 빛이시다 (요 1:3-4)

그리스도의 신성을 표현하는 용어로서 빛은 요한복음서에만 21번이나 기록되었다. 그리스도 안에 생명이 있었는데 이 생명은 사람들의 빛이라고 한다. 사람들의 빛은 사람들을 위한 빛, 사람들에게 생명을 알게 하는 빛이다(요 1:9). 진리로 인도하는 빛이다(사 60:19).

빛은 생명과 함께 그리스도 안에 이미 존재하고 있었던 그리스도의 본성이다. 창조 때에 시작되었지만, 하나님 자신이 본질로 갖고 계셨던 것을 나타내셨을 뿐이다. 하나님은 빛이시다(요일 1:5). 그리스도는 원래부터 세상의 빛으로 오셨다(요 12:46; 3:19; 8:12; 9:5).

1) 빛은 하나님의 신성이 전부가 완전하다는 뜻이다

하나님은 거룩하심과 의로우심과 선하심과 인자와 자비하심에 있어서 완전하신 분이시며 흠이나 티나 주름 잡힌 것이나 어둠이 조금도 없으신 분이란 차원에서 빛이시다. 예수 그리스도는 세상의 빛으로 오셨다. 세상은 죄로 말미암아 어둠의 권세에 종 노릇하는 죄인들이 살고 있는 곳이다.

어둠은 하나님에 대하여 무지한 상태를 일컫는다. 하나님의 생명에서 떠나 있는 죽음의 상태다. 하나님의 생명을 떠나면 곧바로 어둠과 무지함과 완고한 마음이 자리하게 되어 하나님에 대하여 영적인 감각을 상실하는 죽음에 이르게 된다(엡 2:1; 4:17-19).

2) 사람들은 그리스도의 빛에 대하여 무지하였다

> 빛이 어둠에 비치되 어둠이 깨닫지 못하더라(요 1:5).

빛이 어둠 가운데 나타났으나 사람들은 감지하지 못하였다. 사람들이 갖고 있었던 빛은 이성과 양심이다. 하지만 죄인인 인간은 하나님의 심판의 대상이다. 죄인의 지성과 양심은 신성에 대하여 어둡고 완고하여 하나님의 생명과 진리를 붙들 수 없다. 자연의 가치가 갖는 가능성의 한계를 드러내는 장면이다. 타락한 자연의 것들은 다 어둠의 권세에 종 노릇하고 있는 멸망의 종자일 뿐임을 천명하고 있다.

인간이 고안한 자연의 가치 즉 종교나 도덕성으로는 그리스도의 생명과 진리를 포착할 수도, 감지할 수도 없다. 자연의 것들이 아무리 선하고 순결하여도 영적인 감각을 상실한 상태에서는 진리나 생명으로 규명할만한 가치가 전혀 없다. 창조주 하나님과 뜻과는 정반대의 길을 가고 있으므로 여전히 죄의 상태이며 우상숭배로서 심판의 대상이다.

2. 창조의 시작은 빛이었다

하나님께서 "빛이 있으라" 하심으로 창조의 첫 날이 시작되었다(창 1:3). 동시에 빛이 있음으로 어두움도 함께 창조되었다. 태양의 광명이 있기 전에 빛이 있었으므로, 빛은 단순히 밝게 비춰는 빛이 아니다. 빛이 있음으로써 어둠을 동반하는 두 개의 공간이 나누어졌다. 하나님의 계획은 빛과 어두움이 공존하는 우주 공간을 창조하심으로써 빛을 중심으로 진리와 생명의 가치를 보존하기로 하신 것이다.

창조의 근원은 빛이다. 빛은 모든 피조물의 근원이며 존재의 가치를 결정하는 기준이다. 어둠은 따로 존재하는 것이 아니라 빛이 나타날 때 뒤따라 나오는 현상이다. 우주의 법칙상 빛과 어둠은 한 공간에서는 공존할 수 없다. 빛이 들어오면 어둠은 그 자리를 지킬 수 없다. 주권은 빛에 있지 어둠에는 없다. 빛은 생명이고 창조의 본질이며 모든 가치의 기준이다. 빛이 없다면 우주와 인간은 존재 가치를 상실하게 된다. 우주와 인간 역사를 이끄는 힘은 오직 빛이다.

3. 빛은 창조 이래로 이 우주 안에 한 번도 사라진 적이 없다

구약에서 빛은 '오르'(אוֹר)다. 힘과 근원이란 뜻이다. 어둠은 '호세크'(חֹשֶׁךְ)인데 꼬인 밧줄, 비뚤어진 행동을 가리키는 단어다.

빛은 모든 것의 근원이며 생명력이다. 어둠은 정도에서 이탈한 모습, 비뚤어진 행동을 가리킨다. 빛은 '하나님이 빛이 있으라' 하신 후에 한 번도 사라진 적이 없다.

성소에 놓인 금 촛대의 등불은 항상 빛을 밝히고 있었다(출 27:20-21). 이는 빛이 아니고서는 어두움으로 상징되는 더러움과 악함, 무질서와 혼돈 그리고 죽음과 저주의 형벌을 몰아낼 방법이 없음을 나타낸다.

이 무리는 정직한 길을 떠나 어두운 길로 행하며(잠 2:13).

그 정죄는 이것이니 곧 빛이 세상에 왔으되 사람들이 자기 행위가 악하므로 빛보다 어둠을 더 사랑한 것이니라(요 3:19).

어둠 속에서 악이 판을 치고 죄가 난무한다. 암흑은 부정하고 부패한 자들에게 죄악을 부추기는 절호의 기회이며 악인들의 활동무대다. 어둠 아래서는 분별력을 잃게 된다. 어디가 길인지, 강인지, 언덕인지, 진흙탕인지, 마른 땅인지 분별이 안 된다.

세상은 죄인이 판을 치는 어둠의 장소로 변해 버렸다. 인간의 삶 자체가 극도의 생존경쟁과 약육강식의 모순과 부조리의 굴레가 정상이 되어 버렸다. 수고와 슬픔과 무거운 짐을 지고 살아가는 상태를 정상으로 여기는 삶의 방식과 사회 구조에 익숙해져 버렸다.

하나님께서는 생명과 빛으로 창조의 시작을 계시하셨다. 인간의 죄가 피조물을 어둠에 갇히게 해도 빛은 사라지지 않는다. 하나님께서 창조의 시작을 생명과 빛으로 명하신 이상, 우주와 인간 역사는 그리스도의 생명과 진리의 빛으로 이끌려 갈 수밖에 없다. 그 역사의 방향을 누가 붙들고 있느냐에 대한 확실한 증거가 십자가와 부활 그리고 성령강림이다.

창조의 주권이 하나님께 있음이 분명하다. 죄악이 판 친다고 해도 우주와 인간의 역사는 하나님의 주권 아래서 하나님이 보시기에 좋으신 방향으로 이끌릴 수밖에 없다.

4. 어둠은 실체가 아니다. 독립하여 존재할 수 없는 그림자와 같다

어둠은 본질상 빛이 있고 난 뒤에 뒤따라 나온 빛의 그림자다. 잠시 왔다가 사라질 배경이지 주인공이 아니다. 주인공은 하나님의 계획을 성취해가는 빛의 존재들이다. 죄는 처음부터 있지 않았다. 인간이 우발적으로 사단의 미혹에 넘어간 결과물이다. 변질의 속성을 가지고 있어서 영원히 존속할 가치가 없다.

죄란 깨끗한 것을 더럽게 하고, 의로운 것을 왜곡되게 하고, 건강한 것을 병들게 하고, 부한 것을 도적질하는 악한 성질을 지녔다. 죄가 성립되기 위해서는 반드시 깨끗한 것이 있어야 하고 바르고 의로운 것, 건강과 부한 것이 있어야 한다. 빛이 없다면 어둠이 생길 수 없듯, 생명이 없다면 이를 도적질하는 죽음의 권세도 있을 수 없다.

창조의 사역에서 빛과 어둠으로 나뉘어서 하나님의 계획을 이루신다면, 어둠의 세력도 하나님께서 응용하시는 방편임이 분명하다. 죄는 실체가 아니고 빛의 그림자로 따라온 것이기에 성경은 처음부터 성속의 구분을 하지 않았다. 하나님은 악과 속된 것을 선용하실 만큼 선하시고 의로우시다.

하나님의 계획에는 선악과 성속을 구분하는 이원론은 처음부터 없었다. 성경은 역사의 주권을 인간에게 맡긴 적이 없고, 모든 빛의 아버지께서 동원하신 인물들의 이야기일 뿐이다. 비록 그들의 삶이 죄와 허물투성이라 할지라도 그들의 내면에는 하나님의 사랑과 은혜의 풍성한 신성이 넘치고 있었다.

하나님의 신성과 지혜에 관한 성경의 증언 중에 이스라엘의 반역, 유다의 배신, 야곱의 아들들 이야기, 사도 바울, 다윗과 아브라함, 예수님의 제자들의 이야기는 하나님에게는 성속의 구분이 없음을 보여주는 이야기다. 하나님의 역사에 등용된 인물들의 경우, 우리가 생각하듯이 걸출하거나 뛰어난 성품의 소유자는 아니었다. 그들도 우리와 같이 이기심이 강하고 탐욕과 정욕이 들끓는 자들이었고 자신에게 유리하다면 살육을 서슴지 않는 자도 있었다.

하나님은 그들이 쌓아 올린 업적이나 학식이나 권력이나 부를 응용하시려는 의도는 추호도 없으셨다. 하나님은 너무나 거룩하시고 은혜와 사랑이 지극하시기 때문에 인간이 저질러놓은 죄악을 얼마든지 사하시고 용납하셔서 하나님의 뜻에 충성하도록 설득하실 능력과 지혜가 충만하신 만물의 주권자이시다.

예수님의 공생애 전체는 어둠에 대하여 빛을 발하시는 사역이었다.

성육신의 비하와 겸손은 물론, 초월을 동원하셔서 각색 병을 고치신 것도 어둠 가운데서 빛을 발하시는 사역이었다. 십자가의 죽으심과 부활하심과 승천은 어둠 가운데 사는 성도들에게 신령한 빛을 충만하게 비추시려는 목적이었다. 결과적으로 공생애의 사역은 하나님에 대하여 알지도 깨닫지도 못하는 사람들이 하나님의 지식을 붙들고 살도록 진리와 생명의 빛을 비추러 오신 걸음이셨다.

우리는 성속을 구분할 만큼 선하지도, 의롭지도 않다. 하나님 앞에서 사람의 옳고 그름을 판단할 자격이 없는, 죄의 속성과 근성을 가지고 있다. 우리가 행하는 의나 선은 어디까지나 상대적인 가치이지 생명을 살리는 절대가치는 아니다. 우리는 실리나 유익을 따라 얼마든지 변개하는 자들이다. 비뚤어진 양심을 동원하여 남을 판단하는 위선에 익숙한 자들이다.

1) 신앙은 사람을 판단할 주권은 오직 하나님께 있음을 아는 것이다

우리 곁에 위선자도 있고 형식주의자도 있고 거짓말쟁이도 있고 사기꾼도 있다. 성도들을 핍박하고 가해하던 사울, 제자 중에서 선하고 의로운 자로 지목받던 가룟 유다도 있었다.

성경의 인물들 중에 하나님의 역사에 적합한 인물이 누가 있는가?

예루살렘 중심의 제사장 무리와 갈릴리 어촌 출신의 제자 중 누가 더 하나님의 일에 유용한 인물이 되었는가?

우리가 보고 느끼는 것으로 판단하면 하나님의 선하고 의로운 은혜의 역사를 놓치게 된다. 하나님은 겉사람을 보지 아니하시고 속사람을 보신다고 하였다. 극히 조심하여 남을 존귀하게 여겨야 할 권고의 말씀이다.

사람의 무지를 밝히시는 빛은 하나님만이 행사하실 수 있는 주권에 속한 일이다. 누가 어떻게 하나님의 계획에 등용될지 우리는 전혀 알 길이 없다. 우리는 빛에 대하여 온전하지 않다. 신앙은 만사를 판단하시는 주권이 하나님께만 있고, 우리에게는 미래를 예견하거나 단정 지을 권리가 없음을 아는 분별력이다.

> 어두운 데에 빛이 비치라 말씀하셨던 그 하나님께서 예수 그리스도의 얼굴에 있는 하나님의 영광을 아는 빛을 우리 마음에 비추셨느니라(고후 4:6).

창조 첫 날의 빛은 물리적인 빛임과 동시에 그리스도에게서 나타난 하나님의 지식을 붙드는 신령한 빛이다. 하나님의 속성에는 영원부터 성속 또는 선악의 구분이 없었다.

5. 그리스도는 어둠의 곳에 빛의 존재로 오셨다

빛은 도덕적 빛이 아니라 신령한 빛, 진리와 생명의 길을 비추는 빛이다. 예수님이 오시자마자 율법주의자들을 비롯하여 세상에서 최상의 것들을 누리고 있던 자들이 그리스도의 빛에 대하여 반응하기 시작했다. 그들은 세상의 것들을 동원해 그리스도를 제거하려는 음모를 실행에 옮겼다. 자기들의 세상을 한꺼번에 잃어버릴 위험에 직면해 있었기 때문이다. 진리니 생명이니 빛이니 하는 것은 그들의 관심 밖이었다.

1) 그리스도의 빛이 비치자 그들의 죄악이 낱낱이 드러나기 시작하였다

예수님의 말씀을 통해 율법주의자들의 도덕성이나 양심이나 청빈이 모두 인간의 탐욕을 위한 종교적 가식이며 기만임이 만천하에 폭로되고 있었다. 그리스도는 당시 의인이라고 자부하던 율법주의자들을 향하여 악하고 음란한 세대라고 책망하셨다.

> 내가 의인을 부르러 온 것이 아니요 죄인을 불러 회개시키러 왔노라(눅 5:32).

빛이 어둠에 와서 충돌하고 있는 장면들이다.

2) 인간이 얼마나 어둠의 존재냐 하는 것을 고발하는 예가 간음한 여자에 관한 이야기다

사람들이 간음한 여자를 끌고 예수께 왔다. 이 여인을 어떻게 하면 좋겠느냐며 예수를 시험하고 있다. 예수님께서 율법대로 돌로 쳐 죽이라고 하면 평소에 가르치신 사랑의 계명에 어긋나는 모순을 빚게 되고, 사랑하고 용서하라고 한다면 율법을 어기는 올무에 걸리고 마는 난처한 상황이다.

이때 주님은 사람들의 심령에 신령한 빛을 비추셨다. 몸을 굽혀 땅바닥에 몇 자 적은 후에 일어나 죄 없는 자가 돌로 치라 하셨더니 모두 양심의 가책을 받아 도망쳐 버렸다. 그다음 주님이 설파한 말씀이 우리의 심장을 찌르신다.

> 나는 세상의 빛이니 나를 따르는 자는 어둠에 다니지 아니하고 생명의 빛을 얻으리라
> (요 8:12).

빛을 비추었더니 어둠 속에서 살던 사람들이 자신의 죄인임을 알고 양심의 가책을 받아 회개하고 두 손 들고 항복한 것이 아니라 다 도망쳐 버렸다. 인간이 얼마나 어둠의 존재인가를 단적으로 보여 주는 대목이다.

6. 예수 그리스도는 생명을 위한 빛이시다

그리스도는 양심의 가책이나 깨달음 같은 구도의 길로 안내하는 빛이 아니다. 이방 종교의 빛과는 대별된다. 예수 그리스도는 빛이심과 동시에 생명이시다.

1) 인간의 삶이 수고와 무거운 짐인 것을 아는 자가 회개하고 돌아선다

그리스도는 인간의 죄인 됨을 지적하고 좌절과 절망을 알게 한 후에 죄 사함의 십자가 앞으로 인도하는 생명의 빛이시다.

이사야는 하나님의 영광을 본 후 "화로다 나여 망하게 되었도다"(사 6:5) 하며 큰 절망에 빠지게 된다. 극도의 슬픔과 탄식으로 절망을 호소하는 순간, 하나님께서 제단 숯불을 취하시면서 부정한 입술에 대시고 구원을 선포하신다.

> 네 죄가 사하여졌느니라(사 6:7).

인간은 자기가 얼마나 큰 죄를 범한 죄인인가를 알기 전에는 회개하지 않는다. 회개는 인간이 아무리 자연의 순수경지에서 평안과 자유를 누릴지라도 여전히 하나님의 율법 앞에서는 심판을 면치 못할 죄인임을 깨닫게 될 때 일어나는 법이다. 하나님은 먼저 인간의 삶이 수고와 무거운 짐을 지고 가는 고통과 슬픔임을 선언하신 후에 "내게로 돌아오라 내가 편히 쉬게 하리라"고 말씀하셨다. 인간의 삶을 수고와 무거운 짐으로 아는 자가 주께로 돌아온다.

2) 성경은 그리스도인을 가리켜 세상의 빛이라고 불러 주셨다

우리는 예수 그리스도 안에서 존재론적으로 빛이다. 도덕적 빛이 아니다. 어두움에 대하여 빛이다. 신령한 빛, 생명으로 인도하는 빛이다. 선행은 세상에서 빛이기 때문에 요구되는 것일 뿐, 선행을 통해 빛이 되는 것은 아니다. 성도가 세상에서 빛인 것과 빛다운 것은 다르다. 빛답지 않아도 존재 자체가 빛이다. 빛답지 않으면 하나님께서 빛답게 살도록 간섭하실망정 세상이 우리를 비판할 수는 없다.

> 신령한 자는 모든 것을 판단하나 자기는 아무에게도 판단을 받지 아니하느니라 누가 주의 마음을 알아서 주를 가르치겠느냐 그러나 우리가 그리스도의 마음을 가졌느니라 (고전 2:15-16).

이 시대에 양심의 가책을 느끼는 자들과 사회 윤리와 정의를 외치는 자들이 간 곳이 어디인가?

오늘의 교회와 성도를 비판하는 자들은 다름 아닌 우리 신들이다. 양심의 빛만 비친 곳에서는 남을 정죄하고 비판할 수밖에 없다. 젊은 세대는 비교적 양심을 부르짖는 쪽에서 기성세대를 바라본다.

그들은 누구를 향하여 양심, 정의, 공의와 도덕성을 요구하는가?
기성세대다.
그러나 정작 그들은 어디로 가고 있는가?
선과 의의 길로 가고 있는가?

오늘날 교회에서 은혜가 율법의 협곡에서 헤어나지 못하고 있다.
우리는 서로 사랑하자 섬기자 말하면서도, 남을 향해 너는 왜 사랑하지 않느냐 비판하고 심지어 지도자들을 깎아내리고 모함하고 흠집냄으로써 하나님의 영광을 실추케 하는 것을 흔히 보게 된다. 교회 안에 잘난 자들이 너무 많다. 은혜가 율법의 협곡에서 헤어나지 못하고 있는 현상들이다. 인생을 살게 하는 힘의 두 물줄기가 있다. 하나는 사랑과 감격이 힘으로 작용하는 인생이고 다른 하나는 증오와 원한이 힘으로 작용하는 인생이다. 하나는 은혜를 아는 자들이고 다른 하나는 은혜를 모르는 자들이다.

7. 결론

생명의 빛으로 초대된 자들의 특징은 언제나 자신의 의에 대하여 부끄러움과 절망을 느끼고 심령의 가난과 애통을 호소한다. 오만하지 않고 비판하지 않고 자기를 자랑하지 않는다.

우리의 부끄러움은 빛답지 못한 데 있다. 성도는 생명의 빛이다. 우리의 선행도 생명의 길이 될 때야 빛의 가치를 발하는 것이다. "너희는 세상의 빛"이라는 소리를 들을 때 부끄럽지 않은 자는 아무도 없다. 듣기가 민망하고 황공스럽다. 그럴 때마다 드디어 빛다워지는 결심을 하게 된다.

맹인이 빛을 선택할 수 없다. 우리가 빛을 보고 달려온 것이 아니다. 빛이 있는 곳으로 인도되어 온 것이다. 와서 보니 빛이며 생명이며 천국임을 알게 된 것이다. 빛을 보았기 때문에 이제는 어둠에 대하여 가슴 아파하며 생명을 가졌기 때문에 죽음에 대하여 더욱 통분하는 것이다. 하나님은 성도에게 모든 것을 공개하시고 하나님의 일을 맡기셨다.

우리가 빛이기 때문에 심판의 때에도 우리에게는 사전에 알리시기까지 우리를 중심으로 역사를 이끄신다. 심판의 엄중한 날은 세상에 대하여는 도적같이 임하지만, 우리에게는 예고하시기로 하셨다. 우리가 그리스도 안에서 산다는 것만큼 감격스럽고 눈물겨운 은혜가 없다.

이 생명의 빛을 이웃에게, 이 민족에게 증거하고 전하는 데에 말씀의 입술과 지팡이가 되기를 결심하자.

제25장

예배의 본질은 대상이 아버지
거룩한 산 제물로 드리라

<<<<<<< 개요 >>>>>>>

웨스트민스터 소요리문답 제1조는 사람의 제일되는 목적은 하나님을 영화롭게 하며 그를 영원토록 즐거워하는 것이라고 하였다. 신앙생활의 중심은 하나님을 영화롭게 하는 예배다. 그렇다면 예배의 본질은 무엇이며, 어떻게 예배를 드려야 하는가 하는 것은 신앙의 핵심 지식이다.

1. 예배의 첫 단계는 하나님의 임재를 경험하는 것이다

신약에서 예배에 관한 언급은 사마리아 여인의 질문에 대답하신 예수님의 말씀이 유일하다.

> 예수께서 이르시되 여자여 내 말을 믿으라 이 산에서도 말고 예루살렘에서도 말고 너희가 아버지께 예배할 때가 이르리라(요 4:21).

> 아버지께 참되게 예배하는 자들은 영과 진리로 예배할 때가 오나니 곧 이 때라 아버지께서는 자기에게 이렇게 예배하는 자들을 찾으시느니라 하나님은 영이시니 예배하는 자가 영과 진리로 예배할지니라(요 4:23-24).

사마리아 여인은 그리스도와의 대화에서 처음 남편이 다섯이나 있었고, 지금도 정혼한 사이가 아닌 상태에서 자신을 감추고 살아가는 자신의 수치스러운 실상을 실토하기에 이른다. 그토록 부끄럽게 여기던 죄의 실상이 그리스도에 의하여 여지없이 폭로되는 순간, 그녀는 초월자의 임재를 경험하게 된다. 그녀에게 목이 말라 물을 좀 달라고 하신 이가 유대인 길손이 아니라 하나님이 보내신 선지자임을 알아보는 영안이 열리게 된다.

구원의 첫 단계는 하나님의 임재를 경험하는 것이다. 하나님이 자신에게 나타나셨다는 영적인 감각이다. 영원하시고 전능하신 창조주 하나님이 나에게 찾아오심으로 그분 앞에서 나의 초라하고 부끄러운 모습이 드러나게 됨을 경험하게 된다.

회개란 자신과 세상이 틀렸다는 것에 관한 깊은 각성이다. 회개는 세상의 것에 대한 허무와 절망을 알고 하나님께서 준비하신 천국을 향하여 돌아서는 방향 전환이다. 착하고 선하게 살자는 궤도 수정이 아니라, 180도로 하나님의 나라로 방향을 전환하는 결단이다. 예배의 시작은 하나님의 임재를 경험함으로써 구원의 은혜를 객관적으로 감동하는 것이다.

2. 여자의 첫 번째 관심은 예배 처소에 관한 궁금증이었다

당시 사마리아 사람들은 그리심 산에서 예배를 드리고 있었다.

예배 처소는 남방 유대인과의 사이에서 일어나고 있는 종교적인 정통성 문제로 언제나 시비되고 있었던 관심사다. 북방 이스라엘은 에브라임 지파가 주동이 되어 열 지파와 함께 이스라엘을 국호로 하여 남방 유다와 분리되어 살았다. 남방 유다는 정통적으로 예루살렘 성전에서 예배를 드리고 있었다. 북방 이스라엘과 비교하면 여호와 하나님을 섬기는 정통성에서 언제나 우월한 위치를 차지하고 있었다. 동시에 북방 이스라엘 사람들에게는 예루살렘 성전에서 예배를 드리는 것이 최대의 소원이었고 관심사였다. 이윽고 민심을 수습하는 차원에서 여로보암은 벧엘과 그리심 산에 송아지를 만들어 성소를 세우고 하나님을 섬기도록 하였다(왕상 12:25-29). 이 두 장소는 한때 아브라함과 야곱이 제단을 쌓았던 곳이고(창 12:6-7; 33:20) 모세의 유언대로 그리심 산에서 축복을 선포하였던 장소이기도 하다(신 11:29-30).

사마리아 여자의 관심도 예외가 아니었다. 예수님을 하나님의 선지자로 인식하는 순간, 곧장 예배처소를 중심으로 하나님을 섬기는 정통성에 의문을 제기한다.

예배에 관한 정통성의 시비는 예나 지금이나 계속되고 있는 신앙생활의 중심과제다. 예배의 정의를 내리신 주님의 답이 정통이다.

3. 예배의 본질은 장소가 아니다

예수님은 장소에서 예배의 정통성을 찾는 여자의 의문점을 일축하고 예배의 본질은 장소가 아니라 대상 곧, 아버지임을 강조하신다. 하나님은 예배와 경배의 대상이시다. 창조의 목적도 예배다. 출애굽의 목적 역시 하나님께서 자기 백성들과 함께 거하시기 위함이었다(출 29:45-46).

1) 약속의 땅은 하나님께 드리는 예배를 위하여 구별된 장소다

하나님께서 약속의 땅을 사전에 준비해 놓으신 상태에서 출애굽을 단행하셨다. 출애굽 즉, 노예 신분에서 해방은 자유를 보장하는 구별된 땅이 따로 마련되어 있을 때 가능하다. 자유를 보장받을 수 없는 자유는 방종과 방탕일 뿐 아니라 멸망에 이르게 한다. 출애굽은 약속의 땅에서 거룩하게 구별된 삶을 통하여 하나님을 경배하며 하나님의 뜻을 행하게 하려는 목적으로 이루어졌다.

성막과 성소의 기구들과 규례들은 예배를 위한 수단들이다. 안식일과 절기들은 하나님께 속한 백성으로서 반드시 지켜야 할 예배를 위한 제도다. 모세의 율법과 절기들과 제사법과 규례들은 전부가 약속의 땅에 들어가서 지키도록 정하셨다(출 12:25; 신 4:5; 6:1).

2) 자녀 세대들은 결정권이 없었다는 뜻에서 약속의 땅을 차지하는 주인공들이 되었다

약속의 땅은 하나님의 거룩한 이름을 두신 곳이다(신 12:5, 26:2). 그 땅에 들어간 사람들은 출애굽 제2세대, 곧 자녀 세대다. 부모 세대는 여호수아와 갈렙을 제외하고는 모두 광야에서 쓰러져 죽고 말았다. 이는 그들이 하나님의 약속보다는 자신들의 주장대로 정탐꾼들을 파송하기로 하였기 때문이었다. 하나님의 결정권을 자신들이 탈취하여 행사한 결과 약속의 땅의 축복에서 제외되었다.

자녀 세대는 결정권이 없었다. 부모에게 의존되어 있는 순종의 세대였다. 부모의 결정을 따라 행동하는 순종의 기질로 자랐던 세대다. 신앙생활은 하나님을 의존하는 믿음을 제일로 삼는 생활 방식이다.

3) 약속의 땅은 하나님을 예배하기에 적합한 조건을 갖춘 자들이 들어가는 곳이다

약속의 땅은 구속받은 백성들이 들어가서 누릴 풍요와 안식의 장소이다. 하나님 자신이 영광을 받으실 거룩한 땅이다. 하나님은 먼저 지고의 화평과 사랑과 안식과 승리의 영광을 가능하게 할 땅을 준비하시고 우리를 구원하셨다. 평화와 번성과 안식의 땅이 없다면 구원하실 이유가 없다. 땅은 선물이며(출 3:17) 기업이며(수 11:23; 14:2) 축복과 안식의 장소다(신 8:7-9; 12:9-10).

약속의 땅은 단지 잘 먹고 풍요롭게 마시고 즐기는 곳이 아니다. 애굽 땅에서는 도저히 누릴 수 없었던 생기가 솟는 삶에 대한 약속이다. 무미건조한 삶을 길게 연장하는 빈약한 장소가 아니다.

생명의 땅임을 강조하고 있는 것은 그곳이 예수 그리스도와 관련하여 약속의 중심을 이루고 있기 때문이다.

> 네 하나님 여호와께서 너를 네 조상들이 차지한 땅으로 돌아오게 하사 … 네 하나님 여호와를 사랑하게 하사 너로 생명을 얻게 하실 것이며(신 30:5-6).

특히, 지혜서나 시편은 생명과 지혜를 땅과 관련하여 묘사한다(잠 8:35; 4:10, 13; 14:27; 시 16:11; 시 37:3, 9, 11, 22, 29).

약속의 땅은 정복자가 필요하며, 출애굽한 백성 중에서 순종의 기질로 체질화된 사람만이 들어가서 살게 될 것이다. 구속받은 하나님의 백성이라는 인식이 분명한 자들이 사는 곳이다. 자기 소유가 없고, 하나님께서 맡기신 기업만이 존재하는 곳이다. 기업은 양도 불가능한 하나님의 소유다. 이스라엘은 할당받아 경영할 뿐 자기 소유로 삼을 수 없다. 희년제도는 기업이 양도할 수 없는 땅임을 말해주는 확실한 증거다.

4) 약속의 땅에 거주할 백성은 그리스도 안에 부름 받은 하나님의 백성이다

하나님이 아브라함에게 약속하신 내용도 땅과 그 땅에 거주할 백성들이었다. 약속의 자손은 그리스도였다(갈 3:16). 예수 그리스도는 구약에서 정한 율법과 번거로운 제사법과 안식일과 절기들의 요구를 단번에 성취하셨다. 신약에서 예배는 신령과 진리가 본질이다. 더 이상 율법의 형식과 제도적 제의가 내용이 아니다.

예배는 그리스도 안에서 성취하신 하나님의 은혜 언약을 기념하며 영과 진리이신 그리스도의 십자가와 부활과 승천과 재림의 약속을 고백하며 실천하는 결심을 드리는 것이다.

약속의 땅은 그리스도 안에서 거룩하게 구별된 하나님의 백성들의 거주지다. 그 땅은 하나님을 영화롭게 하며 감사하며 예배 드리는 장소로 구별된 곳으로, 하나님의 백성이 교제하고 예배 드리는 그리스도의 몸인 무형 교회를 상징한다.

4. 예배의 대상은 아버지시다

예수 그리스도는 율법과 성막에서 진행되던 번거롭고 무거운 제사법을 십자가에서 단번에 종료시키셨다(히 10:1, 8-10). 율법과 제사 법에 의하여 하나님께 예배를 드릴 때마다 경험하던 두려움과 불안과 무서움은 그리스도의 십자가로 말끔히 제거되었다.

1) 예수님은 평소에 하나님을 아버지라고 부르셨다

예수님은 하나님을 아버지라 부르시면서 하나님의 사랑이 얼마나 깊고 풍성하신가를 보이시고 가르치셨다. 주께서 부활하신 후에 마리아에게 권하신 말씀은 더욱 분명하고 감동스럽다.

> 예수께서 이르시되 나를 붙들지 말라 내가 아직 아버지께로 올라가지 아니하였노라 너는 내 형제들에게 가서 이르되 내가 내 아버지 곧 너희 아버지, 내 하나님 곧 너희 하나님께로 올라간다 하라 하시니(요 20:17).

주님께서 부르시던 아버지를 우리에게도 아버지라고 부르도록 권하시는 대목이다.

2) 그리스도 안에서 하나님이 이미 창세 전에 우리의 아버지로 계시고 있었다

> 찬송하리로다 하나님 곧 우리 주 예수 그리스도의 아버지께서 그리스도 안에서 하늘에 속한 모든 신령한 복을 우리에게 주시되(엡 1:3).

> 그 기쁘신 뜻대로 우리를 예정하사 예수 그리스도로 말미암아 자기의 아들들이 되게 하셨으니 이는 그가 사랑하시는 자 안에서 우리에게 거저 주시는 바 그의 은혜의 영광을 찬송하게 하려는 것이라(엡 1:5-6).

> 너희가 아들이므로 하나님이 그 아들의 영을 우리 마음 가운데 보내사 아빠 아버지라 부르게 하셨느니라(갈 4:6).

성육신과 십자가와 부활을 생각하면 우리의 아버지가 되시기 위한 하나님의 불타는 열망과 안타까우심과 의지가 얼마나 큰지를 짐작할 수 있다. 아버지는 자녀들의 삶의 배경이고 힘의 원천이다. 아버지는 자녀가 아는 것보다 더 깊은 이해와 성품과 책임과 의무를 지신다. 아버지는 자녀의 문제를 온전히 떠맡으신다. 자녀는 방탕하거나 이기심과 정욕이 이끄는 대로 가출할 수 있어도 아버지는 자녀의 방황과 굶주림에 마음 아파하며 기다리신다.

하나님은 그토록 우리의 아버지가 되고 싶으셔서 인자로 우리를 대신하여 십자가를 지게 하셨다. 그리고 아버지와 아들의 이름으로 성령을 보내셔서 우리의 입술로 하나님을 아버지로 부르게 하셨다.

하나님을 나를 사랑하시는 아버지로 부를 때마다 내 삶의 시름과 고통이 홀연히 사라진다. 하늘에 계신 나의 하나님 아버지, 그 이름을 부르는 것만으로도 만족하고 더없이 든든하다.

5. 너희 몸을 거룩한 산 제물로 드리라

> 그러므로 형제들아 내가 하나님의 모든 자비하심으로 너희를 권하노니 너희 몸을 하나님이 기뻐하시는 거룩한 산 제물로 드리라 이는 너희가 드릴 영적 예배니라 (롬 12:1).

"너희 몸을 거룩한 산 제물로 드리라" 라는 말씀은 십자가에 나타난 하나님의 자비를 근거로 하여 권하는 예배의 기본자세다.

가장 완전한 산 제물은 십자가에 달리신 예수 그리스도시다. 온 인류 앞에 끌려나온 '아사셀로 보낼 살아 있는 염소'다(레 16:20-21). 인류가 보는 가운데 예수님은 하나님의 영광과 권위는 물론, 인간으로서 갖는 자존심까지 다 버리셨다. 오직 아버지의 뜻을 이루려는 순종의 싸움을 치르신 것이다.

세상의 죄를 걸머지고 아버지의 뜻을 좇아 십자가에 오르셨던 그리스도의 사랑과 순종을 본받아 예배에 임하라는 것이다. 나를 십자가에 못 박고 주님처럼 내 곁에 함께 예배에 참여하는 이웃을 살리는 사랑의 가치로 예배를 드리라는 것이다. 나의 십자가는 내가 죽는 자리다.

나의 자존심과 주장과 가치관과 도덕성과 편견 같은 나의 이기들을 다 버리고 주께서 십자가를 지셨듯이, 아버지께서 사랑하시는 백성을 나도 사랑하겠다는 결심으로 예배를 드릴 때에 이의 가치를 영적 예배라고 하신 것이다.

6. 결론

예배의 대상은 아버지시다. 심령으로 하나님을 아버지라고 부를 때마다 나의 무겁고 슬픈 짐이 가벼워진다. 나의 삶을 계획하셨을 때에 이미 하나님은 나의 아버지셨다. 나를 응시하시고 내 인생 문제를 나보다 더 깊이 알고 계시는 아버지는 생사화복의 근원 되시는 전능의 하나님이시다.

형식이 없으면 예배가 자기가 주인이 되는, 극히 주관적이고 감정적인 독단으로 빠질 위험이 있다. 교회와 예배의 형식이 갖춰져야 할 이유는 첫째 아버지의 사랑과 은혜를 객관적으로 감동하며 그 이름을 높이는 것이고 동시에 우리가 서로 지극한 사랑으로 교제해야 할 한 아버지의 자녀임을 고백하고 확인하는 행복감을 마땅히 나누기 위한 것이다.

> 하나님은 영이시니 예배하는 자가 영과 진리로 예배할지니라(요 4:24).

제26장

교회

> <<<<<<< 개요 >>>>>>>
>
> 신앙생활은 교회생활이다. 교회에 관한 이해 여부가 신앙생활의 원리와 방향을 결정하는 중대한 과제인 것이다. 교회 존립의 정당성은 무엇인가?

1. 구원은 하나님께서 다스리시는 거룩한 공동체로 세움받기 위한 첫 걸음이다

아브라함은 믿음의 조상이다. 그리스도 안에 있는 우리의 정체성을 설명하기 위한 표본이다.

아브라함이 아브람이란 이름을 가지고 살고 있을 때다. 약속의 아들 이삭을 낳기 일 년 전, 아브람의 나이 99세가 되던 해에, 하나님께서 나타나셔서 아브람에게 새로운 형태의 백성들이 살 왕국을 세울 것이라고 언약하신다. 그 형식은 바로 계약이다.

1) 하나님의 언약은 하나님께서 다스리시는 거룩한 왕국 건설이다

> 내가 너로 심히 번성하게 하리니 내가 네게서 민족들이 나게 하며 왕들이 네게로부터 나오리라 내가 내 언약을 나와 너 및 네 대대 후손 사이에 세워서 영원한 언약을 삼고 너와 네 후손의 하나님이 되리라 내가 너와 네 후손에게 네가 거류하는 이 땅 곧 가나안 온 땅을 주어 영원한 기업이 되게 하고 나는 그들의 하나님이 되리라(창 17:6-8).

하나님은 아브라함과의 언약에서 땅과 자손 그리고 왕들이 그로부터 나올 것을 약속하신다. 그리고 언약의 핵심을 "나는 너희 하나님이 되고 너희는 나의 백성이 되리라"는 새로운 형태의 통치권으로 확대하신다. 하나님이 다스리시는 전혀 새로운 형태의 왕국을 세우시겠다는 것이다. 구체적으로 아브람이 사는 가나안 땅을 그와 그의 후손이 살 거주지로서 영원한 기업이 될 것이라고 확약하신다.

모세오경으로부터 선지서에 이르기까지 모든 언약의 줄거리는 하나님께서 다스리시는 거룩한 왕국 건설이다. "나는 너희 하나님이 되고 너희는 나의 백성이 되리라"라는 언약이 핵심주제로 결론을 내린다(레 26:12; 신 26:16-19; 신 29:13; 렘 7:23; 11:4; 24:7; 30:22; 겔 11:20).

계약의 대상은 아브라함의 혈통에 국한되지 않았다. 모든 민족이 하나님의 백성이라는 거룩한 공동체로 확대된다. 혈통이나 민족의 공동체가 아니라 여호와 하나님을 향한 신앙고백으로 형성된 공동체다. 아브라함과 이삭과 야곱의 후손이라는 혈족 관계 위에 일상 생활 속에서 영적인 유대 관계라는 부가적인 의미가 주어진 것이다.

2) 공동체의 계약은 하나님의 통치권을 실현하기 위한 기본요건이다

영적인 유대관계의 첫 번째 증거는 출애굽의 공동체험이다. 출애굽의 대열에는 야곱의 후손들만이 아니라 할례를 중심으로 유월절 예식에 참여한 타민족들이 있었다(출 12:48-49). 구속과 언약의 관계가 깊게 관련되어 있다는 증거다. 구원은 한 민족이나 개인이 아닌 하나님의 나라를 염두에 두고 시작된 일련의 계약 공식이다. 노아와 아브라함과의 언약에서도 구원은 독립된 개인보다 오히려 집합체가 언약의 상대방으로 등장하고 있다.

공동체의 계약은 하나님의 통치권을 실현하기 위한 기본적인 요건이다. 이스라엘의 특징은 인종학적인 구분이 아니다. 순수한 혈연 관계가 아니라 영적인 관계를 기준으로 한다. 요셉은 애굽인과 결혼하였고(창 41:45), 모세도 구스인과 결혼하였다(민 12:1).

그 뚜렷한 증거가 라합과 그의 가족의 경우다. 갈렙은 이스라엘의 유다 지파에 속하였지만, 사실은 그니스 사람이었다(민 32:12; 수 14:14). 라합의 합류는 다윗 왕가의 조상이 과거에 이방인 기생이었다는 것을 역설한다(마 1:5). 구속은 인종학적인 구분이 아니라 영적인 것이었다.

하나님의 백성이라는 표현은 구약에서 자주 등장하는 회중이나 총회라는 이름으로 일컬어진다(민 10:7; 20:4; 신 5:22; 23:3). 이스라엘의 결속은 혈연 관계를 넘어 이스라엘을 구성하고 있는 자들은 다름 아닌 할례를 중심으로 맺어진 언약의 백성이었다.

3) 언약은 강한 자 하나님께서 허물 많은 약한 자에게 자신을 결속시키는 은혜의 배려다

아브람이 상상에도 없던 거대한 왕국 건설에 관한 언약을 듣고 있을 때 하나님께서는 아브람의 이름을 아브라함이라고 바꿔주신다. 아브라함은 열국의 아비라는 뜻이다. 그는 이제 이후로는 한 가족의 아비가 아니라 모든 민족의 아비라는 이름을 들으며 살아야 한다.

아브람은 이미 이때 불의의 아들을 낳아 기르고 있었다. 하나님께서 언약하신 열국의 아비라는 이름을 들을 때마다 자신의 과오를 후해하지 않으면 안 되는 간섭 아래 놓이게 된 것이다.

계약은 일방적이다. 언약을 통하여 강한 자이신 하나님께서 허물 많은 아브라함에게 자신을 결속시키신다. 언약의 책임을 강한 편인 하나님 자신이 걸머지신다는, 은혜가 배려된 계약체결이다. 아브라함을 비롯하여 거룩한 백성들은 여호와 하나님의 명령과 계명에 충성할 것을 명령받을 때마다 허물 많은 자에게 선포하시는 은혜의 하나님에 관한 말씀을 들어야 했다.

"나는 너희를 애굽에서 이끌어 낸 너희 하나님 여호와니라."

이스라엘 백성이 계약을 맺고 있는 분은 단순히 율법을 수여하는 분이 아니라 이스라엘의 구속자(Redeemer) 여호와 하나님이시다. 구원과 구원이 서로 만나는 은혜의 관계성을 강조하고 있다.

2. 신약에서 하나님의 계약 공동체에 대한 언급은 아주 강하다

교회에 대한 첫 언급은 마태복음 16장 16절이다.

> 시몬 베드로가 대답하여 가로되 주는 그리스도시요 살아계신 하나님의 아들이시니이다(마 16:16).

베드로의 고백은 교회를 세우신다는 언약보다 더 근원적인 진리, 교회의 토대가 되는 신앙고백이다. 구원의 대상이 예수를 그리스도로 고백하는 모든 인류로 확대되어 있다. 인간의 죄로 말미암은 하나님과 인간 사이의 장애물들을 제거하시고 그리스도 안에서 하나의 집합체로 결성하시려는 목적을 성취하신 것이다.

구속의 최종 목적은 모든 피조물을 그리스도 안에서 하나로 통일되게 하시려는 것이었다.

하늘에 있는 것이나 땅에 있는 것이 다 그리스도 안에서 통일되게 하려 하심이라(엡 1:10).

십자가 구속의 목적은 에덴의 복구나 보충이 아니라, 그리스도 안에서 창세 전에 있었던 하나님 나라의 완성이다. 그리스도 안에서 거룩하고 흠이 없는 생명의 관계로의 회귀이다.

그리스도 안에서 통일은 재통일이다. 통일된 적이 있었던 때로의 복귀다. 재통일은 인종과 문화와 나라와 상관없이 하나님의 백성이 되는 조건으로서 예수 그리스도의 이름으로 계획되어 있었다(롬 9:25-26; 벧전 2:9; 계 21:3).

신약교회에 있어서 선교는 하나님의 백성을 그리스도 안에서 하나로 통일되게 하시는 하나님의 계획을 실현하는 중심 역할인 것이다.

3. 교회는 그리스도 안에서 하나의 생명을 가진 공동인의 관계다

교회는 독립된 개인이 아니라 공동체의 성격을 가진다. 축복과 저주와 연결하여 집합의 결속을 강조한다. 공동체를 이탈한 아간의 범죄는 그의 가족까지 몰살하게 하는 원인이 되었고 결국 이스라엘 군대를 무력하게 하고 말았다(수 7장).

1) 교회는 그리스도의 몸이며 우리는 그의 지체로 이미 하나의 생명체다(엡 5:30-32)

그리스도의 몸을 이루고 있는 지체들로서 교회는 하나의 생명을 가진 자들의 관계다. 하나가 아프면 모두가 아픔을 느끼는 한몸이다. 하나가 잘못되면 그에 상응하는 형벌도 함께 받는다. 하나가 잘되고 상을 받으면 교회의 머리이신 그리스도께 영광이 되고 지체들의 자랑이 된다.

그리스도 안에서 하나의 생명을 가진 자들로서 힘써 지켜야 할 덕목은 사랑이다. 사랑해서 하나가 되는 것이 아니라, 사랑함으로써 이미 하나가 되어 있는 통일된 공동체를 지키고 보존하라는 새 계명이다(엡 4:2-3).

2) 사랑과 순종의 조화를 통하여 하나의 생명을 보전한다

그리스도와 교회가 관계를 맺고 하나님의 사랑을 설명하는 대목이다. 그 예증으로 부부관계를 든다.

> 아내들이여 자기 남편에게 복종하기를 주께 하듯 하라 이는 남편이 아내의 머리 됨이 그리스도께서 교회의 머리 됨과 같음이니 그가 바로 몸의 구주시니라(엡 5:22-23).

아내에게 명하기를 남편에게 복종하라고 한다. 마치 교회가 그리스도의 명령을 따라 복종하듯이 하라는 것이다. 현대 아내들은 쉽게 이해하기 어려운 내용이다. 교회는 그리스도의 뜻에 순종하는 활동에 전념한다. 예배와 기도, 성수 주일, 십일조, 전도와 선교, 봉사와 구제 등은 그리스도에게 자신을 바치는 충성의 가치들이다.

> 남편들아 아내 사랑하기를 그리스도께서 교회를 사랑하시고 그 교회를 위하여 자신을 주심 같이 하라(엡 5:25).

아내에게는 복종을 명하고 남편에게는 사랑을 명한다. 부부의 관계를 사랑과 순종의 개념으로 설명한다.

그리고 성경은 부부의 관계를 그리스도와 교회에 적용한다. 교회를 그리스도의 신부로 묘사한다.

웨스트민스터 신앙고백서 제25장은 그리스도와 교회와의 관계를 교리화한 고백서다.

> chapter 25-1 교회는 그리스도의 신부며 몸이며 만물 안에서 만물을 충만케 하시는 자의 충만이다(The Catholic or universal church is the spouse, body, the fullness of Him that filleth all in all).

사랑의 시작을 누가 하는가?
그리스도시다. 누구를 대상으로 하는가?
교회다.
남편이 사랑하는데 누구를 대상으로 하는가?
아내다.
여기서 그리스도와 남편은 남자, 교회와 아내는 여자다. 그리스도와 남편의 공통점은 사랑하는 자다. 머리란 대표권이란 뜻이다. 가정의 대표가 남편이고 교회의 대표가 그리스도시다.

사랑은 대표가 하기로 되어 있다. 남자는 사랑하고 여자는 사랑받는다. 사랑의 원리다. 사랑이 먼저이고 그 사랑에 감복한 아내가 순종을 바친다. 사랑은 순종을 받아내는 설득력이요 지혜요 능력인 것이다. 사랑 없이 순종을 강요한다면 폭력이다.

교회는 예수 그리스도께서 십자가에서 쏟아내신 사랑에 설복되어 그리스도의 명령을 따라 순종의 가치를 하나님께 바치는 것이다. 교회는 돈이나 시간이나 재능이 아니라 순종을 드리는 것이다. 예수께서 십자가를 지시고 우리를 구원하셨다. 십자가의 속죄 사역을 순종으로 묘사한다.

> 너희 안에 이 마음을 품으라 곧 그리스도 예수의 마음이니 그는 근본 하나님의 본체시나 하나님과 동등됨을 취할 것으로 여기지 아니하시고 오히려 자기를 비워 종의 형체를 가지사 사람들과 같이 되셨고 사람의 모양으로 나타나사 자기를 낮추시고 죽기

까지 복종하셨으니 곧 십자가에 죽으심이라(빌 2:5-8).

십자가에서 아버지께 바친 것은 순종이었다. 아버지의 명령에 따르다 보니 십자가에까지 오르게 되었다는 것이다. 예수 그리스도의 행동을 대속의 의미와 함께 아버지께 바친 순종이라고 한다.

3) 사랑은 순종을 받아내는 설득력과 지혜다

사랑이란 사랑하는 자의 계명에 따라 사는 행위다.

아내를 사랑한다면 남편은 아내가 원하는 방향으로 살아야 한다. 아내가 좋아하는 음식을 함께 먹고, 아내가 좋아하는 옷을 함께 좋아하고, 아내의 계명을 받들어 지키는 신하가 되는 것이다. 이렇게 사랑을 쏟아 놓을 때 비로소 아내로부터 최상의 숭고한 가치인 순종을 받아낼 수 있다. 사랑과 순종이 조화로운 가정은 최상의 행복을 누리게 된다.

교회에서 누리는 사랑의 교제는 영원한 천국을 경험하는 시금석이다. 그리스도 안에서 하나의 생명을 소유하고 있다는 것을 증명할 유일한 은사는 사랑이다.

4. 교회는 하나님 나라의 통치권을 선물로 받는 직분과 사명을 맡는 관계다

하나님의 통치는 인간 대리자를 배제하지 않는다. 모세나 여호수아나 사사들 그리고 두령들과 장로들은 모두 하나님의 대리자들이었다. 이들은 선악을 재판하는 사법권을 가지고 있었다. 그들이 수행하는 율법은 약속을 보호하고 성취하는 안전장치의 기능을 가진다. 사도들은 교회의 터를 이루는 사도직에 부름을 받은 자들이다.

> 너희는 사도들과 선지자들의 터 위에 세우심을 입은 자라 그리스도 예수께서 친히 모퉁잇돌이 되셨느니라(엡 2:20).

1) 교회가 창설되기 전에 사도들의 신앙고백이 먼저 있었다

> 주는 그리스도시요 살아 계신 하나님의 아들이시니이다(마 16:16).

교회가 있기 전, 사도의 신앙고백이 있었다. 예수님은 베드로의 고백을 교회 창립의 터로 삼으셨다.

로마교회에서 교회는 성경보다 앞선다. 교회가 성경의 권위를 부여한다는 교리로서 개혁파교회의 성경제일주의에 맞서고 있다.

하지만 말씀하시는 분이 하나님이시고 기록하게 하신 이도 하나님이시다. 사도들의 가르침의 내용도 하나님의 말씀이었다. 말씀의 핵심 주체가 그리스도심을 고백한 것이다. 교회는 사도들의 고백과 가르침이 있은 후에 사도들과 동일한 고백을 가진 자들로 구성된 성령의 전들의 모임과 만남의 관계다.

예수님이 그리스도라는 것은, 나사렛 예수가 우리의 구주시며 그분이 성령의 역사를 이루는 주인공이심을 믿고 고백하는 것이다. 유대인들이 예수를 정죄하여 십자가에 처형하게 한 것과는 대별되는 고백적인 행위다.

2) 교회는 직분과 사명으로 구성되어 있다

교회의 직분과 관련하여 예수 그리스도님의 사역에 대하여 사도 바울이 이렇게 증언한다.

> 우리 각 사람에게 그리스도의 선물의 분량대로 은혜를 주셨나니 그러므로 이르기를 그가 위로 올라가실 때에 사로잡혔던 자들을 사로잡으시고 사람들에게 선물을 주셨다

> 하였도다 올라가셨다 하였은즉 땅 아래 낮은 곳으로 내리셨던 것이 아니면 무엇이냐 내리셨던 그가 곧 모든 하늘 위에 오르신 자니 이는 만물을 충만하게 하려 하심이라 (엡 4:7-10).

예수께서 승천하실 때, 사로잡힌 자들을 사로잡아 아버지께로 가시는 모습을 그린 내용이다. 바울은 다윗이 주변 열강을 무찌르고 승리의 백마를 타고 입성하시는 모습을, 그리스도께서 십자가와 부활로써 원수인 마귀와 죄와 사망의 권세를 사로잡아 하늘에 오르시는 승리의 영광에 접목하여 묘사하고 있다.

전쟁에서 승리한 왕은 빈손으로 입성하지 않는다. 포로들을 뒤따르게 하고 전리품들을 마차에 싣고 연변에서 뿌려지는 꽃송이를 맞으며 최상의 찬양과 함성 가운데 승리의 영광을 과시한다.

3) 전쟁에서 승리한 왕이 거두어온 전리품은 하나님의 통치권이다

교회는 그리스도께서 승리하시고 원수에게서 빼앗아 온 전리품을 주님께로부터 선물로 받는 직분의 자리다. 각 사람의 은혜의 분량대로 받는다. 전리품은 성령의 은사들이고 하나님의 통치권이다.

교회에서 맡은 직분은 하나님의 통치권을 대행하는 자리다. 직분은 교회의 필요를 채워주는 헌신과 봉사의 희생을 책임지는 것이 아니라 그리스도께서 친히 거두신 하나님의 통치권을 행사하는 영광의 선물인 것이다.

교회의 직분과 사명은 하나님의 통치권을 위탁받은 자리다. 교회의 지체로서 우리의 부름 받은 직분은 하나님의 비밀을 맡은 자리다. 맡은 자의 구할 것은 오직 충성뿐이다(고전 4:1-2).

4) 하나님의 영원한 계획은 교회의 직분과 사명을 통하여 나타내신다

> 내가 교회의 일꾼 된 것은 하나님이 너희를 위하여 내게 주신 직분을 따라 하나님의 말씀을 이루려 함이니라 이 비밀은 만세와 만대로부터 감추어졌던 것인데 이제는 그의 성도들에게 나타났고(골 1:25-26).

> 나의 복음과 예수 그리스도를 전파함은 영세 전부터 감추어졌다가 이제는 나타내신 바 되었으며(롬 16:25-26).

> 오직 은밀한 가운데 있는 하나님의 지혜를 말하는 것으로서 곧 감추어졌던 것인데 하나님이 우리의 영광을 위하여 만세 전에 미리 정하신 것이라(고전 2:7).

> 내게 주신 하나님의 그 은혜의 경륜을 너희가 들었을 터이라 곧 계시로 내게 비밀을 알게 하신 것은(엡 3:2-3).

감춰졌던 비밀은 하나님의 경륜이다. 경륜은 뜻을 계획한 편에서 사용하는 용어다. 한편 계획된 뜻을 실행하는 자의 편에서는 직분으로 해석되는 용어이기도 하다. 하나님은 교회의 사명과 직분을 통하여 그의 계획을 나타내신다.

말씀은 하나님의 계획의 비밀로서 이를 읽고 대하는 자를 움직인다. 말씀 속에서 하나님을 영과 영으로, 인격과 인격으로 만나 소통한다. 나를 이끌어 그리스도에게로 가게 하시는 하나님의 의지가 말씀과 더불어 역사한다.

하나님은 영원의 때에 계획하신 것을 감춰두셨다가 하나님의 정하신 때에 우리에게 나타내시고 실현하신다. 하나님의 뜻을 이루시는 구체적인 사역은 교회의 사명과 직분을 통하여 이루신다. 하나님의 통치권은 교회의 사역자들에게 맡겨져 있다. 하나님의 통치 양식은 교회의 일꾼들을 대리자로 삼으시고 그 은혜를 충만하게 하신다.

5. 교회는 구원을 보존하고 완성하는 하나님의 지혜가 충만한 은혜의 수단이다

> 영원부터 만물을 창조하신 하나님 속에 감추어졌던 비밀의 경륜이 어떠한 것을 드러내게 하려 하심이라 이는 이제 교회로 말미암아 하늘에 있는 통치자들과 권세들에게 하나님의 각종 지혜를 알게 하려 하심이니(엡 3:9-10).

하나님은 교회를 통해서 경륜의 비밀을 알게 하신다. 하나님께서 영원의 계획 속에 감추어 두셨던 경륜의 비밀을 천군 천사에게 알게 하시는데, 교회를 통해서다. 교회는 하나님의 깊고 오묘한 경륜 즉, 사람들이 어떻게 회개하고 구원함에 이르게 되는가를 알리고 싶어 하시는 하나님 나라의 현장이다.

교회는 구원의 은혜를 아는 자들이 하나의 생명을 가진 관계성으로 존립의 정당성을 갖는다. 죄의 속성은 관계를 허물고 서로 대립하게 하며 분리와 이탈과 독립을 부추긴다. 하나님과의 사이, 인간과의 사이, 자연과의 사이, 인종과 문화와의 사이를 벌려 놓는다.

하나님의 나라는 삼위 하나님의 일체이심과 같이, 성령의 하나 되게 하신 역사를 지키고 보존함으로써 성취된다. 하나님의 나라는 세상 나라와 민족과 문화의 경계를 지우고 복음으로 하나를 이루는 관계성을 중심으로 이루어진다.

하나님은 우리에게 온전함을 원하신다.

> 그러므로 하늘에 계신 너희 아버지의 온전하심과 같이 너희도 온전하라(마 5:48).

'온전하라'는 말씀은 하나의 생명을 가진 자로서 온전한 관계를 이루라는 것이다. 교회에는 온갖 사람이 그리스도의 몸을 온전하게 이루기 위해 각종 봉사에 참여하고 있다. 밀접하게 형성된 관계와 활동에서 성령의 하나 되게 하신 것을 지키는 온전함을 이루어가는 과정이다(엡 2:22).

　교회는 나로 하여금 하나님의 거룩한 백성으로 자라고 성숙하게 하는 은혜의 수단들로 충만한 곳이다. 직분과 사명 그리고 성도의 관계성을 통하여 성화가 이루어진다. 교회는 마침내 나로 하여금 천국에 이르게 하는 하나님의 지혜가 가득한 그리스도의 몸이다.

6. 결론

　교회는 하나님의 영원한 비밀 속에 감추어져 있다가 때가 이르러 우리에게 나타난 바 된 그리스도의 몸이다. 그리스도의 사역이 성령으로 말미암아 계속 진행되게 하시는, 하나님의 일을 위탁받은 지체들의 관계와 만남이다.

> 이는 성도를 온전하게 하여 봉사의 일을 하게 하며 그리스도의 몸을 세우려 하심이라 우리가 다 하나님의 아들을 믿는 것과 아는 일에 하나가 되어 온전한 사람을 이루어 그리스도의 장성한 분량이 충만한 데까지 이르리니(엡 4:12-13).

　신앙은 사업적이지 않다. 그리스도의 수준으로 성장하는 싸움이다. 그리스도가 하나님의 아들이심을 믿는 것과 동시에 그리스도를 따라 함께 행동하는 순종의 사람으로 성장하는 것이다. 교회의 사명과 직분은 하나님 나라에서 누리게 될 풍성한 잔치에 참석하고 있는 은혜의 기회들이다.

　만일 교회에 나의 자리가 없다면 그리스도로 말미암아 성취하신 자랑과 영광의 하나님 나라에서 경험할 진수성찬을 놓치고 마는 실로 막대한 불행과 손실이 될 것이다. 천국을 못 간다는 것이 아니라 신앙생활이 허약하고 비틀거리는 궁핍한 상태로 떨어지게 된다.

    교회 창립은 그리스도의 고난에 참여하는 영광의 기회이며 직분을 맡은 자에게 할당된 하늘 나라의 기업이다. 교회의 존귀하고 신령한 가치에 대하여 하나님의 영원한 비밀이란 뜻에서 믿음의 눈을 뜨자.

제27장

산상보훈
율법의 제3용도

> <<<<<<< 개요 >>>>>>>
>
> 산상보훈은 팔복이라 한다. 그리스도의 왕국에 들어온 하나님의 백성이 누리는 여덟 가지 행복이라는 뜻이다. 산상보훈은 예수께서 선언하신 행복선언문이다.

1. 산상보훈은 모세가 하사받던 시내산을 상기시킨다

> 예수께서 무리를 보시고 산에 올라가 앉으시니 제자들이 나아온지라(마 5:1).

 예수님은 주로 갈릴리 지역을 두루 다니시면서 걷지 못하는 자, 듣지 못하는 자, 귀신들린 자, 간질병 앓는 자, 중풍병자 등 많은 병자를 고치시고 그들에게 천국 복음을 전파하셨다. 이에 수많은 무리가 예수를 따라다니고 있었고, 예수의 소문은 예루살렘과 유대와 멀리 데가볼리 지방까지 퍼지고 있었다. 예수께서 무리를 보시고 산에 올라가서 앉으셨다. 제자들이 곁으로 나아오는 가운데 무리를 향하여 산상보훈을 가르치기 시작하셨다.
 산상보훈을 가르치시기 전에 특별히 강조하는 것은 예수께서 산에 오르셔서 앉으셨다는 것이다. 마태복음에서 산은 예수가 누구신가 하는 것을 강조하는 신학적인 의미가 있다. 산에서 일어난 일들은 예수가 그리스도이심을 나타내는 징표인 경우가 많다.

마태복음 17장 1절에서는 변화산상에서 천국의 환상을 나타내셨다. 특히, 산상보훈을 산에서 가르치셨다는 것을 70인역에서는 산을 뜻하는 히브리어 '하르'(הר)로 표현하였다. 이는 모세가 율법을 하사받던 산(하르)을 가리킬 때 사용된 용어와 같다. 예수께서 산상보훈을 설교하셨던 산은 모세가 율법을 하사 받던 시내산과 중첩되는 의미가 있다.

예수님은 하나님의 아들이심과 동시에 하나님 자신이시다. 모세의 율법과 관련하여, 예수 그리스도께서 십자가를 통하여 율법을 완성하신 후 천국 시민이 지키는 새로운 율법을 가르치시기 위해 산상보훈을 선언하셨다.

모세의 율법은 죄를 더하게 하는 정죄의 법이었다. 모든 인간은 아담의 원죄에 얽매여 있는 죄인임을 깨닫게 하시려는 목적으로 주어진 법이다(롬 3:19-20). 앞으로 십자가를 통하여 율법을 완성하시면 원죄가 말끔히 제거되고, 이 땅에 하나님의 나라가 세워질 것이다. 정죄함이 없는 새로운 율법의 나라가 이루어질 것을 염두에 두시고 지금 산상보훈, 곧 천국에서 누리게 될 행복선언문을 교훈하시는 것이다.

2. "심령이 가난한 자는 복이 있나니 천국이 저희 것임이요"

구약에서와 고대 헬라어 문헌에서 발견되는 전형적인 복 선언문의 형식이다. 시편과 잠언에서 자주 등장되는 문장구조와 같다. 시편 1장 1-3절도 같은 형식을 취하고 있다.

1) 천국에서 사는 자의 심령은 가난한 중에서라도 행복하다

심령이 가난한 자들은 복이 있다. 왜냐하면, 천국이 그들의 것이기 때문이다(저자 직역).

심령이 가난하면 천국을 주겠다는 뜻이 아니다. 겸손하거나 온유하거나 순종하면 천국을 주겠다는 조건이 전혀 없다. 행복한 자에게 어떤 조건을 요구하는 내용이 없다.

행복선언문의 형식에서는 행복한 자의 의무나 책임을 요구하는지도 묻지도 않고 행복한 자의 상태와 현상을 강조한다. 심령이 가난한 자가 행복할 수 있도록, 그에 맞는 상태와 현상을 만들어 준다는 것이다.

심령이 가난한 자는 영으로 가난한 자를 가리킨다. 가난한 사람은 헬라어로 '프토코스'(πτωχός)다. 70인역에서 히브리어 '아니'(ענִי)를 번역한 것으로 비참한 상황에 부닥친 사람을 가리킨다. 재산이 전혀 없는 궁핍한 자, 병든 자를 가리킬 때 사용하는 용어다.

2) 심령의 가난은 세상에서는 의지할 곳이 없는 절망과 슬픔에 처한 상태이다

심령이 가난한 상태도 마찬가지다. 마음이 비참할 정도로 텅 비어 있어서 의지할 것이라고는 전혀 없는 절망과 허허로움에 젖어 있는 자다. 인간은 죄인으로 태어나서 죽음과 함께 살아간다. 인간이 반드시 죽게 되어 있다는 것만큼 심각한 것은 없다. 모세의 기도문 역시 인생의 덧없음을 탄식한다.

> 우리의 모든 날이 주의 분노 중에 지나가며 우리의 평생이 순식간에 다하였나이다 우리의 연수가 칠십이요 강건하면 팔십이라도 그 연수의 자랑은 수고와 슬픔뿐이요 신속히 가니 우리가 날아가나이다(시 90:9-10).

모세는 인간의 근원적인 내면의 슬픔과 절망을 탄식하고 있다. 세상의 것을 다 가졌다고 하여도 결국은 죽는다.

죽음은 소멸이 아니다. 지옥 형벌의 심판이 결정되는 날이다. 죽음의 공포와 무서움을 피할 길이 전혀 없는 상황에서 인간이 할 수 있는 최선의 길은 자연의 순수성을 추구하는 종교나 예술이나 문학과 같은 마음과 정신 활동이다. 아무리 발버둥쳐도 결국엔 자연으로 돌아가는 것이다. 그러나 자연 안에는 인간이 처한 무한대의 절망을 해결할 길이 없다. 인간의 실존을 절망과 허무와 고독과 슬픔 속에 헤맬 뿐이다.

심령이 가난한 자는 인생의 절망과 슬픔을 아는 자다. 예수께서는 인간의 가난함을 아시고, 천국을 손에 들고 회개하고 돌아오라고 외치셨다. 또 수고하고 무거운 짐 진 자들을 초청하셨다. 그런데도 회개하고 돌아오는 자들은 없었다. 인생을 수고와 무거운 짐으로 알지 못하였기 때문이다.

3) 세상을 전부로 아는 자는 인생의 수고와 무거운 짐이 무엇인가를 알지 못한다

세상을 전부로 아는 자들은, 인생을 수고와 무거운 짐으로 인정하지 않는다. 더구나 절망과 슬픔 그리고 죽음의 처참한 형벌의 심판에 대해서도 알지 못한다. 재물과 권력과 명예와 도덕과 예술과 문명의 이기들만 있으면 행복하다. 하나님의 무서운 심판의 날을 알지 못한 채 순간의 쾌락을 즐긴다. 건강과 재물이 일순간에 침몰하기 전까지 하나님께로 돌아오지 못하는 자들이 지금 재앙이 잠복하여 있는 가운데 세도를 부리고 있다.

세상에 취한 사람들의 특징은 물질과 자연이 전부라는 생각에 마취되어 있다는 것이다. 그들의 의식구조는 극한의 이기와 정욕과 탐심에 물들어 있는 상태다. 자기밖에 모르는 자다. 자신에게 유익이 있는 것이라면 무엇이든지 실행한다. 세상은 진리니 생명이니 영혼이니 하는 보이지 않는 것에는 관심이 없다. 자신의 재물과 출세와 건강과 행복의 조건들이 한순간에 무너지기 전까지는 영혼의 문제에 대해서 심각성을 깨닫지 못한다.

4) 천국에서는 심령이 가난할 때마다 하나님을 의존하는 믿음이 견고해져서 행복하다

심령이 가난한 자는 천국이 약속된 것이 아니라 이미 천국에 들어와서 살고 있으므로 행복하다. 그들은 이 세상의 법 아래서 살지 않고, 하나님께서 다스리시는 하나님의 나라에서 사는 자다. 천국이 이미 저들의 것이기 때문에 세상의 것이 아니라, 곧 도래할 천국의 실체를 바라보고 더욱 하나님을 의지하는 믿음이 굳세어진다.

이들은 삶의 환란이 닥칠 때 더욱 하나님께로 가까이 나아간다. 슬픔과 고통의 현실을 만날 때마다 하나님의 은혜를 배우고 하나님의 전능하심을 구하며 경험한다. 믿음의 역사가 삶의 고비마다 영원한 경륜을 생각나게 함으로써, 하나님의 축복 약속을 붙들게 한다. 천국에서 누릴 영원의 웅장하고 화려한 비밀을 알고 사는 자의 행복과 충만을 감사 찬송하게 된다.

천국에 들어와서 보니 세상과 정욕은 지나가는 것에 불과하고, 세상의 것들에 목매고 사는 자들이 불쌍하게 느껴진다. 또 세상의 출세를 자랑하는 자들의 모습이 가련하고, 그들의 자랑이 가소롭게 보인다.

삶의 허무와 절망을 가지고 사는 자들이라고 해서 다 천국을 소유할 수 없다. 심령이 가난하다고 하여 모두가 행복한 것은 아니다.

산상보훈은 그리스도 안에서 완성하신 천국에 초대되어 사는 자들만이 누리는 행복선언문이다. 심령이 가난한 자는 행복하다.

5) 천국은 심령의 가난을 호소하면서 하나님을 의존하기를 즐겨하는 자의 것이다

신앙생활을 하고 있으면서 심령의 가난을 호소하거나 구하지 않는다면, 그는 아직 천국을 경험하고 있지 않은 생태다. 가난의 상황에서도 절망하지 않고 하나님을 더욱 의지하여 살고 싶은 갈망이 있다면, 그는 이미 천국에 들어와서 사는 것이다.

　재물이 있고 권세가 있고 명예가 있어도, 심령으로는 절망과 허탈감에 허덕이는 자들이 많다. 반면에 현실에서 재물이 없거나 병이 들거나 궁핍한 자들이라고 하여 다 심령의 가난을 호소하지 않는다. 모든 인간은 날 때부터 원죄의 비참한 상태에 매여 있어서 본질상 절망과 슬픔을 벗어날 수 없다.

　오직 그리스도 안에 초대된 자들만이 심령의 가난을 호소하면서 하나님의 주권 아래에서 살기를 원한다. 천국은 하나님을 의존하기를 즐기는 자들의 것이다. 생명은 모든 환경에서 생명을 뿌리내리게 하고 자라게 하고 열매를 맺게 하는 데에 필요한 조건을 만든다. 생명은 비가 와서 잘 자라고 바람이 불어서 잘 자라고 햇볕이 뜨거워서 더 잘 자란다. 그러나 예수의 생명이 없는 자는 심령의 가난 그대로 모든 경우 절망과 슬픔에 젖어 한탄한다.

　예수께서 산에서 선언하신 행복선언문이다.

　"심령이 가난한 자는 복이 있도다. 천국이 저희 것임이로다."

3. "애통하는 자는 복이 있나니 저희가 위로를 받을 것이요"

　심령의 애통은 그리스도의 왕국에서 사는 자의 뚜렷한 특성이다. '애통'(πενθέω)은 사랑하는 자와의 이별이나 죽음을 슬퍼할 때(마 9:15), 회개치 않는 자들에 대한 슬픔을 표현할 때(고후 12:21) 그리고 야고보가 패역한 세대를 향하여 하나님을 찾으며 슬퍼하고 애통하며 울며 통회할 것을 부르짖을 때에(약 4:8-9) 사용한 단어다.

　그렇다면 산상보훈에서 슬퍼하고 애통하는 자는 무엇에 대하여 통탄하는 것일까?

사랑하는 자의 죽음을 슬퍼하는 것인가?

아니면 죄를 회개치 않음에 대한 슬픔인가?

악의 세력이 판을 치고 의인이 고난을 당하고 있는 부조리한 세태를 향한 애통인가?

1) 애통은 악한 세대에서 하나님의 정의가 지연되고 있음을 슬퍼하고 있는 것이다

본 선언문의 마지막 일곱째와 여덟 번째에서 의를 위하여 박해를 받거나 의인이 억울한 욕을 먹고 있을 때 신앙을 격려하고 있는 것을 미루어보아, 암흑의 시대에 무고하게 고난 당하는 의인들이 하나님의 정의가 지연되고 있는 현실을 애타게 호소하는 슬픔과 애통인 것으로 보인다. 바벨론으로 끌려간 하나님의 백성들에게 곧 시온으로 귀환할 소식을 전할 때, 하나님께서 이사야에게 전하신 말씀에서도 애통이란 용어를 사용하였다.

> 가난한 자에게 아름다운 소식을 전하게 하려 하심이라 나를 보내사 마음이 상한 자를 고치며 포로된 자에게 자유를, 갇힌 자에게 놓임을 선포하며(사 61:1).

"마음이 상한 자"에 해당하는 단어가 애통의 개념인 '펜데오'(πενθέω)의 분사 능동형인 '펜둔타스'(πενθούντας)다. "현재 슬퍼하고 있는 자"란 뜻이다.

2) 바벨론 포로로 끌려간 하나님 백성들의 슬픔과 애통은 지금도 가나안 복지에서 계속되고 있다. 산상수훈과 같은 애통이었다

포로들은 시온을 바라보며 바벨론 여러 강 가에서 피리를 꺾어 불며 하나님의 정의가 지연되고 있음을 애통하며 슬퍼하고 있었다. 그 후 유다 민족은 페르시아와 그리스와 로마로 이어지는 연속적인 침략으로 국권을 잃고 사방으로 유리 방황하는 슬픔의 역사를 걷고 있었다.

이스라엘 백성의 슬픔과 비통한 역사는 예수께서 오셨을 때까지 무려 600년의 세월이 흘렀다. 이방 나라의 속박과 압제에 시달리고 있었던 이스라엘 백성이 고대하는 유일한 소망은 하나님께서 약속하신 모세와 같은 구국의 선지자였다.

하나님의 거룩한 백성이요 왕 같은 제사장들이 사는 땅이 지금 이방인의 압제와 핍박에 시달리고 있는데 하나님은 아직 자신의 백성이 당하는 고난에 대하여 침묵하고 계신다.

바벨론 포로로 끌려간 백성이 하나님의 공의 심판과 구원을 바라며 부르짖는 처절한 기도에서 그들의 애통과 슬픔이 극에 달하고 있었다.

> 여호와의 팔이여 깨소서 깨소서 능력을 베푸소서 옛날 옛시대에 깨신 것 같이 하소서 라합을 저미시고 용을 찌르신 이가 어찌 주가 아니시며 바다를, 넓고 깊은 물을 말리시고 바다 깊은 곳에 길을 내어 구속 받은 자들을 건너게 하신 이가 어찌 주가 아니시니이까 여호와께 구속 받은 자들이 돌아와 노래하며 시온으로 돌아오니 영원한 기쁨이 그들의 머리 위에 있고 슬픔과 탄식이 달아나리이다(사 51:9-11).

애통하는 자는 당시 메시아를 고대하는 헐벗고 병들고 핍박에 시달리고 있던 하나님의 백성이었다. 그들에게 필요한 것은 삶의 의욕을 넘치게 할 용기와 격려 그리고 위로를 전해줄 메시아가 속히 오는 것이었다.

구약에서 메시아 사역은 고난받는 하나님의 백성을 위로하는 역할이다(사 61:1-3). 이사야는 마음이 상한 자를 고치시며 슬픈 자를 위로하시는 메시아를 예언하고 있다. 여기에 사용된 마음이 상한 자, 슬픈 자는 산상수훈에서 동원한 애통과 동일한 개념의 용어다.

3) 극심한 고난 가운데서 의인들은 악한 세력들을 심판하실 것을 재촉하며 애통한다

의인들은 악한 세력들을 버려두고 계시는 하나님을 재촉하면서 속히 공의를 실현하실 것을 애통하며 부르짖는다. 이 세상을 다스리는 주권이 하나님께 있음을 아는 의인들은 현실에서 하나님의 공의가 더디 실현되고 있는 데 대하여 애통하고 있다.

하늘 나라에서는 천군 천사들이 하나님의 보좌를 둘러 하나님의 영광을 찬송하며 하나님의 뜻에 화답하는 지고의 화평이 이루어지고 있는데 반하여, 세상에는 악인들이 세도를 부리며 하나님을 경외하는 의인들을 연고 없이 가해하는데 어찌하여 하나님은 방관하고 계시는가?

의인들이 여호와 하나님의 법도와 규례와 명령을 지키며 그분의 이름을 위하여 믿음을 굳게 지키며 충성을 다하고 있는데 하나님은 지금 잠잠히 계신다.

하나님은 지금 무엇하고 계시는가?

악한 세태를 방관하시는 하나님에 대하여 이의를 제기한다. 시대마다 이렇게 의인들이 하나님의 공의가 속히 실현되기를 애절하게 구하면서 슬픔에 빠져 있다.

4) 하나님의 때가 이르면 애통과 슬픔이 사라지고 위로와 격려의 상급이 내려질 것이다

예수님 당시 애통하는 자는 팔레스타인에 살던 헐벗고 병들고 소외된 하나님의 백성들이다. 그들에게 필요한 것은 위로였다. 그 위로의 사역을 위하여 메시아가 오시기로 되어 있는 것이다. 메시아가 오시면 상한 심령이 위로를 받게 될 것이다.

바울은 환란을 당함으로 위로와 구원을 받게 하려는 것이라 말하며 성도들의 신앙을 격려하였다(고후 1:4-6). 애통하는 자에게 약속한 위로는 세상에서 부귀영화를 누리는 자에게는 허락되지 않는다. 부요한 자는 이미 세상의 것으로 위로를 받았기 때문에 화가 있을 것이라고 한다(눅 6:24). 의인들이 받는 무고한 고난에 대하여는 하늘에서 받을 큰 상급을 약속하면서 위로와 구원을 약속하고 있다(눅 6:22-23).

이사야서는 구원까지를 내포하는 위로가 메시아로 말미암아 주어질 것을 약속하고 있다(사 61:1-3). 의인의 고난을 위로하는 약속은 장차 천국에서 하나님께서 친히 그분의 영광을 위하여 흘린 눈물을 씻어주실 것을 예언하고 있다(계 7:17; 21:4).

애통과 슬픔은 이미 천국에 초대되어 사는 성도들이 위로를 얻는 근거가 된다. 위로는 삶을 하나님의 영광을 위하여 살게 하는 하나님의 도우심 곧 구원이다. 이때 구원은 죄로부터 구원이 아니다. 삶의 절망과 슬픔으로부터 탈출하는 자유를 말한다. 십자가의 죄 사함을 받은 구원은 세상의 수고와 무거운 짐으로부터 풀려나는 자유를 주고 그 자유를 보존하기 위하여 하나님의 진리에 속하는 또 다른 자유에 이르게 한다.

자유는 속박에서 풀려나는 자유에 그치지 않고 풀려난 자유를 지키고 보존하는 진리에의 자유로 이어진다. 세상에는 우리의 삶을 의욕적으로 살게 하는 생명력이 없다. 물질로부터는 근원적으로 우리의 것을 빼앗고 도적질하고 멸망하게 할 뿐, 영원과 함께 인생을 경영하는 보람과 가치는 일으키지 못한다. 애통하는 자가 복이 있는 것은 그에게 주님의 위로가 주어지기 때문이다. 위로는 구원과 함께 진리에 속하는 자유를 준다.

5) 동시에 의인으로 살면서 하나님의 뜻대로 살지 못하는 무능함을 애통하며 탄식한다

탄식은 성령의 역사가 살아 있다는 증거다.

우리는 마땅히 기도할 것을 잘 알지 못한다. 기도를 어떻게 해야 하는지, 무엇을 기도해야 하는지, 어떻게 기도해야 하는지 알지 못한다. 기도에 대하여 무능하고 어리석은 자들이다. 기도의 대가이신 예수께서도 겟세마네 동산에서 마음이 심히 고민하여 죽게 되었으니 제자들에게 너희는 여기 머물러 자기와 함께 깨어 있으라고 하셨다(마 26:38). 그분은 제자들이 함께 기도해주기를 청할 정도로 연약에 싸여 계셨다. 하나님 백성의 죄를 걸머지고 십자가에 오르셔야 하는 무거운 고통을 앞두고 기도의 벽에 부딪힐 정도로 고민에 빠지셨다.

하물며 우리와 같이 세상과 더불어 육체의 정욕에 빈번히 넘어지고 있는 사람이 어떻게 기도할 수 있겠는가?

성령께서 우리의 무능함과 연약함을 미리 아시고 우리를 위하여 친히 간구하시되 말할 수 없는 탄식으로 간구하신다(롬 8:27). 성령께서 우리의 무능과 어리석음에 대하여 탄식하시니 우리도 우리의 무능함과 연약함을 애통하며 회개하기에 이르게 된다.

심령으로부터 애통히 흘러나오는 현상은 하나님이 나와 함께 계신다는 것과 나를 사랑하시되 끝까지 사랑하신다는 증거다. 하나님의 뜻대로 살지 못하는 무능과 연약을 애통하며 슬퍼하는 자에게 하나님은 반드시 위로의 영으로 충만케 하신다. 믿음의 담대함과 용기를 주시어 신앙의 결음을 경쾌하게 하신다.

4. 행복선언문은 성화를 재촉하는 일정한 순서가 있다

> 심령이 가난한 자는 복이 있나니 천국이 그들의 것임이요(마 5:3).

복의 문구형식으로 시작한다. 천국에 초대된 자들이 누리는 행복이 역설적으로 심령의 가난의 상황을 들어 설명하고, 다음으로는 그리스도의 왕국, 즉 천국에 들어와서 사는 자들의 행복을 설명하는 내용이 순서별로 나열한다. 천국에 초대되어 사는 성도들의 특성을 증언하는 내용으로서 성화를 재촉하는 율법의 제3 용도로 해석된다.

세상과 그 정욕대로 사는 자들에게서는 상상에도 없는 영적인 특징이다. 하나님의 형상으로 사는 자들은 인간의 정욕과 탐욕으로 말미암아 피조물의 세계가 하나님의 의롭고 선한 뜻이 왜곡되고 굴절된 채 흘러가는 죄악의 시류에 대하여 슬퍼하며 애통한다. 동시에 하나님의 의를 갈망하면서 열정적으로 화평을 추구하는 의인들의 삶을 특징적으로 열거하고 있다.

문장형식은 복의 형식을 따르고 있다. 천국에서 사는 자의 행복을 심령의 가난을 통하여 선언한 다음 이렇게 선언한다.

"애통하는 자는 복이 있나니."
"온유한 자는 복이 있나니."
"의에 주리고 목마른 자는 복이 있나니."
"긍휼히 여기는 자는 복이 있나니."
"마음이 청결한 자는 복이 있나니."
"화평케 하는 자는 복이 있나니."
"의를 위하여 박해를 받는 자는 복이 있나니."

이렇게 "복이 있도다"라는 여덟 가지의 말씀에서 인간이 해야 할 의무나 책임과 같은 행동을 전제로 복을 선언한 내용은 없다. 모든 행복의 조건은 그리스도의 복음이 갖는 가치들뿐이다.

하나님의 영원한 뜻으로 성취된 하나님의 나라에서 갖는 행복을 선언하는 내용이다. 성도들이 험악하고 거칠고 난폭한 세상을 사는 동안 그리스도 안에서 약속한 천국의 복락을 준비하시는 복음의 새로운 율법인 것이다. 모세의 율법과 관련하여 이제는 정죄하는 법에서 벗어난 자유를 어떻게 지키고 보존하느냐의 문제를 해결하는 성령의 생명의 법 곧, 은혜의 새로운 율법으로 선언한 것이다.

어제는 어떻게 하면 천국에 들어갈 것인가의 궁극적인 문제를 두고 율법대로 살아야 하는 무거운 짐을 지고 살았다면, 이제는 그리스도 안에서 완성된 천국에 초대된 성도로서 이미 하나님의 은혜로 받은 구원을 어떻게 지키고 확대하느냐의 문제를 두고 성령의 생명의 법 아래에서 하나님의 의를 구하는 열정으로 사는 것이다.

죄의 사슬에서 풀려난 자유를 지키기 위하여 성령의 생명의 법을 따라 그리스도의 뒤를 따르는 것이다. 다시는 세상과 죄와 마귀에게 붙들리지 않는 유일한 길은 성령과 말씀에 굳세게 붙어 있겠다는 결심뿐이다.

5. 결론

산상보훈은 그리스도에 의하여 율법이 완성되고, 새로운 율법으로서 성령의 생명의 법이 다스리는 하나님 나라가 역사 안에서 구체적으로 시작되었다. 예수님의 산상보훈은 율법의 제3의 용도로 일컬어진다. 천국 백성의 성화를 재촉하는 새로운 율법으로 해석되는 측면에서 율법의 제3용도라고 지칭하는 것이다.

행복선언문에는 일정한 순서가 있다. 실제로 산상수훈의 순서가 아니고서는 어느 사람도 팔복 중 한 가지도 실행할 수 없다. 가장 먼저 심령의 가난으로 시작되는데, 이는 반항심을 종식하고 왕께 굴복하여 왕의 홀에 입맞추는 것과 같다. 심령의 가난함을 아는 것으로부터, 그리스도의 왕권에 굴복하고 그의 다스리심 아래에서 살기를 즐거워하는 것으로 성도의 행복이 시작된다.

다음으로 애통이 뒤따르고 이어서 온유함, 불꽃 같은 열정, 긍휼히 여기는 섬김, 하나님을 볼 수 있는 마음의 청결함이 실제에서 이루어지게 된다. 끝으로 화평케 하는 자가 마침내 하나님의 자녀라는 칭찬이 따르게 되고, 천국의 면류관을 차지하는 마지막 경주에서 이기는 자의 모습을 핍박 가운데 있는 성도의 복으로 약속하고 있다.

성도에게 약속한 행복선언문은 하나님께서 우리를 그리스도의 주권 아래에 두시고, 다시는 세상과 죄와 마귀와 사망의 권세에 하나님의 자녀를 빼앗기지 않으시겠다는 하나님의 열정이 이루신 결실이다.

성도의 삶은 복이 있도다. 천국이 저희 것임이요!

제28장

오신 성령 다시 오신다
성령강림의 단회성과 반복성

<<<<<<< 개요 >>>>>>>

오순절 성령강림은 초자연적인 현상으로 나타났다. "불의 혀같이 갈라지는 것과 급하고 바람 같은 소리를 듣는 일"은 오순절 성령 강림할 때 외에는 없던 일이다. 사도행전 자체에서나 교부들의 기록 어디도 유사한 기록이 없다.
성령이 오시지 않으면 그리스도의 복음이 전파될 수도 없고 교회도 설립될 수 없을 뿐 아니라 부흥할 수도 없다.

> 오직 성령이 너희에게 임하시면 너희가 권능을 받고 예루살렘과 온 유대와 사마리아와 땅끝까지 이르러 내 증인이 되리라(행 1:8).

성령강림은 그리스도의 증인 됨의 필수적인 요건이다. 복음을 전파하고 교회를 세우고 확장하는 일은 성령의 권능을 받아야 가능하다.

오순절에 임하셨던 성령과 오늘, 우리는 어떤 관계인가?
어떻게 연관되어 있는가?
단회적인 것인가? 반복적인 것인가?

1. 오순절 성령 강림은 몇 가지 의미에서 단회적인 성격을 띠고 있다

1) 예수께서 승천하신 후 약속대로 성령이 강림하셨다는 의미에서 단회적인 사건이다

예수 그리스도의 지상 사역이 끝나고 승천하신 후에 평소에 약속하신 대로 성령이 강림하셨다는 뜻에서 유일무이하다. 독특하고 단회적인 사건이다.

> 명절 끝날 곧 큰 날에 예수께서 서서 외쳐 이르시되 누구든지 목마르거든 내게로 와서 마시라 나를 믿는 자는 성경에 이름과 같이 그 배에서 생수의 강이 흘러나오리라 하시니 이는 그를 믿는 자들이 받을 성령을 가리켜 말씀하신 것이라(예수께서 아직 영광을 받지 않으셨으므로 성령이 아직 그들에게 계시지 아니하시더라)(요 7:37-39).

성령은 예수께서 영광을 받으시기 전에는 강림하실 수가 없으셨다. 예수께서 승천하셔서 아버지와 아들의 이름으로 보혜사 성령을 보내실 때야 가능하다. 오순절에 마가의 다락방에 열두 사도들과 120명의 성도가 예수께서 약속하신 성령을 기다리면서 전적으로 기도하고 있었을 때, 하늘로부터 급하고 바람 같은 소리와 불의 혀같이 갈라지는 것이 각 사람 위에 임하여 모두 성령 충만을 받고 성령이 말하게 하심을 따라 다른 방언을 말하기 시작하였다.

오순절에 임하신 성령은 예수를 믿는 자에게 약속하신 대로 목마른 자들을 실컷 마시게 하고 그 배에서 생수의 강이 흘러넘치도록 충만하게 하는 권능을 가지고 오셨다. 열두 사도들과 함께한 성도들에게 이와 같은 모습으로 강림한 사건은 전에도 없었고 후에도 없었다.

2) 성령강림은 사도들의 터 위에 교회를 세우셨다는 데서 독특하다

예수님은 베드로의 신앙고백, "주는 그리스도시요 살아계신 하나님의 아들이니이다"(마 16:16)에 대한 응답으로 교회를 세우리라고 약속하셨다.

<small>내가 이 반석 위에 내 교회를 세우리니 음부의 권세가 이기지 못하리라(마 16:18).</small>

이 반석은 베드로 한 사람을 지칭하여 하시는 말씀이 아니다. 베드로와 같이 부름을 받은 사도 전부를 가리키는 약속이다. 열두 사도는 거룩한 성 예루살렘성의 기초석에 그 이름이 있는 만큼, 예수께서 친히 교회의 모퉁잇돌이 되셨고, 사도들은 교회 창립의 초석으로 사도직에 부름을 받은 자들이다.

교회는 베드로 한 사람의 고백이 아니라, 사도들의 공통적인 신앙고백의 터 위에 세워진 것이다. 로마 교황이 베드로의 사도직을 계승하였다는 주장, 더구나 교황무오설을 주장하는 것은 말이 성립되지 않는다. 사도들 이외에 교회의 터가 될 수 없다. 교회가 있기 이전에 사도들의 고백이 먼저 있었다.

사도직이 단회적이란 의미에서, 교회의 터로서 사도들에게 성령이 강림하셨다는 것 역시 단회적인 사건이다.

3) 오순절에 내리셨던 성령은 그때 그 사람들에게 동일한 모양으로 나타났다는 뜻에서 단회성을 띤다

그리스도의 구속 사역이 대표성을 갖는데 비해 성령강림도 단회적이긴 하나 그리스도의 대표성과는 구별된다. 그때 임하신 성령이 우리를 대신하여 사도들에게 대표적으로 임하셨다고 할 수 없다. 사도들이 대표성을 가지고 성령의 권능을 받았다면, 베드로의 설교를 듣고 회개하고 돌아온

삼천 명에게는 성령강림이 필요없다는 뜻이 된다.

그러나 사도행전에서나 교회사에서 성령강림의 대표성을 말한 적은 전혀 없다. 교회가 있는 곳에는 항상 성령강림의 표적이 나타났다. 오순절 사건이 단회적인 것은 그때 그 사람들에게 그와 같은 모양으로 임하였다는 의미에서 특별하다는 것이다.

2. 한 번 오신 성령은 그와 함께 영원히 함께 계신다(영속성)

한 번 오신 성령은 영원히 그와 함께 계시고 그를 떠나지 아니하신다.

> 내가 아버지께 구하겠으니 그가 또 다른 보혜사를 너희에게 주사 영원토록 너희와 함께 있게 하리니 … 그는 너희와 함께 거하심이요 또 너희 속에 계시겠음이라 (요 14:16-17).

성령은 옮기지 않으시며 떠나지 않으신다. 영원토록 우리와 함께 거하신다. 우리가 아버지께로 갈 때도 함께 계신다.

오순절에 오신 성령은 언제나 성도들과 함께 일하신다. 사도들에게 임하셨던 성령은 다른 사람들에게 넘어가거나 이양되지 않으신다. 하늘로부터 임하셔서 그 사람을 충만하게 하셔서 교회를 돕게 하신다. 사도들의 안수나 기도를 통하여 성령이 임하셨지만, 사도들의 것이 옮겨지신 것이 아니다. 사도들의 안수나 기도는 은혜의 수단으로 역할할 뿐, 성령은 직접 위로부터 임하신다. 그리고 영원토록 그와 함께 거하신다.

3. 오순절의 그 날 그 사람들에게 임하셨던 성령은 반복하여 다시 오셔야 한다(반복성)

> 내가 너희에게 분부한 모든 것을 가르쳐 지키게 하라 볼지어다 내가 세상 끝날까지 너희와 항상 함께 있으리라 하시니라(마 28:20).

성령은 사도들이 떠난 후에도, 세상 끝날 때까지 우리와 함께 계실 것이다. 예수님은 너희, 곧 교회와 함께 있을 것인데 세상이 끝날 때까지라고 말씀하시고 승천하셨다.

주님이 어떻게 교회와 함께 계시겠다는 것인가?

성령을 보내심으로 세상 끝날까지 함께 계시겠다고 하신 것이다. 삼위 하나님께서 함께 거하시는 것은 세 분 하나님께서 다 계셔야 하는 것은 아니다. 한 분이 계시나 세 분이 있으시나 같다는 의미에서 삼위일체시다. 그러므로 예수께서 세상 끝날까지 우리와 함께 계시기 위해서는 아버지와 아들의 이름으로 오실 성령께서 다시 오셔야 한다.

1) 오순절에 사도들이나 성도들에 임하셨던 성령은 영원토록 그들과 함께 거하심으로 다시 오실 수밖에 없다

오순절의 사도들과 성도들이 세상을 떠나면 성령도 함께 천국으로 가신 것이 분명하다. 성령강림이 단회적이기 때문에 반복적일 수밖에 없는 것이다. 만일 단회적이지 아니하면 반복하여 오실 필요가 없다. 그때 그 사람들에게 임하셨던 성령을 다른 사람들에게 유업으로 주던지 넘겨주면 될 것이다.

그러나 성령은 인격체이기 때문에 타인에게 이양할 수 없다. 영원토록 그와 함께 거하시기 때문에 동일한 그 성령이 오늘 이 시대에 나에게 다시 오셔야 한다. 오셔서 목마른 나로 하여금 강물같이 흐르는 생수를 실컷 마시게 해주셔야 한다.

2) 오순절 성령강림은 단회적이기 때문에 동질의 집을 짓기 위해서 다시 오셔야 한다

> 내게 주신 하나님의 은혜를 따라 내가 지혜로운 건축자와 같이 터를 닦아 두매 다른 이가 그 위에 세우나 그러나 각각 어떻게 그 위에 세울까를 조심할지니라(고전 3:10).

초석은 반석인데 그 위에 짓는 건물의 재료가 짚이나 흙이라면 홍수가 나고 바람이 불 때 무너지게 된다.

교회의 터가 사도들이면 오는 세대에 세워질 교회들의 터도 사도들과 동질의 신앙고백이어야 한다. "주는 그리스도시요 살아계신 하나님의 아들이니이다"라는 고백의 터 위에 모든 교회가 세워져야 한다. 그리스도가 산 돌이면 교회도 산 돌과 같이 신령한 집이 되어야 한다(벧전 2:5). 그러므로 오순절에 오신 성령은 동일한 재질로 신앙의 집을 짓기 위해서 다시 오셔야 한다.

3) 십자가의 도가 단회적인 사건이지만 성령의 사역은 반복적이어야 한다

그리스도의 구속 사역이 절대적으로 단회적이기 때문에, 그 은혜가 먼 곳에 있는 자들에게 적용되기 위해서는 성령이 다시 오셔야 한다. 성령은 오순절에 오셨지만 또다시 오시고 오셔서 그리스도의 완성된 구속의 은혜를 널리 적용하셔야 한다. 오순절에 오셨던 성령이 온 우주 안에 팽창해 있다가 믿을 만한 사람에게 구속의 은혜를 적용하시는 것이 아니다. 이미 내주해 있던 성령께서 그 사람에게서 나와서 다른 사람에게 자리를 옮기는 것도 아니다. 그리스도는 계속하여 성령을 보내심으로 자신이

단번에 완성하신 구속의 은혜를 예정하신 자들에게 적용하신다. 성령은 언제나 하늘 위로부터 각 사람에게 임하신다.

4) 예수께서 언약하신 보혜사 성령은 연속적으로 보내심을 받아 우리에게 오셔서 복음을 증언케 하신다

> 보혜사 곧 아버지께서 내 이름으로 보내실 성령 그가 너희에게 모든 것을 가르치고 내가 너희에게 말한 모든 것을 생각나게 하리라 (요 14:26).

> 내가 아버지께로부터 너희에게 보낼 보혜사 곧 아버지께로부터 나오시는 진리의 성령이 오실 때에 그가 나를 증언하실 것이요 (요 15:26).

> 그러나 내가 너희에게 실상을 말하노니 내가 떠나가는 것이 너희에게 유익이라 내가 떠나가지 아니하면 보혜사가 너희에게로 오시지 아니할 것이요 가면 내가 그를 너희에게로 보내리니 (요 16:7).

> 그러나 진리의 성령이 오시면 그가 너희를 모든 진리 가운데로 인도하시리니 그가 스스로 말하지 않고 오직 들은 것을 말하며 장래 일을 너희에게 알리시리라 그가 내 영광을 나타내리니 내 것을 가지고 너희에게 알리시겠음이라 (요 16:13-14).

오순절의 성령강림은 예수께서 약속하신 대로 제자들에게 권능을 입히셔서 그리스도의 가르침과 사역을 계속하여 수행하도록 역사하신다. 성령은 평소에 예수께서 가르치신 하나님 나라의 일들을 제자들에게 이양하셔서, 교회의 이름으로 그리스도의 사역이 계속 진행되도록 제자들이 증언하게 하신다.

세상의 어느 사람도 자신의 교훈이나 사상을 제자들에게 남겼을 뿐 자신을 남기지는 못하였다. 그러나 예수 그리스도는 제자들에게 자기 자신을 그대로 이양하셨다. 성령강림을 통해서 사도들은 예수께서 가르치고 행하시던 하나님 나라의 일을 수행하였다. 성령은 제자들을 예수화의 인격자로 일하기 위하여 보내심 받으셨다.

성령의 권능을 받은 사도들은 그리스도가 그러셨듯 세상을 두려워하지 않았다. 전에 제자들은 겁쟁이들이었으나, 성령의 권능을 받은 후 더 이상 세상을 두려워하지 않고 담대히 복음을 증언하기 시작하였다. 그들이 예루살렘 거리에 나가 외친 복음은 예수의 다시 사심이었다. 십자가와 부활을 증거하며 전파하다가 옥에 갇히는 정도는 여사로 여길 정도로 예수의 그리스도이심과 인자이심을 가감 없이 증거하고 외쳤다.

5) 그리스도의 증인으로 나서기 위해서는 오순절의 성령 못지않게 권능을 가지고 다시 오셔야 한다

성령의 권능을 힘입은 사도들은 겁쟁이가 아니었다. 그들은 세상을 향하여 보고 들은 것들을 외쳤다. 증인은 보고 들은 것을 있는 그대로 전하고 말하는 자다. 당시 정치권에서 볼 때 사도들은 예수를 처형하였던 대로 처형해야 할 위험한 인물들이었다. 하지만 부활의 분명한 사실을 보고 확인한 이상 그들은 두려울 것이 없었다.

예수께서 평소에 말씀하신 대로 이루어진 역사적인 사실로 인해 심령으로부터 솟구치는 영원한 진리에 관한 비범한 기쁨과 환희와 영광을 주체할 수 없었을 것이다. 사도들 내면에서 끌어 오르는 것은 하나님의 영광에 관한 분명한 인식이었다. 주님의 다시 사심과 승천 그리고 재림을 예언으로만 아니라 창조주 하나님의 계획에 따라 실제 일어난 역사적인 사실로 굳힌 확신이 생긴 것이다.

성령의 세례를 받은 사람과 그렇지 않은 사람과는 분명한 거리가 있었다. 성령의 충만으로 나사렛 예수의 그리스도이심을 증언하는 사도들은 보통 사람들과 달리 큰 확신에 차 있었고 술에 취한 것 같이 비치기도 했다.

신앙은 감동과 이해를 바탕으로 하나님을 섬기지 않는다. 분명한 사실이기 때문에 항복하는 것이다. 나의 기분에 따라 좌우되지 않는다. 하나님을 안 믿으면 천국엘 못 가는 정도가 아니라, 허망하고 절망스러워 살 수 없다. 삶을 적극적으로 살아야 할 근거는 죽어서 도착할 곳이 있고, 살아서 해야 할 사명이 분명하기 때문이다. 마치 학생이 열심히 공부하는 이유가 현실의 요구인 것과 같다. 기독교 신앙도 사실 앞에서 나의 잠재력까지도 힘을 다하여 쏟아 놓는 것이다.

하나님의 말씀을 이해하는 것은 자연의 원리로는 불가능하다. 성령으로 하지 않고는 말씀을 하나님의 뜻으로 올바로 이해할 수 없고 하나님과 사귈 수도 없다. 또 말씀만 가지고는 하나님의 일을 이룰 수 없다. 성령께서 함께 역사하실 때 하나님의 말씀이 이루어진다.

6) 말씀과 성령은 동시에 혹은 성령께서 말씀을 가지고 역사하신다

구원의 투구와 성령의 검 곧 하나님의 말씀을 가지라(엡 6:17).

성령이 사용하시는 말씀이라고 하여 말씀을 성령의 도구로만 여겨서는 안 된다. 말씀은 성령에 종속되지 아니한다. 말씀은 곧 하나님이시기 때문이다(요 1:1). 동시에 말씀은 성령과 함께 역사하신다. 성령께서 역사하시는 곳에는 반드시 말씀이 따라간다. 아무리 조직적으로, 논리적으로 유창하게 말씀을 전한다고 하더라도 성령께서 함께 역사하지 않으시면 영혼을 구원할 수 없다.

설교를 아무리 유창하게 할지라도 성령께서 사용하시는 검으로서의 말씀이 아니면 청중의 가슴을 파고 들 수 없다. 청중을 움직이게 하는 주체는 설교자가 아니라 성령의 검, 곧 하나님의 말씀이다.

성령은 세상의 권력도, 죽음도 두려워하지 않으신다. 성령의 권능을 입은 사도들은 복음을 전하는 일에 주저하거나 뒤로 미루거나 불안하거나 두려워하는 일이 없었다. 성령의 권능을 입은 사람들은 성령의 역사하심을 따라 복음을 전하다가 투옥되고 수없이 매를 맞고 순교를 당하는 어려움과 고난에도 불구하고 기꺼이 복음을 전한 것은 물론, 오히려 고난 당하는 것을 기쁘고 영광스럽게 여겼다.

7) 말씀과 더불어 역사하시는 성령께서 우리를 외면하지 않으신다

성령께서 우리 없이 일하기 원하셨다면 오순절에 온 인류를 한꺼번에 충만하게 하셨을 것이다.

한 영혼을 구원하고 교회를 일으키고 부흥하게 하는 역사에 왜 우리를 일일이 부르셨을까?

고난의 길을 가게 하시면서 왜 이렇게 복잡하게 하실까?

천사들로 일하게 하든지 죽었던 나사로가 와서 전하게 하든지 하면 안 되었을까?

하나님께서 우리의 어려움을 아시고 교회의 힘겨운 짐을 지고 끙끙거리는 우리 자신의 처지를 다 아실 터인데 왜 이렇게 하실까?

복음을 전하는 일에는 우리가 아니면 안 되는 것처럼 우리의 것을 요구하실까?

답은 하나다. 우리에게 일을 맡겨서 하나님의 나라를 확장하게 하시려 함이 아니라, 우리로 하여금 진리를 올바로 전하게 하기 위해서다. 하나님은 하나님 나라의 일보다, 그 나라를 섬기는 우리 자신을 그리스도의 수준에 이르기까지 신성과 능력과 지혜로 충만하게 되어 은혜의 진리를 올바로 전파하게 하는데 관심을 갖고 계신다. 우리를 그리스도의 동역자로 부르셔서, 사람들을 만나 복음을 전함으로써 하나님 자신을 경험하게 하는 영적 모험으로 도전케 하시려는 것이다.

복음 전파나 교회 사역이 우리 자신의 힘이나 능력으로 이루어질 수 없음을 알게 하시고 사도들에게 임하였던 성령의 권능을 받고 예수의 인격을 배우게 하시려는 것이다. 심령에서 일어나는 가난과 애통함과 의에 주리고 목마름을 경험하지 않고는 하나님의 은혜와 능력을 배울 수 없다.

교회사역이나 복음을 전파하는 사역에는 세상을 맞상대해야 하는 난관이 놓여 있다. 예수께서도 공생애 동안 수많은 권능을 동원하시면서 천국 복음을 전하셨는데 십자가를 지실 때에는 제자조차 곁에 없었다. 죄인들이 만들어 놓은 문화의 장벽을 허물기가 얼마나 힘겨웠는지는 십자가를 보면 알 수 있다.

고난은 복음 전파의 사역에 반드시 따르는 그리스도의 흔적이다. 예수께서 가신 길을 우리도 가야 하는데, 그에 따르는 그리스도의 고귀한 흔적을 몸에 지니는 것이다. 사도 바울은 그리스도의 부활을 알려 하여 십자가의 고난에 기꺼이 뛰어든다고 고백하였다. 복음 전파는 홀로 일하지 아니하시고 우리와 함께 일하시는 성령의 사역이다.

우리를 외면하지 않으시고 성령의 권능을 입히셔서 일하게 하신다. 고난이 따른다 해도 그 삶의 가치를 그리스도의 것으로 평가하신다. 이로써 은혜와 진리에 대하여 확고한 믿음을 굳게 뿌리내리게 하시려는 것이다.

8) 예수께서 성령의 권능을 입혀서 우리로 세상으로 나아가게 하신다

예수께서 승천하시기 전에 예루살렘을 떠나지 말고 성령을 기다리라고 당부하셨다. 그리스도의 사역을 이어받아 사역하는 데에는 성령의 권능을 힘입어 그리스도와 함께 이루어야 함을 강조하신 것이다. 그리스도와 동질의 사역을 진행하기 위해서는 그리스도께서 보내시는 성령의 권능을 받아야 한다는 것이다.

성령께서는 말씀과 더불어 역사하시지만, 어디까지나 홀로 행하지 아니하시고 사람을 통해, 그의 입술을 통해, 그의 신학 사상과 인격과 삶을 통해 일하신다. 그러므로 교회사역에 부름을 받은 자들은 성령의 권능과 지혜와 능력으로 자기를 채워달라고 기도해야 한다.

　나의 거친 성품, 그릇된 생각과 사고방식, 오염된 신앙관, 신비주의 사고와 지성주의 등, 성령께서 사용하시는 데 불필요한 것들을 청소하시고 '오직 교회를 온전하게 하며 복음을 증거가 되는 사역에 널리 쓰임 받게 하소서'의 기도가 흘러나와야 한다. 나의 머리와 가슴, 인격과 삶에서, '성령께서 원하시면 무엇이든지 감당할 수 있도록 나를 충만케 하소서'의 기도가 넘쳐나야 한다.

　오늘 우리에게 필요한 것은 능력의 심히 큰 역사가 아직도 하늘에 있음을 깨닫고 위로부터 임하실 성령을 간절하게 구하는 열정을 불태우는 일이다. 신비주의가 위험하고 하나님의 사람으로의 변화가 두려워서 아무것도 하지 않으면 신앙생활이 무미건조하고 맥 빠지고 짜증스럽고 불평이 가득해질 수밖에 없다.

　요한복음 7장에 기록된, 배에서 생수의 강이 흘러나리라는 성령강림에 관한 약속은 적어도 그리스도가 영광을 얻고 난 다음에 이루어지기로 되어 있었다. 성령강림의 약속에서 예수님은 '누구든지 목마르거든 와서 마셔라, 그 배에서 생수의 강을 흘러내리라'고 하셨다. 배불리 마시면 배를 가득 채우고 난 다음 밖으로 흘러나오게 되어 있다. 생수를 마신 사람은 이전과 전혀 다른 사람이 된다.

　성령의 충만을 입은 자들에게 나타난 현상은 비범한 기쁨과 영광이었다. 지친 기색이 없고 즐거움이 만개한 생명력을 자랑하고 있었다. 교회의 일은 성령을 실컷 마시고 충만함을 입은 자들에게 맡겨져 있다. 성령이 충만하지 않은 채 일을 하면 불평하고 싸우고 소음으로 가득하게 된다.

4. 결론

성령강림으로 사도들과 초대교회 성도들을 생수의 강물로 충만하게 하였을지라도, 하나님의 보좌에는 이 땅을 얼마든지 다시 충만케 하실 만큼 넘치고 충만한 은혜가 있다.

오순절에 임하였던 성령을 묘사하는데 있어서 사도행전에서는 약속하실 때에는 성령의 세례를 받을 것이라고 하고, 강림하였을 때에는 성령의 충만을 받았다고 표현하고 있다.

> 우리가 유대인이나 헬라인이나 종이나 자유인이나 다 한 성령으로 세례를 받아 한 몸이 되었고 또 다 한 성령을 마시게 하셨느니라(고전 12:13).

성령의 마심과 세례와 충만을 동시에 일어나는 한 사건으로 설명하고 있음이 분명하다. 분리할 이유가 없다. 세례는 초보이고 충만과 마심은 더 높은 것이라고 할 이유가 없다.

하나님께서 행하시는 역사의 다양성을 그대로 인정하는 것이 유익하다. 우리의 좁고 어리석은 논리로 하나님께서 행하시는 일의 신비로운 색깔을 다 이해할 수 없다. 개인에 따라 성령강림의 모습도 다르고, 나타나는 은사도 다르고, 경험하는 정도도 다르다. 사람의 지문이 각각 다른 것처럼 하나님께서 성령을 내리시는 모습도 모두 다르다. 다른 것을 틀렸다고 단정하면, 하나님의 광대하시고 넓고 깊으신 은혜와 은사와 능력을 제한하는 모순에 빠진다.

구약과 신약이 다르고, 시대마다 사람마다 각양각색의 경우를 따라 다르게 나타난다. 하나님의 모든 역사는 우리에게 유익하며 버릴 것이 없다. 사마리아 교회와 고린도 교회와 고넬료의 가정과 빌립의 경우가 각각 다르다. 어떤 곳에서는 안수하여 방언이 나오고, 어떤 곳에서는 예언이 나오고, 바울의 경우는 곧바로 복음을 전하는 능력이 나타났다.

그러나 오순절 성령강림에서 나타난 하나의 원리는 단회적이면서 반복성을 갖는 역사라는 것이다. 그때 거기에 모인 사람들에게 역사적으로 오순절에 맞추어 처음 강림하시는 시점에서 그 현상은 단 한 번의 사건이다. 성령과 교회 시대의 개막을 알리시는 하나님의 계획에서 볼 때 오순절 성령강림은 그 모습 그대로 일어나는 현상으로서는 단 한 번의 사건이었다.

오순절에 임하셨던 성령은 오늘 우리에게도 다시 오시기로 되어 있다. 그때 오셔서 교회를 그리스도의 터 위에 세우셨다면 지금도 교회를 세우기 위하여 다시 오셔야만 한다. 동일한 오순절의 성령께서 다시 반복하여 오실 수밖에 없다. 그때 강력하게 임하셨던 능력과 권능을 가지고 다시 오셔야 한다.

갈급하고 목마른 심령에 얼마든지 다시 오신다. 오순절에 소낙비와 같이 임하셨어도 하늘은 여전히 충만하다. 하늘 보좌, 곧 일곱 눈과 일곱 영으로 준비된 성령의 충만한 원천지는 지금도 충만하며 온 세상을 다 적시고 듬뿍 적시도록 은혜의 소낙비를 부어주시기에 충족하다. 하나님의 보좌는 빈곤치 않다.

성령은 갈급하고 답답한 심령을 호소하는 기도의 응답으로 오신다. 자족하는 교회에는 오지 아니하신다. 라오디게아 교회처럼 하늘에 대하여 미지근한 교회는 주께서 친히 토하여 내치리라 하셨다. 거듭난 자는 더 높은 계시의 역사를 사모한다. 사슴이 시냇물을 찾듯이 심령의 답답함을 호소하며 탄식한다.

성령은 영원토록 우리와 함께하시며 갈급한 우리의 심령에 다시 오신다. 오신 후에도 목마를 때에 다시 오신다. 말씀이 전파되는 곳에 위로부터 임하신다. 말씀을 깨닫게 하시고 우리의 그릇됨을 고치신다. 우리의 삶을 약속대로 풍요와 승리와 안식에서 살게 하신다.

부록

개혁신앙의 이해를 위한 서론

　개혁자들은 계시에는 처음부터 자연과 초자연의 구분이 없었다는데서 계시가 무엇인가에 대한 답을 찾았다. 로마교회의 이원론신학에 맞서서 하나님의 주권신학의 토대를 놓는 학문적인 위업을 달성하게 된 것이다.
　개혁교회들은 하나님의 주권신학을 그들의 신학과 신앙고백의 근거로 삼아 개혁주의 신학을 이어받았다. 프랑스의 유그노파, 네덜란드의 칼빈주의자들, 영국의 청교도들 및 스코틀랜드의 언약도들은 모두 역사에 등장한 개혁교회의 표본들이다. 이들은 한결같이 교리에 엄격하였고 세상의 것에 타협하거나 굽히지 않는 강직한 자들로 평가받는 보수적 인물들이었다. 이들에게는 지나친 교리적 삶으로 인하여 인간의 삶에서 빼놓을 수 없는 일반계시의 측면들, 즉 자연의 미(美)나 문화와 예술과 과학 그리고 가정과 사회와 국가에 대하여 융통성이 없는 엄격한 신앙인이라는 혹독한 비난이 날아들었다. 칼빈에게 따라다녔던 비판처럼, 강직함과 엄격함은 개혁교회에도 붙어 다니는 수식어가 되었다.
　이에 반하여 칼빈이 피력한 일반은총론은 자연의 가치를 높이는 성경적인 체계로서 다른 신학자들에게서 찾아볼 수 없는 깊은 이해를 보여준다. 칼빈신학은 가정과 사회와 국가 및 문화와 예술을 망라하는 포괄적인 신학체계를 갖추고 있다는 데서 독특하다. 동시에 그의 신학은 로마교회에 대항하는 개혁의 논쟁에서 중심을 이루는 주제가 되었다.

특히, 자연과 은혜의 관계에서 하나님의 주권중심의 신학체계는 로마교회의 이원론신학에 대항하는 학문적인 방어력을 갖추고 있다. 칼빈신학은 신학과 철학, 권위와 이성, 신앙과 인도주의 및 문화와 교회와 국가와의 관계를 중심으로 은혜의 주권을 주제로 삼고 있다.

사도들에 의하여 이방으로 복음이 전파되는 과정에서 맞닥뜨린 이단세력은 유대주의와 영지주의였다. 이들은 은혜의 복음을 위협하는 이원론신학을 싹트게 하는 촉매역할을 하고 있었다. 이원론은 자연주의와 초자연주의를 중심으로 인본주의신학을 성립시키는 이론의 배경이 되었다. 인간의 이성이 주도하는 형태의 신앙을 조장하는 논리의 격을 갖추게 된 것이다.

종교개혁자들의 주장대로 이원론은 원죄가 인간에게 준 가혹한 형벌의 산물에 불과하다. 하나님의 은혜를 타락한 인간의 지성적인 감각에 예속시키는 행위는 그 자체로 이미 우상숭배다. 인간의 종교적인 탐욕이 만들어낸, 하나님의 진노를 피할 수 없는 무지의 현상이다.

이원론은 하나님의 주권 중심의 신앙체계를 와해시키는 인본주의다. 기독교 신앙을 종교와 철학의 체계로 통합해 자연종교의 조류 속으로 융합하고자 하는 위협적인 이단세력이다. 이의 영향으로 기독교 신앙은 은혜의 주권이 자연종교의 도덕성으로 대체되는 세속화에 동화되기 시작하였다.

기독교 신앙에서 하나님의 은혜가 무가치하게 취급되고 인간의 도덕성이나 자연의 가치들이 신앙을 치장하게 되는 경우, 이미 교회존립의 정당성을 상실한, 이방 종교의 행태와 같은 것이다. 이원론은 기독교 신앙을 위협하는 이단세력의 본류를 이루고 있다.

1. 로마교의 이원론

　종교개혁의 발단은 기독교 신앙의 내용이 은혜임을 밝히는 것이었다. 이는 영지주의 또는 헬라철학의 영향 아래 싹튼 로마교의 이원론에 대한 저항운동이었다. 로마교는 죄와 은혜의 대립을 자연과 초자연으로 바꾸었다. 특별계시의 내용을 죄를 사하는 하나님의 은혜로 보지 않고 자연을 일반계시, 초자연을 특별계시로 설명하는 신학을 체계화하였다.
　이로써 로마교에서 하나님은 두 종류의 질서를 창조하신 것이다. 하나는 자연계시이고 다른 하나는 초자연계시다. 하나님의 의식 속에 처음 인간을 만드실 때 지성적이며 감각적인 순수한 자연 상태에서 이성적이며 도덕적인 존재로 창조하셨다는 것이다. 곧 자연계시의 질서다. 그 후 아담에게 신의 형상, 곧 덧붙여진 은사를 부여하심으로써 천상의 축복에 이르도록 지으시고 하나님의 자녀 삼으시기를 기뻐하셨다고 한다. 초자연계시의 질서가 생겨난 것이다.
　그러나 이 은사는 죄로 말미암아 곧 상실되고 말았다. 로마교에서 원죄란 덧붙여진 은사의 상실로써, 원래의 순수한 자연의 상태로 돌아가는 것이다. 타락 전 인간은 순수한 자연 상태에서 태어나므로 인간이 갖는 욕망 자체는 죄가 아니며 다만 이성의 지배를 벗어날 때 죄가 된다. 이처럼 로마교에서 자연의 질서는 순수하다. 인간은 이성적이며 도덕적일 때 비록 덧붙여진 은사가 없을지라도 죄 없는 지상생활을 유지할 수 있게 된다는 것이다. 이로써 로마교는 순수한 자연종교를 가지게 되었다.
　자연종교는 죄를 완전히 극복할 수 없는 한계를 가지기 때문에 로마교에서는 자연의 궁극은 연옥이다. 초자연적인 축복이나 영광이 결여된 곳이다. 이에 초자연적인 축복에 이르기 위해서는 덧붙여진 은사가 필요하다. 덧붙여진 은사는 죄로 말미암아 나약해지고 무능해진 자연인에게 힘을 북돋아주기 위함이고 궁극적으로는 초자연적인 목적에 도달하도록 능력을 주기 위한 수단이다. 이와 같은 은사는 교회가 신부들로 하여금 집행하게 하는 성례들을 통하여 자연적으로 효력을 나타내도록 규정하였다. 초자연의 극치를 이루는 종교의 형태를 취하게 된 것이다.

로마교는 자연신교 위에 하늘 높이 세워진 초자연종교이다. 그들에게 남는 것은 순수한 합리주의와 동시에 신비로운 초자연주의이다. 로마교의 이원론적 범신론의 영향 아래 두 종류의 교인이 양육되기 시작하였다. 중세교회를 어지럽게 한 양극단의 사상체계, 소시니안주의와 재세례파이다. 소시니안들은 초자연적인 질서를, 재세례주의자들은 자연적인 질서를 측면으로 돌렸다. 소시니안들은 특별은총을 오해하고 자연 이외의 것은 아무 것도 인정하지 않는다. 반면, 재세례주의자들은 일반은혜를 무시하고 특별은총 외에는 아무 것도 인정하지 않는다. 이들은 지금까지 개혁주의 신앙체계를 위협하는 이단의 씨앗이 된 것이다. 이들에게서 자연과 은혜는 극단으로 분리되어 이원론의 진원지가 되었다.

2. 로마교의 초자연주의

로마교의 오류는 은혜의 복음을 초자연의 신비로 대체해 버린 것에서 비롯되었다. 특별계시의 내용을 초자연으로 국한한 것이다. 로마교는 초자연주의를 신학의 골격으로 삼았다. 따라서 그들에게서 자연은 하나님이 간섭하지 않는 중간상태의 영역으로 버려진 격이 되었다.

자연은 자연에게 맡겨졌고, 자연자체는 순수한 중간상태이며, 인간이 갖는 능력은 얼마든지 선을 통하여 의에 이를 수 있는 백지상태가 된 것이다. 이에 천상의 축복에 이르기 위해서 '덧붙여진 은사'가 필요하다는 것이고 이 은사의 시여는 교회의 성례와 성직에 제한시켰다. 이로써 로마교의 신학은 성직과 성례의 권위를 옹호하기 위하여 초자연과 자연의 두 영역으로 구분하는 이원론의 체계로 굳히게 된 것이다.

로마교는 신적인 것, 곧 특별계시를 초자연적 신비를 내용으로 자연과 분리시켰다. 이원론의 본질은 자연과 초자연을 분리하고, 육체와 정신을 분리한다. 초월로 가기 위해서는 자연을 무시하거나 경시할 수밖에 없다. 그 수단으로 금욕과 극기와 청빈과 같은 종교의 형태를 취한다. 수도사 제도나 수도원이나 수녀원과 같은 것이 그 증거가 된다. 불교도 크게 다르지 않다. 이들은 다 같이 헬라철학의 영향을 받음으로써, 천주교는 하늘과 땅을 분리하고, 불교는 육체와 정신을 분리하여 신적인 초월의 경지로 가는 방편으로 동일하게 금욕과 청빈의 선행을 신앙의 형태로 취한다.
　로마교에서 의의 완전에 이르는 길은 세 가지 덕행이다. 즉, 빈곤과 순종과 정결이다. 수도사 제도는 이에 기인한다.

3. 일반은총의 가치

　이에 반하여 종교개혁자들은 자연과 은혜의 관계를 어떻게 해석하느냐의 문제에 집중하였다. 비록 타락한 자연일지라도 인간이 얻는 선량한 덕과 아름다운 가치들은 하나님의 일반은총으로부터 유래된 것들이다. 아직도 지성과 이성이 있고 신성에 대한 감각과 경험이 있고 예술과 학문은 고상한 가치 중에 더욱 숭고하다. 사회질서나 법률이나 도덕률이나 생활의 문화적 활동은 자연으로부터 얻는 덕행이며 행복의 선물이 아닐 수 없다. 이 모든 자연 질서 속에서 나타난 고상한 가치들은 타락 이후에도 하나님의 형상의 빛이 희미하게나마 남아 있어서 창조의 질서를 완전히 파괴하지 않도록 섭리하시는 하나님의 은사이며 선물이다.
　하나님은 죄로 말미암아 파괴된 피조물들을 그대로 방치하신 적이 없으시다. 인간의 타락 이후에도 여전히 창조의 목적대로 역사를 이끄신다. 목적하신 것은 보전하시고 지키신다. 인간의 죄로 인하여 완전한 멸망에 이르지 않도록 간섭하신다. 일반은총의 배려 때문이다.

타락한 인간에게 남아 있는 것은 머리로는 자연주의일지라도 마음으로는 초자연주의의 종교성이다. 그것은 초월에 대한 향수이며 그리움이다. 모든 종교는 초월에 귀의하고자, 자연의 속성인 이기와 욕망을 무시하고 제어하는 종교의 형태를 취함으로써 결과적으로 로마교와 같은 이원론적 범신론자들이 되어버렸다.

타락한 자연인은 이성의 한계를 벗어날 수 없다. 초월을 납득할 수 없고 알 필요도 없다. 따라서 로마교는 특별계시를 초월의 신비를 내용으로 설명하였다. 이는 교회를 자연과 구별하기 위한 수단으로도 응용하였다. 초자연의 신비는 교회에게 맡겨져 있어서 진리는 교황과 사제들이며 성당이라는 영역에 국한되었다. 진리가 내용에 있지 않고 영역적이다. 로마교의 교황무오설이나 고해성사나 성례들은 모두가 신비에 속한 영역으로 구별시켰다.

4. 버려진 자연의 가치와 은혜의 조화

종교개혁자들의 관심은 이원론으로 버려진 자연의 가치를 그리스도 중심의 구원론적으로 이해하는 데 있었다. 일반은총으로는 도달할 수 없는 구원의 길을 열기 위해 특별계시의 출현하였다. 자연인의 것이 아무리 아름다워도 단순한 자연인이 아니라 지성이 어두워진 자연인이기에 영에 대하여 볼 수 없고 들을 수 없다. 지성과 마음과 의지가 전적으로 부패하여, 성경은 타락한 자연인을 가리켜 죽은 자, 썩은 나무나 마른 뼈들이라고 하였다. 하나님에 대하여 스스로 일어날 수 없는 시체와 같은 존재들일 뿐이다. 그것은 일반은총의 중요성을 밝히는 신학적 싸움이었다. 만약 인간의 지성이 죄로 말미암아 어두워지지 않았다면 초월자체에 대하여 이의가 없었을 것이다. 인간은 본성적으로 초월에 대하여 모순되지 않는 초자연주의자이기 때문이다.

죄가 자연과 초자연을 분리시키는 원인이다. 그러므로 개혁은 계시의 보충이나 보강이 아니며, 죄 사함의 은혜를 섬기기 위한 싸움이다.

화육과 죄 사함과 부활은 그것이 초자연적인 신비일지라도 내용은 은혜였다. 은혜는 죄가 빼앗아간 것, 곧 하나님의 영광과 권위의 통치권을 회복하기 위한 조치다. 은혜는 타락하기 전의 상태로 회복하는 정도가 아니라 이전보다 훨씬 풍성한 능력과 지혜를 제공한다. 첫 사람은 땅에서 났고 둘째 아담은 하늘에 나신 자이기 때문에 더 풍성하고 충만하다. 죄로 허물어진 하나님의 영광을 회복하고 정위치로 복구하는데 지불한 대가는 하나님이 친히 대속물이 되실 만큼 값을 측량할 수 없는 것이었다. 그러므로 이제 그리스도 안에 있는 자에게는 정죄함이 없다. 은혜의 주권이 하나님께 있기 때문이다.

인간에게 있어 은혜로 말미암아 약속한 복을 누리는 것만큼 어려운 것이 없다. 은혜가 인간의 이성과 감성과 능력을 너무나 초월해 있기 때문이다. 특별계시가 원시적 계시의 복구라면 이는 잠정적으로 지나가는 것이 된다. 죄가 우연하게 개입된 것처럼 잠정적으로 개입되는 것으로 사물의 본질에 속하지 않는다. 죄는 창조의 질서도 아니고 역사의 뿌리도 아니다. 언젠가는 제거되어야 할 부산물에 불과하다.

마찬가지로 특별계시의 은혜도 잠정적이다. 은혜를 납득하는 것만큼 어려운 일은 이 세상에 없다. 은혜는 부수적으로 끼어들어온 죄를 사하고 하나님의 구속사역을 완성하는 일이기 때문에 죄인으로서는 수용 불가능한 지식에 속한다.

그러나 은혜 계약은 잠정적이기 때문에 그 시대가 지나면 없어지도록 작정되었다. 은혜 계약 아래 있기 때문에 기독교는 그 임무를 다하면 언젠가는 종말이 올 것이며 다시 영광의 나라가 도래할 것이다. 성경, 교회, 직분, 성례 등 이 모든 것은 은혜계약의 유효한 지상에서만을 위하여 작정되었다.

보라 지금은 은혜 받을 만한 때요 보라 지금은 구원의 날이로다(고후 6:2).

개혁자들은 특별계시의 내용을 은혜로 확정했다. 죄는 하나님의 영광을 회복하기 위해 가장 우선되어야 할 문제이기 때문이다. 죄로 인해 타락하기 이전에는 자연계시였고, 타락한 후에는 특별계시가 나타나서 계시의 내용이 달라진 것이 아니다. 타락 이전이나 이후, 계시는 동일하다. 계시가 변질된 것이 아니다. 특별계시가 동원된 것은 죄를 해결하기 위해서다. 죄로 말미암아 세상이 하나님의 영광을 상실하였다. 그래도 여전히 우주 질서는 하나님의 다스림 아래에서 보전되고 하나님의 영광을 나타낼 유일한 장소로 그 가치가 중차대하다.

성경은 특별계시이고 자연은 일반계시라는 생각 때문에 개혁신앙 안에서도 이원론적 신앙생활을 하고 있는 경우가 흔하다. 세대주의자들처럼 시대를 따라 하나님은 계시의 내용을 바꾸어 활동하신다고 생각한다. 구약은 율법, 신약은 은혜라고 구분한다. 이는 하나님의 영원성에 위배되고 신앙을 방종과 혼란에 빠지게 하는 위험이 있다.

하나님은 어제나 오늘이나 영원토록 동일하시다. 구약이나 신약이나 다 하나님의 은혜가 내용이다. 죄의 문제를 풀기 위한 목적일 뿐 타락 전 자연계시를 보충하거나 보강하기 위하여 특별계시가 출발한 것이 아니다.

5. 자연주의 신앙의 위험

초자연주의와 자연주의는 이원론의 양극단이다. 로마가톨릭주의는 인간의 타락을 인정하지 않는다. 인간은 선악을 선택할 수 있는 정도의 중립 상태에서 태어난다는 것이다. 이와 같이 인간의 원죄를 부정한다는 점에서 로마교는 펠라기아니즘과 같고 소시니안들과도 같다. 그들은 선행주자들이다. 선행은 곧 의라고 주장한 아리스토텔레스의 가르침을 따른다.

그들은 인간의 최고의 선은 도덕이라고 하는 이성주의자들이며 합리주의자들이다. 이 모두가 이원론으로부터 파생된 철학적 사고방식의 산물이다. 기독교 신앙을 병들게 하는 독소가 들어 있음을 간과해서는 안 된다.

자연주의는 초자연의 개입을 허용하지 않는다. 초자연의 종교성이 개입되면 이를 미신으로 간주한다. 자연은 자연의 법칙이 있고, 스스로 다스린다고 주장한다. 그러나 우주질서는 자연법칙에 의해서만 움직이지 않는다. 하나님은 만물을 만드신 후, 자연 스스로의 힘으로 돌아가도록 내버려두지 않으셨다. 얼마든지 초자연의 개입이 있어서 지진이 일어나고 폭풍이 일고 동풍이 불어 바다가 갈라진다. 지구의 자전이 멈추는 일도 있었다. 모든 자연이 하나님의 섭리 아래 움직인다. 자연 속에 모든 법칙이 공개되어 있을 뿐이지 자연법칙이 모든 것을 움직이는 힘은 아니다.

로마교의 초자연주의는 하나님의 주권이나 섭리를 자연에서 빼버림으로써 자연 안에 은혜의 계시가 설 자리가 없어져 버렸다. 결과적으로, 초자연주의들에 의하면 자연에는 하나님도 힘을 쓰실 수 없게 되어 인간의 인과율의 법칙만 남게 된 것이다. 이로써 기독교 신앙을 위태롭게 하는 율법적 체계와 질서가 터를 잡기에 이르렀다.

율법은 인과율의 법칙을 따른다. 인간이 주인이 되는 신앙생활이다. 이와 같은 자연주의 신앙이 교회생활에 만연되어 있음은 실로 안타깝다. 내가 기도하고 응답받았다고 역사로 자랑한다. 내가 봉사하고 내가 선교하고 내가 구제하고 내가 전도함으로 성공한 이야기가 버젓이 간증이 되어 신앙을 치장하는 공식으로 변질되고 있다. 특히 젊은이들의 선교단체들은 기도와 말씀과 전도활동의 분량을 점검하는 것을 일상화한다. 내가 정해 놓은 분량을 다하는 것으로 신앙의 수준을 정한다. 그렇게 충성하는 책임감을 근거로 하나님으로부터 응답되는 축복을 이끌어낸다. 자연주의의 영향으로 나타난 현상들이다.

지금 우리의 신앙이 너무나도 은혜의 계시로부터 멀리 떨어져 있다. 십자가의 은혜가 끼어들 틈이 없어지고 있다. 인간의 자유의지나 합리성이나 도덕성 같은 가치가 은혜의 역사를 밀어내고 있다. 우리는 지금 초월의 것을 요구하면서 자연주의자들의 방법을 따르고 있다. 더구나 은혜를 하나님께 구하고 방법으로는 자연주의의 자리에 들어가 있는 것이다.

6. 개혁의 극점: 자연과 은혜의 일치

자연과 은혜의 구별이 단번에 없어진다면 원시적 창조의 질서대로 돌아간다. 그때 이원론은 끝을 보게 된다. 은혜로 다시 태어나게 된 자연은 지상 최고의 계시에 이르게 된다. 곧바로 하나님의 나라가 이루어진다. 예수 그리스도 안에서 모든 것이 통일되는 하나님의 통치권이 세워진다. 기독교는 로마교처럼 초자연의 질서를 통하여 새로운 세상을 만드는 것이 아니라 기존의 세상을 새롭게 변화시킨다. 아무리 부패하고 오염된 세상일지라도 여전히 세상은 하나님의 영광을 위한 유일한 장소요 환경이다. 하나님이 버리지 아니하시는 한, 교회도 세상을 버릴 수 없다.

개혁신앙은 자연을 초자연으로부터 분리하지 않고 도리어 그 속에 뛰어들어 부패한 것을 정화시킨다. 빗나간 것을 다시 정위치로 회복시킨다. 정죄당한 자를 화해시키고 병든 것을 고친다. 상한 것을 싸맨다. 성령의 기름부음을 받아 사망의 그늘 아래서 신음하며 고통하고 있는 영혼들에게 복음을 전파하여 그들을 묶고 있던 죄와 죄책 그리고 형벌과 저주의 사슬을 풀어 자유를 선포하고 슬픈 자를 위로하며 소외되고 불쌍한 자들의 곁에서 기꺼이 소망의 벗이 되어 준다. 생의 절망을 안고 살아가는 뭇 영혼들을 향하여 은혜의 복음을 들고 나가 그들을 사망에서 생명과 진리의 나라로 이끌어 낸다. 이는 로마교가 특별계시의 내용을 초월의 신비에 두어 교회의 영역을 성역화함으로써 자연과 분리한 것과는 대별된다. 개혁주의 신학은 특별계시의 본질을 은혜계약에서 출발점으로 삼았다.

7. 요약

모든 사람은 본성적으로 초자연주의자다. 만일 지성이 죄로 말미암아 부패하지 않았더라면 하나님에 대하여 저항감을 느끼지 않았을 것이다. 인간의 본성이 기적의 초월성에 모순되지 않기 때문이다.

결과적으로 인간의 타락이 초자연과 자연을 구별하는 이원론적 범신론을 낳게 한 것이다. 초자연주의는 기독교 신앙을 자연으로부터 분리하여 로마교의 교권을 강화하는 신비성을 내용으로 한다. 자연주의는 무신론 내지 범신론이며 이는 헬라철학이 발견한 인본주의 신학의 뿌리가 된 것이다. 범신론은 자연주의와 초자연주의를 왕래하면서 새로운 형태의 신앙을 주도하는 위협적인 이단의 진원지가 되었다.

시대를 걸쳐 재세례주의자들과 같은 신비주의는 지금까지 개혁교회를 어지럽게 하는 풍조로 줄지어 나타났다. 성경의 문자를 무시하고 성경의 내적 조명을 높이고 아무 준비 없이 설교하기를 즐겨하고 교회의 직분이나 성례와 같은 객관적인 영적 질서나 제도를 멸시하고 국가와 사회, 가정과 문화 등 세상과 관련된 사안들을 무시하거나 경멸한다. 이와 같은 조류는 다 재세례주의적 신비주의로부터 기인된 것이다.

또한, 자연신교의 합리주의 사상은 신앙과 관련된 지식을 단절해 버린다. 개혁신앙을 급속히 세속화의 길로 재촉하는 비기독교적 사상이다. 이들에게는 원죄가 없다. 동시에 은혜가 필요치 않다. 신과 종교는 초월적 존재로서 인류의 원수로 취급한다. 오직 자연만이 순수하고 그것에게 종속되는 것이 낙원이다. 자연은 곧 신이며, 예술과 과학 및 문화의 양상들은 경외의 대상들이다. 문화는 종교의 형식을 불필요한 것으로 만들어 버렸고 인도주의는 기독교에 대체되었다. 자연종교의 형태는 인간의 순수성을 원시인이나 야수에게서 찾기에 이르렀다. 그들에게서 가치들은 더 이상 신앙의 경건이나 엄숙한 형식이나 지식이 아니라 격렬한 감성으로 발전하였다. 사유나 지식은 아무 것도 아니다. 오직 환상이며 분위기다. 신적 의지나 주권은 무시되거나 하나님의 능력과 지혜는 헛되이 취급되고 행동보다는 적막과 고요와 휴식을 정점으로 신앙을 수행한다. 명상은 능동적인 생활보다 더 높은 자리에 오른다.

기독교 신앙의 출발은 하나님 앞에서 인간이 얼마나 비참한 죄인인가를 자각하는 것이다. 그런데 사단은 인간으로 하여금 하나님 앞에서 죄를 회개치 못하도록 자연주의가 갖고 있는 최상의 가치인 도덕성과 합리성을 매개로 인간을 부추김으로써 오히려 은혜의 특별계시에 대하여 반항하게 한다. 사단의 전략은 은혜계시에 대하여 도덕성으로 맞서고 있다. 이것이 자연주의를 경계해야 할 이유이다.

현대에 와서 기독교 신앙에서 나타나고 있는 현상 속에 범신론적 인본주의가 도를 넘고 있음은 실로 안타깝다. 개혁주의 신앙이 퇴색하고 신앙이 도덕과 문화 그리고 신령주의와 접신 내지는 최면술로 채색되어 가고 있음은 속히 개혁되어야 할 과제이다. 급속히 치닫고 있는 교회의 세속화와 이단성화의 극복은 설교의 개혁으로부터 시작되어야 함은 두말할 것도 없다. 설교의 골격은 하나님의 계획과 주권일 때 교회의 존립의 신성과 정당성이 옹립될 것으로 확신하는 바이다.

오직 은혜로, 오직 믿음으로.

추천도서 : 『일반은총론』(H. Bavinck 지음, 차영배 옮김)